谨以本书献给抗美援朝胜利 70 周年

我的父辈在抗美援朝中

王太和　主编

中共党史出版社

图书在版编目（CIP）数据

我的父辈在抗美援朝中 / 王太和主编 . -- 北京：
中共党史出版社，2021.1（2023.5 重印）
ISBN 978-7-5098-5669-7

Ⅰ . ①我… Ⅱ . ①王… Ⅲ . ①抗美援朝战争—史料
Ⅳ . ① E297.5

中国版本图书馆 CIP 数据核字（2020）第 265727 号

书　　名： 我的父辈在抗美援朝中
作　　者： 王太和

出版发行： 中共党史出版社
责任编辑： 韩冬梅
责任校对： 申宁
责任印制： 段文超
社　　址： 北京市海淀区芙蓉里南街 6 号院 1 号楼　邮编：100080
网　　址： www.dscbs.com
经　　销： 新华书店
印　　刷： 北京盛通印刷股份有限公司
开　　本： 720mm × 1000mm　1/16
字　　数： 239 千字
印　　张： 16.5
版　　次： 2021 年 1 月第 1 版
印　　次： 2023 年 5 月第 3 次印刷
书　　号： ISBN　978-7-5098-5669-7
定　　价： 48.00 元

此书如有印装质量问题，请联系中共党史出版社读者服务部　电话：010-83072535

编委会

为了和平与安宁

罗海曦

“雄赳赳，气昂昂，跨过鸭绿江；保和平，卫祖国，就是保家乡……”每当这雄壮而熟悉的旋律响起，总会让人心潮澎湃，重重地勾起了人们对70多年前那场为了维护和平与安宁的抗美援朝战争的记忆。

1950年10月初，应朝鲜党和政府的请求，党中央、毛泽东主席作出“抗美援朝、保家卫国”的历史性决策，迅速组成中国人民志愿军入朝参战。19日，中国人民志愿军在司令员兼政治委员彭德怀率领下，跨过鸭绿江，奔赴朝鲜战场，揭开抗美援朝战争序幕。1953年7月27日，《朝鲜停战协定》签字。至此，历时2年零9个月的抗美援朝战争宣告结束。1958年10月，中国人民志愿军全部撤离朝鲜，返回祖国。1994年12月15日，派驻朝鲜军事停战委员会的中国人民志愿军代表团从朝鲜平壤奉调回国，标志着中国人民志愿军正式完成了历史使命。

中国人民志愿军，是一支保卫和平的重要力量。志愿军奉命出国作战，以大无畏的英雄气概勇敢承担起保卫和平的历史使命，展现出为人类和平与正义事业而奋斗的国际主义精神。抗美援朝战争的胜利，有力维护了亚洲以及世界的和平，雄辩地证明：西方侵略者几百年来只要在东方一个海岸上架起几尊大炮就可以霸占一个国家的时代一去不复返了！《朝鲜停战协定》签订后不久的1954年4月26日至7月21日，苏、美、英、法等大国参加的日内瓦会议，主要讨论如何和平解决朝鲜问题和关于恢复印度支那和平问题。虽然美国百般阻挠，中国还是受邀参加了日内瓦会议。次年 4 月 18 日至 24 日，第一次亚非会议即“万隆会议”召开，中国再次受邀参加。中国总理周恩来率代表团与会，同亚非各国首脑广泛讨论了民族主权和反对殖民主义、保卫世界和平及与各国经济文化合作等问题。中国被邀请出席这两次会议，在事实上打破了美国对新中国的外交封锁，确立了新中国的国际地位，而这一切都与中国在朝鲜战场上的胜利不无关系。

中国人民志愿军，是一支忠于祖国和人民的正义之师。党中央和毛泽东主席作出出兵朝鲜的决策是保卫和平、反抗侵略的正义之举，抗美援朝战争是为国家而战、为人民而战、为和平而战的正义之战。在这场艰苦卓绝的战争中，广大志愿军指战员们“一把炒面、一把雪”，面对武装到牙齿的敌人，他们无所畏惧，血战到底，因为他们始终把祖国和人民的利益摆在高于一切的位置。为了祖国和民族的尊严而奋不顾身，为完成祖国和人民赋予的使命而舍生忘死，谱写了气壮山河的英雄赞歌。在抗美援朝期间，在全国上下开展了爱国主义和国际主义教育，大批青年踊跃参加志愿军，掀起了增产节约运动和捐献运动，这不仅支援了抗美援朝战争，也促进了国民经济的恢复和发展，推动了各项社会改革运动的进行。抗美援朝战争的胜利无可争议地表明，“由外国帝国主义欺负中国人民的时代，已由中华人民共和国的成立而永远宣告结束了”。这个胜利巩固了中国新生的人民政权，顶住了美国侵略扩张的势头，使中国的国际威望空前提高，极大地增强了中国人民的民族自信心和自豪感，为国内经济建设和社会改革赢得了相对稳定的和平环境。

中国人民志愿军，是一支书写传奇的英雄队伍。伟大的抗美援朝战争进一步锻炼了经过严酷战争洗礼的英雄军队，再次创造了人类战争史上以弱胜强的光辉典范，使我军建设进入一个新的发展阶段。在 1950 年出兵前夕毛泽东给斯大林的一封电报里，他讲了中美两军武器装备的对比。他说，美国一个军 3 个师，它的 7 公分到 24 公分的火炮数量是 1500 门。而中国一个军也是 3 个师，火炮数量只有 36 门，也就是说连美国的一个零头都不足。由于志愿军与美军装备的悬殊，战争打得非常艰苦。为了挽回败局和迫使中朝方面接受美国的谈判条件，美军于 1952 年 10 月 14 日发动了上甘岭战役，先后投入 6 万多人的兵力，出动 3000 架次飞机和 170 多辆坦克，动用 18 个炮兵营，进攻不到 3.7 平方公里的上甘岭阵地。在 44 天的激战中，美军向上甘岭发射了 200 万发炮弹和 5000 枚炸弹，发动了 900 多次冲锋。但是，志愿军战士顽强守住了阵地，此役歼敌 2.7 万人。参加过朝鲜战争并有深入研究的贝文·亚历山大说得非常明白："尽管美国公众很少有人了解真实情况，但美国领导人却心中有数。他们曾计划征服北朝鲜，使之与李承晚朝鲜合并，而这一计划却被红色中国挫败了。最令人感到沮丧的是，红色中国的军队用少得可怜的武器和令人发笑的原始补给系统，居然遏制住了拥有大量现代技术、先进工业和尖端武器的世界头号强国美国。"

中国人民志愿军，是一支最可敬爱的光荣群体。新中国是在帝国主义势力把战火烧到了家门口的情况下，被迫进行"保家卫国"的抗美援朝战争。它捍卫了中国的国家安全，支援了朝鲜人民的正义事业，极大地提高了中国的国际地位。中国在军事上取得了百年来对外战争从未有过的辉煌胜利，又极大地增强了民族自信心和共产党的凝聚力，自鸦片战争后百年来丧失的民族自尊和自信力从此得到了恢复。在长津湖，在龙源里，在松骨峰，在大同江，在上甘岭，数十万志愿军战士的鲜血洒在了那片土地上。他们当中涌现出杨根思、黄继光、邱少云等 30 多万名英雄功臣和近 6000 个功臣集体，他们无愧于"最可爱的人"的光荣称号。抗美援朝战争用我们的胜利告诉了全世界，我们这个古老民族也拥有不屈的意志。美国指挥官曾说道：他是第一个在没有胜利的停战协定上签字的美国将军。就是那场战争，让世界第一次认识新中国。从此以后，就再也没有哪个国家敢叫嚷要用几艘军舰来教训我们这个民族了，没有一个国家敢于真正入侵中国，因为抗美援朝战争树立了中国的国威和军威。

目录

朱老总在抗美援朝战争时期二三事

◇刘建

朱德【1886.12 ~ 1976.7】

四川仪陇马鞍场李家湾人。1909 年考入云南陆军讲武堂，同年加入中国同盟会。参加了辛亥革命。1922 年赴德国留学，同年加入中国共产党。1925 年到苏联学习军事，次年回国。1927 年参加领导八一南昌起义，1930 年起任红军第一军团总指挥，红一方面军总司令，中央革命军事委员会主席，红军总司令。参加了长征。抗日战争时期，任中央军委副主席，八路军总指挥（后改称第十八集团军，任总司令）。解放战争时期，任中央军委副主席，中国人民解放军总司令。中华人民共和国成立后，任中央人民政府副主席，人民革命军事委员会副主席，中国人民解放军总司令，中华人民共和国副主席。1955年被授予元帅军衔。

朱老总密切关注朝鲜战场局势，协助毛泽东和党中央作出抗美援朝的决策。他两次亲赴山东，为赴朝部队动员壮行，激发了广大将士必胜的斗志和信念。他心细如发，亲自为彭德怀送来自己的衣服，拳拳战友情，殷殷同志谊尽在不言中……

抗美援朝战争爆发前后，身为中国人民解放军总司令的朱德始终密切关注着战争局势的变化，和毛泽东、周恩来等党和国家领导人一起，亲自参与了出兵决策、战前动员、战略指导的全过程，为战争的最后胜利作出了积极贡献。

面对公然挑衅运筹帷幄

1950 年 6 月 25 日，朝鲜半岛爆发内战。不久，美国军队又打着“联合国军”的旗号，把战火烧到鸭绿江边，直接威胁新中国的安全。在纽约，美国操控联合国安理会通过决议，成立“联合国军司令部”。在北京，中央军委副主席周恩来主持召开国防会议，朱老总同聂荣臻、罗荣桓等人一起出席会议，研究加强东北边防问题，决定调第四野战军的主力部队第 38、39、40 军组成第 13 兵团，作为军委的战略机动兵团，在河南集结。

7 月 13 日，中央军委正式作出《关于保卫东北边防的决定》，从河南、广东、广西、湖南、黑龙江等地抽调 25.5 万多人组成东北边防军。当时，解放中国大陆的战斗还没有完全结束，解放军的主力部队主要在南方。

8 月 23 日，朱老总参加中央军委会议，再次讨论东北边防军的有关工作。8 月 31 日，朱老总接到东北边防军司令员兼政委邓华、副司令员洪学智、参谋长解方联名呈送的报告。这份报告判断美军可能有两种企图：一是以部分兵力在朝鲜人民军侧后登陆，主力从现地北进；二是美军主力在朝鲜人民军侧后登陆，前后夹击。报告中还提出，我入朝参战的时机以敌人进到“三八线”以北地区为好，这样不仅政治上有利，军事上也是有利的。

朱老总认真审阅了有关文件，仔细分析了美军在朝鲜战争中的战略战术后，于9月5日给毛泽东主席写信。朱老总在信中提出：“我们的对策应该是作长期打算。我们除整顿陆军外，应抓紧建设空军、海军以及装甲兵、工兵、炮兵、铁道兵等特种兵。现存的陆军除整编以外，大部分可转为新式兵种。”在朝鲜战争的烽烟中，朱老总更加关注空军、海军和特种兵的建设。9月中旬，朝鲜战局发生急剧变化，美军在朝鲜西岸的仁川登陆成功，并不顾中国的一再警告，于10月初越过“三八线”，向北进攻。

10月8日，毛泽东以中国人民革命军事委员会主席的名义发布命令：“为了援助朝鲜人民解放战争，反对美帝国主义及其走狗们的进攻，借以保卫朝鲜人民、中国人民及东方各国人民的利益，着将东北边防军改为中国人民志愿军，迅即向朝鲜境内出动，协助朝鲜同志向侵略者作战并争取光荣的胜利。”随着毛泽东的一声命令，英勇的志愿军将士雄赳赳、气昂昂，跨过鸭绿江，开始了伟大的抗美援朝战争。

朱老总对入朝参战的部队极为关心，他总是千方百计地抽出时间亲自对部队进行动员，在短短的两个月里，他曾两次离京到山东看望即将赴朝鲜参战的部队。

“我这次来是为你们出征送行啊！”

临近中国人民志愿军跨过鸭绿江，进入朝鲜战场前10多天的10月1日，是中华人民共和国成立一周年纪念日。这天，在北京天安门广场召开了有40万人参加的庆祝大会，同时举行了盛大的阅兵典礼。身为中国人民解放军总司令的朱老总在检阅陆海空军部队后，向全国武装部队及民兵发布命令，命令指出：“美帝国主义现在正在用武装部队侵略我们的邻邦朝鲜，同时与蒋介石残余匪帮勾结，公开侵略我国的台湾。美帝国主义正在用战争威胁世界和平。”朱老总要求武装部队“进行充分的准备，加强国防建设，为解放全部国土而奋斗，为捍卫世界和平而斗争”。

10月，以宋时轮为司令员的中国人民解放军第9兵团奉命赴朝参战。中旬，兵团率领所属部队离别解放不久的上海，进驻山东曲阜及其附近地区。10月29日，受党中央委托，朱老总专程赶到曲阜，向第9兵团团以上干部作出国作战动员报告。

在宋时轮陪同下，朱老总在热烈的掌声中迈着轻捷、稳健的步伐步入会场。迈上台阶后，亲切地向大家招手致意。在长期的战争岁月里，第9兵团许多干部都听说过关于总司令的传奇般经历，但亲眼目睹他的音容笑貌还是第一次。此时，会场上气氛活跃，一阵阵热烈的掌声表达出大家对德高望重的总司令的崇敬和爱戴。

朱老总走到第9兵团副司令陶勇面前，握住他的手深情地说：“你就是陶勇，久闻你的大名，我这次来是为你们出征送行啊！”陶勇向总司令行了庄重的军礼，说：“欢迎您亲临部队视察，请总司令作指示。”

宋时轮、陶勇陪同朱老总入座。“现在，我们欢迎总司令讲话。”宋时轮话音刚落，全场再次响起热烈的掌声。朱老总站起身来，环视四周，用他那特有的四川口音高声地说：同志们，我们又要打仗了！这次打仗不同于以往，不是在国内打，而是在国外打。美帝国主义侵占了朝鲜，把战火烧到了我国东北边境鸭绿江边。我们要抗美援朝，保家卫国。我们过去已经打败了日本帝国主义和蒋介石。我相信，这次出国作战，你们也一定能够打败美帝国主义……接着，朱老总又用简要有力的语言讲到美帝国主义的侵略行径和战争暴行，党中央、毛主席的英明决策，朝鲜战场上的敌我态势和第9兵团的任务，最后讲到党中央、解放军总部和全国人民的殷切期望。他的讲话不时被一阵阵热烈的掌声所打断。

带着总司令的激励和鼓舞，第9兵团的全体官兵向东北边境开进，投入抗美援朝战场。与此同时，驻扎在西安的人民解放军第19兵团也接到毛泽东主席亲自签发的电报：“限你部12月5日前赶到津浦铁路山东兖州、泰安、滕县一线集结待命。”

兵团首长杨得志、李志民等深知这份来电中“集结待命”这四个字的分量。这无异于“动员令”“出征书”，好像一下子又将他们重新召回到了战火纷飞的战场。随后，上级又来了通知，要求杨得志、李志民速到北京，朱老总要向他们面授任务。

杨得志和李志民一到北京，朱老总马上就在中南海接见他们。朱老总在听取汇报后，详细询问了部队在山东集结后的各方面情况，从武器装备到思想动态，从部队纪律到生活管理，问得极为详细具体。随后，他让参谋人员拿来朝鲜地图，指着地图说：老彭（指志愿军司令员彭德怀——编者）到前面已经两个多月了。仗打得不错，但相当艰苦。目前正和麦克阿瑟进行第二次交锋，打得很激烈。他发回一些电报，主席是满意的。朝鲜的金日成同志也是满意的。你们可以看一看，了解情况，进入情况。老彭指名点将要你们 19 兵团。所以，主席、恩来同志要我找你们谈一谈。兵者百岁不一用，然不可一日忘也。中国这句老话你们也是知道的。请你们来，无非是了解些情况，督促一下。看你们还有什么问题需要中央帮助解决的。

杨得志、李志民向总司令报告说，兵团准备最近开一次团以上干部会议，我们代表兵团全体指战员请朱老总到山东出席这个会，给我们作指示，给我们作动员。杨得志还特别提到，1947 年 19 兵团攻打石家庄，那是解放战争时期我们第一次攻打大城市，没有城市攻坚作战的经验。关键时刻您到了我们兵团，给大家作报告，提出了“勇敢加技术”的要求，对部队鼓舞很大。这次要去朝鲜也是“第一次”。这一次比打石家庄那一次困难更大，您能再去给部队讲一讲是最好不过了。朱老总笑着说，这件事我还要向主席报告一下。

朱老总带着三个随员赶到山东兖州来了

1950 年 12 月中旬，天气已经很冷。19 兵团到达兖州地区后，虽然地方政府给予了很大的帮助，但那时的兖州还是一座小城市，住房十分拥挤，县直机关、学校，一部分民房都住满了部队。兵团的几个负责同志住在一个四合院里。朱老总便和兵团领导住在一起。那时候室内不要说暖气设备，就是取暖用的煤火炉也没有，兵团领导为了保证总司令的身体健康，在朱老总居住的房子里添置了一盆木炭火。

朱老总在到达的当天晚上，就同兵团的几位领导交谈，了解干部动员会的准备情况，征求大家意见，希望他讲些什么，还特别提出要先到连队看望战士们。从主观愿望来说，兵团领导当然希望总司令能到战士们中间去，这将极大地鼓舞部队的士气和斗志。但天气寒冷，部队驻地又很分散，担心朱老总年纪大易受风寒。随行的医生也有同样的顾虑，建议他就在生着木炭火的房子里分批接见指战员代表。朱老总看了看大家，诙谐地说：医生有偷懒的思想。我不生病，你就没得事，我一病就麻烦了。他又转过脸对兵团领导说：毛主席要我到 19 兵团来，可不是只看看杨得志、李志民他们几个人啊！

朱老总毕竟是 64 岁的人了，寒冷加劳累，结果还是感冒了，发烧咳嗽。这让兵团领导很不安。他们再三劝阻朱老总不要再到下面的部队去了。但朱老总执意不肯，依然按计划坚持到兵团所属各部队去看望大家。每到一处，他都与干部、战士们亲切交谈，询问各方面情况。他对炮兵部队的同志说：我们现在的空军力量还很弱，到了朝鲜你们上要对付敌人的飞机，下要对付敌人的坦克，还要做出很好的准备，下最大的战斗决心。我希望你们为中朝人民立功！

朱老总这次深入出征前的部队，给干部和战士们带来了莫大的鼓舞和激励。官兵们谁不想见到自己的总司令，亲耳聆听他的教导呢！他们终于如愿以偿了。可是他们哪里知道，他们所敬重的总司令此时却是发着烧、带着病来到他们中间的！他的随行医生几次找到杨得志说，杨司令，这样不行啊！我可负不起责任啊！但是杨得志等人无论怎么努力，也没有能劝阻朱老总继续到广大指战员中去。

12 月 19 日，朱老总在 19 兵团团以上干部大会上作了动员报告。会场设在兖州的一座天主教堂内。由于不少干部没有见过总司令，当朱老总刚进入会场时，坐在后边的一些干部情不自禁地站到了小凳子上，希望能更清楚地看到他们盼望已久的总司令。朱老总见此情景笑着说：不少同志大概不晓得朱老总是啥子模样，那好，我下台走一圈，大家认识认识嘛！说着便走下台去，从前到后走了个来回，边走边和两边的同志打招呼。顿时，全场活跃起来。

◇1950年12月，朱德总司令（前排中）为第19兵团团以上干部作抗美援朝报告。会后朱总司令与19兵团领导合影。

朱老总在热烈的掌声中开始讲话。他说：毛主席派我到19兵团来，有两项任务。一是向同志们表示慰问，给同志们送行；二是要给同志们加点子油、鼓点子劲。第一项任务，我向你们的杨司令、李政委，向我这几天所到的部队的同志们传达过了。我这次来慰问你们，因为你们要执行一项很光荣、很艰巨的任务。同志们，朝鲜人民在等着你们，等着和你们一起消灭美国侵略者；祖国人民也在等着你们，等着你们和朝鲜人民并肩作战胜利的消息！我的这个慰问，代表毛主席，也代表全国人民！我到你们兵团几天了，同你们兵团首长，同有些部队的同志谈了不少话。我看这第二项任务加油、鼓劲，比第一项完成得好！为什么？因为你们的油本来就很足嘛！这一点我回到北京是要向毛主席报告的！

朱老总这几句简短而亲切的话语，几次被热烈的长时间的掌声打断。此时教堂外虽然是寒风凛冽，但在没有取暖设备的教堂内，却是热情洋溢，似乎谁也没有感到寒意。接着，朱老总讲了抗美援朝的意义，讲到19兵团的任务，提出可能遇到的各种困难，告诫大家一定不要满足于已有的准备，一定不要满足于部队旺盛的求战情绪。他说，在座的都是干部，都是团以上干部，你们问我有啥子指示？啥子要求？我说如果有，就是要你们和全兵团的战士一起，摆困难。把困难充分摆出来，大家想办法解决。你们做到了这一条，到了朝鲜和敌人交手，胜利就有把握!

朱老总讲完话后，高兴地同与会全体人员在教堂外的寒风中合影留念。离开兖州前，朱老总又向兵团师以上干部每人赠送一册由刘伯承翻译的俄国军事家苏沃洛夫的军事名著《兵团战术概述》，并在每本书的扉页上挥笔题字。

朱老总的视察和慰问，给赴朝参战部队以巨大的力量和鼓舞，坚定了指战员抗美援朝、保家卫国的必胜信念。在朝鲜战场上，9兵团、19兵团的官兵们和赴朝作战的全体志愿军官兵一起，协同朝鲜人民军并肩作战，取得了辉煌战绩。1953年国庆节，任中国人民志愿军副司令员的杨得志，作为志愿军国庆观礼代表团团长回到北京。在天安门城楼上，毛主席面带笑容地握着杨得志的手说："欢迎你呀，得志同志。"又幽默地对周围的人说：你们都认识吧，此人大名叫杨得志，当年强渡大渡河的红一团团长，如今志愿军的副司令，德怀的助手。

在一旁的朱老总接上去风趣地说：好汉莫提当年勇嘛，还是让他讲一讲在朝鲜的事嘛!此时此刻，毛主席、朱老总最为惦念和牵挂着的，是那些还在朝鲜土地上的参战部队……

"凑合着穿吧"

1952年，彭德怀从朝鲜前线赶回北京，汇报战况，并讨论军事部署。这天，他与毛主席谈话至深夜，感到十分疲惫，想洗个热水澡。因为匆匆离开前线，连换洗的衣服也没带，现在他要洗澡，可难为了警卫员。"你说洗澡，可没说要换衣服呀!"彭德怀望着犯愁的警卫员，脸上露出了笑容。

彭德怀与警卫员的对话，恰好被站在台阶上的朱老总听到了，他暗自好笑，但没有搭腔。朱老总深知彭德怀的为人：一打起仗来就什么也不顾了。在朝鲜前线，彭德怀就是一张行军床，一身布军装，两件换洗的内衣，再没有多余的东西。这次回京述职，走得太匆忙，忘记带换洗的衣服。

彭德怀洗完澡，擦干身子，刚要穿衣服，就听警卫员报告："朱德总司令来了！”平时很注重军容风纪的彭德怀，从来不把朱老总当外人，边穿内衣边走出浴室问道：“什么事啊？这么晚了还特地来一趟？”

只见朱老总递过一套干净整齐的内衣，慢条斯理地说：“我的。可能不合身，凑合着穿吧。”彭德怀接过衣服，什么话也没说，两眼深情地望着朱老总。不大会儿工夫，彭德怀就换好了内衣，他头也不抬地说了一声：“还行。”从始至终，两个人再没有一句多余的话，然而多少话多少情，尽在不言中。

在抗美援朝战争中，中朝两国在同患难、共命运的共同作战中，结成了牢不可破的友谊。1962 年 6 月 16 日至 30 日，应中国全国人大常委会邀请，朝鲜民主主义人民共和国最高人民会议代表团来中国进行友好访问。当代表团离开北京归国时，朱老总亲自到车站送行，并挥笔作诗一首：“中朝两国友情深，只为多年抗敌人。唇齿相依关世运，戚欣与共胜天伦。并肩作战摧顽美，竭力互援建善邻。如此邦交昭范例，子孙须记血凝成。”

（本文作者：朱德之外孙，党的十九大代表，全国政协原委员，解放军装备学院原副院长、少将）

伍修权在抗美援朝外交战线

◇伍连连

伍修权【1908.3 ~ 1997.11】

湖北武汉人。1923 年 12 月加入中国社会主义青年团，1930 年 12 月加入苏联共产党（布）为候补党员，1931 年 7 月转为中国共产党党员。中华人民共和国成立后，任中央人民政府外交部苏联东欧司司长。1950 年 11 月任中华人民共和国大使衔特派代表赴联合国安全理事会发表谴责美国武装侵略中国领土台湾的演说。1950 年 12 月至 1955 年 1 月任外交部副部长、党组副书记。

抗美援朝不仅有前线将士浴血奋战，还有祖国后方运筹帷幄，全民支援，也有外交战线上的激烈斗争。伍修权作为新中国代表第一次亮相联合国。他还参与朝鲜战争停战谈判，是那段斗争的见证者。

新中国一成立，我父亲就被调到外交部工作，担任外交部的苏联东欧司司长，主管苏联东欧的事务。1951 年 1 月，我父亲又被任命为外交部副部长。下面，我回顾一下抗美援朝爆发后，父亲与抗美援朝密切交集的两件往事。

代表新中国赴联合国

1950 年 6 月 25 日，朝鲜内战爆发。

10 月 7 日，以美军为首的"联合国军"突破"三八线"，直逼平壤。鉴于金日成再次恳请中苏出兵驰援，美军已把战火引向鸭绿江沿岸 700 公里的中朝陆地边境，10 月 13 日，毛泽东主席发电报给斯大林：中国已决定向朝鲜提供军事援助。10 月 19 日，在朝鲜民主主义人民共和国首都沦陷的危急关头，中国人民志愿军开始入朝。

与此同时，通过联合国安理会向国际社会揭露美国侵犯中国领土、干涉朝鲜内政的既定方针在积极推进之中。联合国安理会于 9 月 29 日通过决议，同意中国政府派代表参加讨论。当时中国在联合国的席位，尚被退守台湾的国民党当局窃据，新中国任命的驻联合国代表张闻天因此未能赴任。去联合国参加讨论朝鲜和台湾问题的新中国代表团，是在外交战线上开辟"第二战场"，是与世界头号帝国主义国家针锋相对的斗争。这不只是新中国的一件大事，也是联合国乃至全世界众所瞩目的大事。周恩来总理认为我父亲虽然长期在军队工作，但有从事对外联络工作的经历和经验；精通俄语，便于与苏联等国协同作战；在军调部东北执行小组和长春分部工作期间，又与美方人员打过交道。于是，他向毛泽东主席提名推荐，主席欣然首肯。

◇ 1950 年，伍修权（坐者左三）赴朝时与我方大使馆人员合影。

10 月 23 日，周恩来复电时任联合国秘书长赖伊，正式通知："中华人民共和国中央人民政府业已任命伍修权为大使衔特派代表，乔冠华为顾问，其他 7 人为特派代表之助理人员，共 9 人出席联合国安理会讨论中华人民共和国中央人民政府所提出控诉美国武装侵略台湾案的会议。"接着，又在 26 日再次致电赖伊，提出伍修权等去联合国，不仅参加讨论中国控诉美国武装侵略台湾问题，也参加讨论美国武装干涉朝鲜问题的安理会会议。

行前，周恩来总理召集我父亲、乔冠华等讨论并确定代表团赴美后的行动方针与斗争策略。其中最重要的是准备好在联合国安理会上的发言稿，外交部为此专门组织了一个写作班子，由乔冠华牵头起草，毛泽东、周恩来审阅修改后，经中央审查通过翻译、打印。对于在国外时哪些问题可以自行相机处理，哪些问题必须向国内请示报告，甚至代表团的出发日期、行动路线及注意事项等，周恩来都对代表团一一交代。代表团出发前夕，周总理又把代表团全体人员请到他的办公室说：你们这次去联合国，任务艰巨复杂，也是参加战斗，大家要齐心努力，把这一仗打好，完成祖国和人民交给你们的光荣任务。周总理还通报了朝鲜战场特别是中国人民志愿军的作战情况，他说，现在志愿军正在艰难条件下以劣势装备浴血奋战。中国东北邻近朝鲜的地区特别是安东及鸭绿江大桥，不断受到美国空军的轰炸袭击，人民的生命财产安全受到了严重危害，对中国已造成了巨大的破坏。为此，中国代表团必须把联合国讲台作为又一战斗阵地，揭露美国的侵略暴行。周恩来又说，这次去的虽然只有九个人，但是他在北京将时刻关注并全力支持代表团的一切活动，他们出国并不是孤军作战，背后不仅有四亿七千五百万中国人民作后盾，还有包括美国人民在内的全世界千千万万支持者和同情者，特别是联合国安理会五个常任理事国之一的苏联及和平民主阵营的东欧各国，都将对中国代表团的活动给予帮助和配合。

我父亲代表全体人员向周总理表示，他们 9 个人将作为一个战斗集体，不负重托，不辱使命，坚决完成任务。

1950 年 11 月 24 日代表团一行 9 人到达纽约，父亲在机场向各国记者发表了简短讲话：本人奉中华人民共和国中央人民政府之命，出席联合国安理会讨论“控诉（美国）武装侵略台湾案”的会议。我希望中华人民共和国中央人民政府提出的控诉案，能在安理会上得到公正的处理。果如此，则将有助于亚洲及太平洋的和平与安全。

中国代表团到美国后，之所以受到各方关注与格外重视，还有一个重要的原因，就是美国纠集的“联合国军”，在朝鲜受到中国人民志愿军的迎头痛击。几乎就在他们到达纽约的同时，以美军为主的所谓“联合国军”三万多人被一举歼灭。麦克阿瑟扬言要在圣诞节前结束朝鲜战争的大话，被中朝军民粉碎。美国和西方世界不得不承认，这是美国遭到的重大失败。中国人民志愿军在朝鲜战场的胜利，提高并加强了中国代表团的地位，扩大了其影响。正是在这样的背景下，代表团出现在美国的土地上，当然受到世界各国特别是美国公众的密切关注。

1950 年 11 月 27 日，中国代表团在安理会主席的邀请下，首次出席联合国安理会的政治委员会会议。由于我父亲一行在此之前已成为人们关注的焦点人物，他们的首次亮相，就成了从联合国到世界各国的头号新闻。当时，会场门口通道上出现了一个身着西服、以军人姿态阔步走进大厅的东方人，他就是中华人民共和国中央人民政府的特派代表伍修权，紧随其后的乔冠华和相关随行人员，也一个个昂然步入会场。全场的目光齐刷刷地集中到他们身上。我父亲曾回忆道："我们在联合国官员的引导下，走到为我们安排的位置上，按顺序入座。在我面前的桌子上，放着写有'中华人民共和国'英文字样的席位标志。这个牌子虽小，但是在这个大厅里，却显得十分醒目，因为在当时的世界上，绝大多数国家还没有承认我国。美国等资本主义大国，对新生的人民中国，采取了拒不承认的'鸵鸟政策'和敌视态度。然而现在，我国的国名和代表正式出现在这个世界最大国际组织的会议厅里。"

安理会会议厅的设计与一般的会议厅不太一样，15 个安理会理事国和常任理事国的代表，还有被邀请出席大会的各国主要代表的座位，都在一张马蹄形长桌后面，每个座位上都有收听同声翻译的耳机、语言选择开关和发言用的话筒。伍修权的座位，就在时任美国国务卿杜勒斯右侧，中间只隔着英国代表杨格，相距也就一米左右。杜勒斯以坚决反共著称，他是全场唯一不把目光投向刚进入会场的中国代表的人，以冷漠来表示敌意。而苏联代表团团长、外交部部长维辛斯基看到中国代表进了会场并入座时，当即盛情欢迎。这天中国代表没有发言。

11 月 28 日，我父亲代表新中国在安理会上作了长篇发言。他环顾会场，以带有湖北口音的普通话庄重地说：

主席，各位代表先生们：

我奉中华人民共和国中央人民政府之命，代表全中国人民，来这里控诉美国政府武装侵略中国领土台湾（包括澎湖列岛）非法的和犯罪的行动。

中华人民共和国中央人民政府毛泽东主席于 1949 年 10 月 1 日政府成立之日，即已着重昭告全世界，只有中华人民共和国中央人民政府才是代表中国全体人民的唯一合法政府。一年以来，中华人民共和国在军事、经济、政治和文化建设各方面所完成的伟大成就，向全世界雄辩地证明了只有中华人民共和国中央人民政府，才是代表中国人民唯一合法的政府……中国国民党反动残余集团在联合国的所谓“代表”……绝对没有代表中国人民的任何资格!

针对联合国席位问题发表严正声明之后，他的发言转入控诉美国侵略台湾的正题：“首先是1950年1月5日的杜鲁门反对1950年6月27日的杜鲁门。1950年1月5日杜鲁门说：‘美国及其盟国承认中国对该岛行使主权。’其次，罗斯福总统反对杜鲁门。1943年12月1日，美国罗斯福总统庄严地宣布了‘日本窃取于中国的领土，例如满洲、台湾、澎湖群岛等应归还中国’的开罗宣言，当时罗斯福总统或其他任何人也不以为在对日和约签订以前开罗宣言是无效的，不以为满洲、台湾、澎湖在那时以前仍然应该归日本所有。”他严正指出：“台湾是中国领土不可分割的一部分，台湾的地位早就决定了；台湾只有一个问题，就是美国政府武装侵略我国领土台湾的问题。朝鲜问题的真相不是别的，正是美国政府武装干涉朝鲜的内政，并严重破坏了中华人民共和国的安全。”进而他揭露道，“美国的实在企图是如麦克阿瑟所说的为使台湾成为美国太平洋前线的总枢纽，用以控制自海参崴到新加坡的每一个亚洲海港”，使台湾成为美国“不沉的航空母舰”。接着他又针对美国常驻联合国代表奥斯汀“美国未曾侵略中国的领土”等狡辩，冲着奥斯汀幽默地反诘：“好得很，那么，美国的第七舰队和第十三航空队跑到哪里去了呢？莫非是跑到火星上去了？”说到这里，他转向全场听众提高音量道：“不是的，美国的第七舰队和第十三航空队并未跑到别的地方，他们在台湾。”他挺直身子愤怒地大声说：“任何诡辩、撒谎和捏造都不能改变这样一个铁一般的事实：美国武装力量侵略了我国领土台湾。”

最后他的发言又转到朝鲜战争问题上，在列举美国飞机、军舰对新中国造成了直接侵犯和严重破坏的罪行后，指出中国人民为了保卫自己的主权和安全，支援兄弟的朝鲜人民，奋起“反抗美国侵略乃是天经地义，完全合理的”。

他的演讲，中文长达两万余字，在联合国安理会的会议上，是少有的长篇演说。往常对与本国无直接关系的发言、特别是长篇演说，很少有人能从头听到尾的。但是这次一反常态，全体代表都准时入座，来宾席和记者席座无虚席，临时加座后还有“站票”。人们都对新中国代表将向世界讲些什么，怀着浓厚的兴趣。在父亲发表演说后休会时，会场上许多人从各自的席位上，特别是从旁听席、来宾席和记者席上，纷纷拥了过来，一起向新中国代表表示热烈祝贺。有老朋友美国记者斯诺、夏仁德教授，还有抗战期间曾在兰州担任国民党政府外交特派员的李铁铮，当时国民党政府外交部驻纽约总领事宗维贤，他们都为中国代表的堂堂正气所触动。一位在美国从事研究工作的吴仲华博士，为了能听到中国代表的演讲，在联合国会议厅开门前就赶到，第一个进入安理会旁听席占座等着。他们都从中国代表的演说中，感受到中华民族的自尊与自豪，不久就都先后离开美国，回到中国大陆，为新中国的建设事业作出了各自的贡献。

会场内外的强烈反响，也极大地鼓舞了中国代表。11 月 29 日他们又应邀出席了安理会会议。这次会议讨论的是美国提出的诬蔑朝鲜和新中国“侵略大韩民国案”。由于美国的操纵，联合国并未邀请朝鲜代表出席会议，所谓“大韩民国”即南朝鲜的代表却堂而皇之地坐在安理会特邀代表的席位上。会议开始后，南朝鲜代表首先发言，控诉北朝鲜和中国对他们的侵略。为了对这种极不公正的做法表示抗议，我父亲他们决定不参加这场美国导演的“讨论”，没有坐到预留给新中国代表的席位上，而是走到会场上的贵宾旁听席入座，以便就近观察会场动向并待机进行反击。南朝鲜代表发言之后，会议主席又让台湾国民党当局的代表蒋廷黻发言，这当然都是美国策划的。我父亲见状，认为对蒋介石代表的发言，不能坐视不理，随即坐回到会议的正式席位上。蒋廷黻用英语对中国共产党和新中国进行了一番攻击诬蔑，为他的后台老板美国辩护。面对这场遭遇战，我父亲当机立断，迎头反击。蒋廷黻发言一结束，他马上举手，获准发言后，他用中文说：“我们已声明而且还要声明，你蒋廷黻不能代表四万万七千五百万的中国人民，只有我们才是中国人民的真正代表。你做美国的走狗，做美国的应声虫，这就是你的职业，连伟大的中国语言都不会讲，我怀疑你还是不是一个中国人！”

从 11 月 27 日到 30 日，联合国安理会连续举行会议，讨论中国提出的“美国侵略中国台湾案”和美国提出的朝鲜和中国“侵略大韩民国案”。中国代表根据中国政府的指示，将讨论重点放在美国侵略台湾问题上，建议联合国谴责并制裁美国侵略者，使美国军队从已占的中国领土台湾海峡以及仍笼罩在战火硝烟中的朝鲜全部撤出，以恢复各自的主权。

新中国代表在联合国对美国的控诉发言，从美国到全世界都引起了巨大反响。苏联《真理报》发表评论说："联合国第一次响彻着中国人民代表的声音，这个声音所代表的政府其稳固与人民对它的拥护在中国历史上是无以伦比的。"许多独立不久或正在争取独立的第三世界国家，也都反映强烈，认为新中国代表在联合国反对国际霸权、抗议美国侵略，大长了世界饱受压迫剥削的国家和民族的志气。连美国的报刊和广播，都连续报道了中国代表的演说及照片。美国《生活》画报上登了两组人物头像特写，一组是父亲正在挥手怒斥美国的侵略罪行，对面的奥斯汀听得嘴巴都气歪了。

在当时的国际大背景下，我父亲发言所阐述的新中国的严正立场，阻止不了美国对中国和朝鲜的侵略，也改变不了他们在联合国的霸道行为。在以后的会议上，美国还是迫使联合国通过了他们颠倒黑白的提案，接着又操纵联合国，于12月15日、18日宣布联合国大会不定期休会、安理会及联大政治和安全委员会也无限期休会，变相剥夺了中国代表团继续揭露美国侵略、维护中国主权的合法权利。代表团将此情况向国内作了报告，等待北京对代表团下一步行动的指示，同时利用休会期间进行了一系列会外活动，变换斗争方式，拓展战场的外延。

中国代表团就这样通过安理会会场之外的战场，在美国公众中，在国际舞台上，为新中国、为中国共产党人树立起了新的形象。而这一切，都是在北京大本营、在周恩来总理的直接领导下进行的。12月13日，周恩来复伍修权、乔冠华电："同意你们于事毕后准备回国，但动身日期可预定于会开完后第三日，第二日则举行一次记者招待会……"

12月16日，新中国代表团在联合国所在地纽约成功湖举行了记者招待会。招待会邀请了各国特别是美国新闻界人士。面对各国记者，父亲开门见山直奔主题，在揭露了美国操纵联合国以休会方式不让新中国代表发言，封锁中国人民正义呼声的企图后，把准备在安理会政治和安全委员会会议上的发言分发给大家。发言列举了美国对中国干涉、侵略的种种事实，指出美国当前对中国台湾和邻国朝鲜的侵略，其目的都是为了取得进攻中国大陆的跳板，为此，中国人民不得不奋起抗美援朝以保家卫国。这一发言除了重申中国代表11月28日在安理会会议上发言时提出的制裁美国、制止侵略的三项建议外，还附发了证明台湾自古以来就是中国领土的历史文件及史料摘录，美国为支持蒋介石集团发动内战而使用的各种美国武器与军事装备的图片集，美国侵略朝鲜时对中国领土进行轰炸破坏造成损失的统计图表，具体而形象地揭露了美国对中国的侵略罪行。包括美国记者在内的各国记者，都获得了（有的还是主动来索取的）中国代表团所分发的发言稿及相关资料。尽管这些记者出于各自的不同立场和态度，对伍修权的谈话及代表团分发的资料，作了不同的报道、转发和摘引，但无一例外地在各国报刊及广播、电视等新闻媒体中，再一次使中国及其严正立场成为各方人士的聚焦点。

这是在党中央领导下，新中国第一次在联合国安理会上亮相，宣示了站起来了的中国人民保家卫国的坚强决心，展示了中国人民不畏强权的豪情！

二、赴朝鲜拟参加朝鲜战争停战谈判

1951年年底，在与1950年率新中国代表团出使联合国大致相同的时段，父亲又出现在朝鲜。我父亲受命接替李克农，负责停战谈判领导工作。

朝鲜战争进行到1951年初夏，双方军队都已难以向前推进，战线被基本固定在战争爆发之初的“三八线”一带，呈现胶着和对峙状态。在与中、朝两国军队反反复复的较量中，美国当局终于长了一智，明白再打会再吃亏，大打会大吃亏。身临战场的美国将领认识尤为深刻。继麦克阿瑟之后担任侵朝美军总司令的李奇微认为如继续北犯，“取得那种胜利同付出的代价（人员损失）相比，它的价值还不如付出的代价”。从1951年7月11日起，以“联合国军”为一方，以中国人民志愿军和朝鲜人民军为一方，在“三八线”南侧中朝军队占领的开城，开始了边打边谈、打打谈谈的马拉松式停战谈判。

◇ 1951 年 12 月，伍修权（右）赴朝与李克农、柯柏年合影。

我父亲的老领导、外交部副部长李克农和作为助手的乔冠华等人，奉命秘密来到朝鲜坐镇，具体负责中朝军队谈判代表团的工作。谈判进行到冬季时，我父亲忽然接到命令，要他赶去开城接替李克农的谈判领导工作。原来，李克农患有严重的哮喘病，一到天冷就发病。中共中央考虑到他的工作担子太重，想让他休息一下，便决定派我父亲接手主持谈判工作，并派外交部美澳司司长柯柏年为助手，一同前往开城。行前周恩来同他们谈话，对下一阶段的停战谈判事项做了交代、部署。我父亲突击研读了大批与谈判有关的文件资料，对将要接手的工作进行了必要的准备。1951 年 11 月中旬，他们从北京出发，同行的还有李克农的秘书叶成章和一位医务人员。考虑到处在朝鲜斗争第一线的人员生活都很艰苦，还采购了一批水果、食品，准备带去慰劳前方的将士。他们到安东后，分乘两辆东北军区派出的吉普车通过鸭绿江大桥直奔朝鲜中部。

当时，美军利用其空中优势，对我后方补给运输线进行狂轰滥炸，进行所谓“绞杀战”。整个朝鲜北部已是一片焦土，公路被炸得坑坑凹凹，桥梁大都被炸断。行人、车辆就从附近水面下用石头垫起的“水下桥”上往返。白天根本无法行车，父亲一行所乘的吉普车，只能在夜色的掩护下行进。因美国空军不断出动夜航飞机在朝鲜北部上空侦察骚扰，发现目标即猛烈轰炸，即使是夜间行车也不能开灯，只能摸黑行驶。他们影影绰绰看到一路是行军队伍和来往车辆。中朝军队的防空哨兵一听到美军的战机飞近就鸣枪报警，所以一路上枪声不断，轰炸声和燃烧的火光此起彼伏。

他们星夜兼程，终于如期到达朝鲜首都平壤。只见昔日的繁华都市，只剩断壁残垣。金日成领导的朝鲜劳动党中央、朝鲜政府及其军事指挥中心，虽然名义上是在平壤，实际上隐蔽在几十公里以外的山沟里。与他们保持密切联系的中国大使馆也在附近。我父亲他们找到中国大使馆，见到了红军时期的战友、驻朝大使倪志亮。在他陪同下，通过层层岗哨，来到一座巨大的地下掩体内，见到了朝鲜民主主义人民共和国的领导人金日成。我父亲和金日成早在解放战争时期就认识并多有交往，老朋友相见也很亲切。我父亲按照周总理的交代，将自己此行的任务向金日成作了说明，并请示他的意见。金日成直接用东北口音的汉语向他介绍了一些情况，表示：美方企图凭借海、空优势，将停战线划到中朝军队的后方，美国的这种无理要求是不能接受的。他希望在开城谈判代表团中并肩工作的中朝两国人员，紧密团结、通力合作，在谈判桌上如同在战场上一样，共同战胜美国侵略者。

与金日成会见后，我父亲与柯柏年等乘车前往开城。开城地处两军交锋的前线北侧，由于正在举行停战谈判，那里成了前线唯一没有硝烟的一片净土。但是它的周围以及通向开城的道路沿线，仍然处于战火之中。车越向南开路越难走，在美军飞机、大炮无数次的狂轰滥炸之下，道路早已百孔千疮。加上往返前线的车辆很多，又都是闭灯行驶，他们的吉普车发生了一次不小的事故。坐在吉普车前座的父亲，正被颠得歪歪倒倒时，忽见前方有个巨大的黑影压过来。司机一看，是从对面开来的一辆大卡车。因为都没开灯，所以双方事先谁也没有发现对方。就在两车即将相撞的时刻，小车司机慌忙猛打方向盘，车一头栽进路边水坑里，反扣过来。我父亲被甩出车外，后座上的人也都被摔到水沟里。被冰水浸透的父亲很快清醒过来，大家相互搀扶着爬起来，确认无一受伤。更令人惊喜的是，经大家帮忙，把吉普车翻转过来推到路上，发现车辆也还能继续行驶。他们拖着被泥水浸湿的大衣，重新坐进车里，继续前进。开车后，湿透的衣服被寒风一吹冻得人瑟瑟发抖。此时恰好经过一处志愿军驻地，我父亲便让大家下车去找地方烤烤衣服，再检修一下车子。志愿军部队一听说是北京来的人，连忙热情接待。

第二天太阳一落山，趁美军白天的飞机已经返回，夜航飞机还没有出动，一行人继续赶路，直奔开城。按照交战双方协议，为保证停战谈判安全进行，美、韩军队的炮火、飞机不得侵袭中朝部队占领的开城地区，所以进了开城也就保险了。不久他们到达设在开城来凤庄的停战谈判中方代表团驻地，与李克农、乔冠华和志愿军代表邓华、边章五等见了面。

我父亲忙把从国内带来的水果食品拿出来慰劳大家。考虑到朝鲜不缺苹果和梨，就带了些南方的香蕉之类。哪知这些东西既怕冻又怕碰，等他们打开一看，千里迢迢拉来的水果烂成了一堆。我父亲觉得十分抱歉，李克农却笑道："你们的心意已经到了，只怪我们口福太浅，没能享受到祖国带来的美味。"父亲他们的来意，中共中央已经通知了李克农。我父亲见李克农病得确实不轻，对他忘我工作的精神十分钦佩，但劝他接受中共中央对他的关心爱护，把工作交给他们来接着干。李克农听后摇摇头说，他很感谢大家对他的关心，但再三考虑后，认为自己在这里工作了近半年时间，各方面的情况，特别是斗争规律，都已摸得很透，如果现在换人，一切又要从头做起，就可能耽误时间甚至造成失误。他说临阵不换将，自己的身体还没到完全不能坚持的地步。

父亲了解这里的工作情况后，也感到李克农确已干得十分顺当，自己在斗争经验和应变决策上，也不及这位老上级。如果马上接手，未必能像他那么挥洒自如，也就同意了李克农的意见。李克农建议我父亲在那里住一段时间，利用这个机会，好好了解一下朝鲜前线和谈判工作的情况，对今后的工作会有好处。我父亲接受了他的建议。他们经过商量，由我父亲向中共中央报告了李克农的意见，建议让李克农继续主持谈判工作，他自己则作为预备队在这里见习一段时间，以便了解和熟悉情况。如果李克农病情加重难以支撑，他就马上顶替上去。中共中央收到电报后批准了他们的意见。

从1951年7月起的朝鲜停战谈判，朝中方面公开出面的是朝鲜人民军参谋长南日大将（首席代表）、李相朝中将、中国人民志愿军副司令员邓华和参谋长解方等，我父亲到时又加上了边章五。他们这几位直接出席谈判，被称为“第一线”或“前方”，同美国人正面交锋。在他们后面有一个“中间站”或叫“第二线”，那里是乔冠华和柴成文等人，负责为第一线的谈判代表提供会谈发言稿并随时出谋划策。再后面是第三线，即后方指挥部，由李克农坐镇，掌握和领导整个谈判工作，直接与毛泽东、周恩来、金日成和时任志愿军司令员的彭德怀联系。但他对外从不露面，只在幕后负责指挥。为了保密，李克农被叫作“李队长”，乔冠华被叫作“乔指导员”，这成了他们的外号。

当时的工作已经形成了一个基本程序，通常是白天由南日、邓华等第一线的人员去与美国代表面对面谈判。当天谈判结束后，邓华等立即向第二线的乔冠华和第三线的李克农汇报谈判进展情况和问题，研究下一步的初步对策。由李克农归纳小结，乔冠华执笔写出给中共中央的报告和请示，经李克农阅改签署后，立即给北京发电。毛泽东、周恩来收到报告后，立即据此研究并制定出新的指导方针和任务要求复电开城。电报一到，李克农、乔冠华他们马上遵照指示制订实施方案，再将中共中央复电和他们的方案电告金日成和彭德怀，既征求意见又通报情况。一待金日成、彭德怀复电同意，乔冠华就拟出次日谈判的发言稿和具体计划。等这一切完成，天已大亮。乔冠华马上向南日、邓华等传达相关指示和意见，将当天的发言稿和斗争方案交给他们，第二天的战斗又开始了。

李克农为了让我父亲了解谈判情况，除让他旁听代表团讨论问题外，又安排他到开城及周围地区作访问调查。入朝以来，尤其是在“三八线”一带的所见所闻，无不令人发指：“三八线”以北的地区，几乎被夷为平地，许多城市、集镇和村庄都成了废墟。他看到，中朝军队和居民大都过着半穴居的战地生活，志愿军部队打坑道、钻山洞，借此保存自己。他看到，1951 年冬志愿军的生活条件虽比刚刚入朝时有所改善，但由于运输困难，生活还是十分艰苦。前线部队就是依托这些坑道，在极端艰苦的条件下，靠大无畏的牺牲精神顶住并战胜了所谓“联合国军”的强大攻势。

当时中朝军队和所谓“联合国军”的交锋接触线，实际上已偏离了原来的“三八线”。战线东北一端斜进了“三八线”北方大片地区，但西南一端斜向了“三八线”南侧。北朝鲜方面原想将停战线划回到“三八线”，以便完全收复失地，但美军凭借其空、海优势要将停战线再向北推。后来中方提出折中方案，即以双方实际接触线为停火线，看起来朝鲜北方丢的地方多一些，但是原属南朝鲜的一些比较富饶的半岛地区，特别是文化古都开城一带，都可以划归北朝鲜，相比之下并不吃亏，这才使北朝鲜和美方接受了这一方案，成为停战谈判的实际成果之一。地处“三八线”南侧的开城，被定为停战谈判地点后，受到的战争破坏大大减少，基本保持了城市的原貌，一批古老建筑设施也被保存下来。我父亲到开城时，这里是朝鲜仅有的一块和平绿洲。为了制止美军飞机和炮火的侵扰，在开城四周角上，每到夜晚就亮起四盏探照灯，以其直上夜空的光柱作为标志，白天则是四个巨大的气球飘浮在四角上空，不分日夜老远就能看到。从南侧过来的美、韩代表，车上必须覆盖用以识别的白旗，才能驶入中朝方占区的谈判地点。中朝方对他们以礼相待，负责他们的安全。但美、韩常搞破坏活动，后来就将谈判地点挪到位于军事分界线的板门店了。我父亲曾回忆说：“在开城谈判中，双方一直在进行无休止的扯皮。我们的原则是，敌人在战场上得不到的东西，也别想从谈判桌上得到。敌人想通过军事压力为他们的谈判代表撑腰，所以前线的一举一动无不反映到谈判桌上来。谈判桌上的紧张斗争，密切配合着前线的激烈战斗。”

我父亲在开城住了一个来月，见李克农的病情基本稳定，精神也越来越好，还忙里偷闲同大家开开玩笑。在朝鲜紧张的停战谈判中，他仍以乐观、幽默为这个战斗集体营造出活泼愉快的氛围。我父亲考虑到再待下去没有多大必要，国内还有许多工作等着他，就同李克农商量后又请示北京，经中共中央批准，我父亲和柯柏年于 1951 年 12 月中旬启程回国。

（本文作者：伍修权之女，全国工商联宣教部原副部长）

邓华在抗美援朝战争中

◇邓英

邓华【1910.4 ~ 1980.7】

湖南郴州永宁人。1927 年加入中国共产党。1928 年参加湘南起义。中华人民共和国成立后，历任广东军区第一副司令员，第 13 兵团司令员。1950 年起任志愿军第一副司令员兼第一副政治委员，志愿军代司令员兼代政治委员。1954 年起任沈阳军区司令员，副总参谋长兼沈阳军区司令员。1955 年被授予上将军衔。

邓华作为志愿军第一副司令员兼第一副政委最先率部入朝，协助彭德怀指挥作战。而后又被任命为志愿军代司令员，全面主持对敌斗争，功勋卓著。1954 年 9 月，他虽已回国，仍被正式任命为志愿军司令员，这是对他的充分肯定和最高褒奖。

在新中国成立后的 1950 年 5 月，时任 15 兵团司令员的我父亲邓华圆满完成了毛主席、中央军委交给的解放海南岛的重任。在经过 23 年枪林弹雨的戎马生涯后，父亲似乎觉得可以刀枪入库、马放南山了。然而稍许平静的日子仅过了一个多月，朝鲜战争就爆发了。作为一名以保家卫国为天职的军人，父亲又投入了新的战斗。

为了祖国边境的安全，中央决定以战略机动兵团 13 兵团为主，组建东北边防军以备不测。7 月，中央任命我父亲为 13 兵团司令员。接受任命后，为更有利于战场指挥，父亲向四野总部和中央军委建议：能否将整个 15 兵团机关与 13 兵团机关对调。中央认为他的建议是正确可行的，于是父亲就带着 15 兵团团部和 13 兵团的部队开拔前往东北边境。

当时是否出兵朝鲜，中央还在权衡研判。当以美国为首的“联合国军”越过“三八线”，向中朝边境推进并开始轰炸中国丹东地区，严重威胁到新中国安全的那一刻，党中央、毛泽东经过再三考虑，应朝鲜劳动党和政府的请求，才最后下定决心：出兵朝鲜，抗美援朝，保家卫国。10 月，中央任命彭德怀为志愿军司令员兼政委，我父亲为志愿军第一副司令员兼第一副政委。

从 1950 年 10 月 19 日下午，我父亲和洪学智副司令员在大部队过江之前，由安东（今丹东）乘汽车过鸭绿江，到 1954 年 4 月 6 日黄昏，从图们江的铁路桥乘轻油车回到图们，在 3 年近 6 个月的时间里，全过程参与指挥了抗美援朝战争。

1950年，父亲年仅40岁。虽然经过土地革命战争、全民族抗日战争、解放战争的残酷斗争，经过和日本侵略者、国民党反动派的荷枪实弹对垒，但父亲知道这次和以往的情况不一样，他的对手是由军事强国美国为首的多国联军，无论武器装备还是后勤保障相差都很悬殊，既然这样，那战争的结局如何，谁都无法预料。作为军人的父亲，他把我母亲的照片放在随身的烟盒中，到东北前线，再一次走进战场。我母亲谈到当年父亲离开广州的时候，对她说过的一句话，她一辈子都清清楚楚地记得："瓦罐难免井上碎，将军难免阵上亡。"可以说父亲不但自己做好了充分准备，也给我母亲做好了思想工作。

协助彭德怀司令员指挥作战

在抗美援朝战争中，我父亲作为彭德怀司令员的第一助手，协助彭总指挥百万大军作战，彭总对我父亲很满意，也很器重。彭总多次说过："邓华这个人，知识丰富，很有头脑，考虑问题有眼光，也比较周到。""邓华作战勇敢、细心、出了些好主意，是个好帮手。"

父亲接受任命后，在洪学智副司令员等兵团首长的协助下，仅用短短2个多月的时间，迅速整顿了各军，完成了各军由和平转入战时，由打国民党军转到打世界强国美国军队的思想大转变，很快恢复到准备打仗的状态。

父亲密切注视朝鲜战争局势的发展，从多方面对敌我双方进行了调查研究分析，并于1950年8月31日和洪学智副司令员、解方参谋长联名给中南军区司令员林彪发了《关于东北边防军出国作战准备情况及需解决的问题》的电报。其中就敌我力量的对比、朝鲜地形、供应问题、敌人的企图、我们的作战方针、部队装备和训练问题六个方面做了详细论述。指出：我军政治觉悟高，勇敢耐劳并有丰富的战斗经验，但敌技术装备好，火力强，并有大量的飞机大炮坦克配合，近海作战还有海军支援，这种防御力量是不可忽视的。美帝企图是要侵占朝鲜全境，敌人将来反攻的意图之一：以一部分兵力在朝鲜北方沿海侧后几处登陆扰乱牵制，主力则沿铁路公路由南向北推进。之二：以一部分兵力与我周旋，主力则在我侧后的平壤或汉城地区大举登陆，进行前后夹击。就在报告发出后的 9 月 15 日，麦克阿瑟果然指挥美第 10 军在距汉城约 40 公里的仁川成功登陆，截断人民军后路，对人民军形成了预料中的南北夹击之态。林彪接阅后于 9 月 8 日呈报毛主席，并请军委解决我父亲在报告中提出的后勤、装备等问题。

志愿军即将入朝作战时，原定计划先派 2 个军十一二万人过江，而此时入侵朝鲜的美国等国部队兵力已达 42 万人，还有 1100 多架作战飞机，各种型号军舰 300 多艘。根据毛主席一贯集中优势兵力打歼灭战的思想，父亲认为派 2 个军的兵力，是绝对不能形成优势的。于是向彭总提出至少一次要派 4 个军过江，彭总认为建议很好，即向毛主席、中央军委做了报告。毛主席 10 月 18 日来电：4 个军及 3 个炮师按计划进入朝北作战。这样，我父亲和洪学智、解方即安排部署 39 军担任鸭绿江至九龙江地区之防御；40 军担任九龙江至校馆里地区之防御；42 军担任校馆里至五老里以东地区之防御；38 军集结于江界、辑安（今集安）地区机动；炮兵（1 师、2 师、8 师）集结于温井、北镇、熙川地区。所有部队于 1950 年 10 月 19 日晚从安东和辑安线开始渡过鸭绿江。按照毛主席指示，我父亲和洪学智、解方又电令各部队严格遵守与掌握渡江时间，要求每日 18 点半至第二天凌晨 4 点过江，5 点前全部隐蔽完毕，渡江后一律采取夜行军。经过缜密细致的部署，几十万大军在敌人毫无察觉的状态下，平安进入朝鲜北方。按这个方案，志愿军入朝后第一次战役打得很漂亮，旗开得胜，把敌人从鸭绿江边赶到了清川江以南。挫败了“联合国军”在感恩节前占领全朝鲜的计划。

主持志愿军总部全面工作

1952 年 4 月，彭总因病回国，治愈后就留在国内主持中央军委日常工作。6 月，中央任命我父亲为志愿军代司令员兼政治委员。想当初，在众多将领中，父亲被点将率兵备战、入朝，如今又被委以重任，接替彭总主持志愿军总部全面工作，父亲深感责任重大，不敢有丝毫倦怠。

按照毛主席、中央军委的战略意图和判断，父亲作为一线指挥员，从着眼战争全局出发，正确把握谋局、开局、控局、收局等重大战略问题，去筹划战役、战斗。他和志愿军的其他领导一道，组织指挥了全线性战术反击作战，毛主席对此给予了高度评价，在贺电中说："此种作战方法，继续实行下去，必能制敌死命，必能迫使敌人采取妥协办法结束朝鲜战争。"1952年10月，父亲又成功组织指挥了上甘岭战役。根据朝鲜当时的形势和局面，同年12月父亲提出了抗登陆防御的方针原则，只用了20多天，就对正面战场和东西海岸兵力部署作了调整，4个月的时间成功完成了巨大的抗登陆防御作战准备，致使美军再没敢冒风险实施登陆。

◇ 1951年7月10日，朝鲜停战谈判开始，这是最早时期的朝、中方面代表。左起：解方、邓华、南日、李相朝、张平山。

从1951年7月10日开始的停战谈判，由于敌方的破坏，迟迟不能达成协定。打打谈谈，直到1953年6月，在即将签订停战协议时，南朝鲜方面以"就地释放"为名，公然扣留朝中2.7万名被俘人员。原本彭总已经到达平壤准备前往开城在停战协议上签字，但我父亲向彭总汇报了应再消灭南朝鲜军1.5万人，以给敌人沉重打击的建议，得到了彭总的认可。接着，彭总就主持了志愿军党委扩大会议，确定了对南朝鲜军再打一仗的计划，并获得了中央军委的批准。毛主席指示志愿军"只管打，不管谈，不要松劲，一切仍按原计划进行"。父亲和志司（志愿军司令部）领导指挥志愿军向敌人发动了夏季攻势，以积极的打，来配合停战谈判，从战场上打击了敌人的气焰。经过周密的组织准备，精心指挥，志愿军在朝鲜战争中的最后一仗——金城战役又取得了胜利，增加了谈判桌上的主动权。就此，美方代表对有关停战谈判协定的所有问题，对朝、中代表作出了明确的保证，并保证不让南朝鲜李承晚阻止协定的实施。最终，美方不得不在停战协定上签字。

1954年9月，虽然我父亲这时已经回国，但仍被正式任命为志愿军司令员兼政委。可以说，这是毛主席、中央军委对我父亲在抗美援朝战争中作为的肯定及最高褒奖。

及时、系统总结抗美援朝战争经验

◇抗美援朝期间，邓华在志愿军总部（坑道内）。

父亲是个勤于动脑思考与善于进行总结的人，他高度重视抗美援朝战争的经验，在抗美援朝战争中及战争结束后，不仅向上级领导机关写了分析调查研究报告，还撰写了许多总结及发言文章。他对待工作认真负责，重要的电报、总结、报告、发言通常都亲力亲为，绝不找人代笔。第一次战役结束后，父亲认真研究了美军的行动规律和战局的可能发展，提出了“诱敌深入，相机歼敌”作战方针的建议，得到了彭总和党委其他成员的赞同。在这一战役方针指导下，第二次战役共歼灭“联合国军”3.6万人，夺回了大片土地，迫使敌人由进攻转为防御。父亲还写了《对美军作战的初步经验》《论朝鲜战场之持久战》《调整部署，加强纵深工事，以坚持持久作战》《关于积极防御作战的若干战术问题》《反登陆作战战术问题的研究》《中国人民志愿军抗美援朝三年来的胜利》《抗美援朝战争经验的介绍》等著作。1954年至1956年，根据中央军委的决定，由父亲主持对抗美援朝战争进行了系统的总结，最终完成了《抗美援朝战争的经验总结》，为研究这场战争，为今后的国防建设和军队建设提供了重要依据。

那是一场没有前方后方之分的立体战争

抗美援朝战争是一场艰苦卓绝的战争，在这场立体战争中，是没有前方后方之分的。我们志愿军总部6次转移，9次都遭到敌机轰炸。毛主席的儿子毛岸英就是在志愿军总部被敌人的凝固汽油弹击中而牺牲的。

父亲虽然是指挥员，但在大的战斗、战役前，总要到主攻方向上的师、团去了解情况和进行现地指挥。参谋人员担心他的安全，劝他不要太靠第一线，我父亲会说：你们不要说那么严重，有些事我总要亲眼看看才放心。因此，他多次遭遇险情。初入朝时，父亲乘坐的是一辆苏式嘎斯–51吉普车，父亲坐在副驾驶位置上，后排坐的是志愿军驻安东办事处主任范凤岐及两名战士。汽车在朝鲜境内行驶不到20分钟，就遇到美军飞机毫无目标的狂轰滥炸，汽车尾部被一枚流弹击中，范凤岐立刻命令司机快速行驶。二十几分钟后，一颗炸弹又在我父亲车前爆炸，不但车辆损坏，无法行驶，司机当场牺牲，坐在后排的两名战士也牺牲了。范凤岐腿部受伤，他立刻让我父亲换乘另一辆车继续前行。还有一次，父亲凌晨1时从前线赶回志愿军总部，因为太疲劳了，下车后顾不上去自己的住房，就近在洪学智副司令的房间里放张行军床，衣服没脱就睡着了。结果清晨敌机来轰炸，还是被洪副司令员掀了行军床，连拉带拽拉到山沟里，才躲过一劫。敌机飞走后，行军床上留下一排敌机弹孔。

在全国人民的支援下，志愿军将士在朝鲜战场上打出了军威、打出了国威，为祖国赢得了尊严，为人民赢得了和平。抗美援朝不仅巩固了我们新生的红色政权，而且一举洗刷了百年的民族屈辱，让全世界重新认识了中国，我们再也不是“东亚病夫”了，中国人民从此真正地站起来了！看看“联合国军”第三任美军司令官克拉克是怎么说的：“韩战对我来说是40年戎马生涯的结束。这是我军旅生涯经历的最高职位，但这是一个没有光彩的职位。在执行政府的训令中，我获得了一次不值得羡慕的荣誉，那就是我成了历史上签订没有胜利的停战条约的第一位美国陆军司令官。我感到一种失望和痛苦。我想，我的前任麦克阿瑟和李奇微两位将军一定具有同感。”

（本文作者：邓华之女，解放军后勤学院门诊部原主管药师）

杨得志率 19 兵团在抗美援朝战场上

◇杨建华

杨得志【1911.1 ~ 1994.10】

湖南醴陵南阳桥人。1928 年参加工农革命军，同年加入中国共产党。中华人民共和国成立后，任第 19 兵团司令员兼陕西军区司令员。1951 年起任志愿军第 19 兵团司令员，志愿军副司令员、司令员。1955 年被授予上将军衔。

杨得志作为第19兵团司令员率部于1951年2月开赴抗美援朝战场，先后参加第五次战役、上甘岭战役、金城战役等，和志愿军其他部队一起，用一场场战役战斗的胜利打出了朝鲜停战协定。

1950年6月25日，朝鲜内战爆发。美国操纵联合国安理会做出决议，纠集英国、法国等16个国家，组成以美军为首的“联合国军”侵略朝鲜，把战火烧到中国东北边境，使中国的安全受到严重威胁。应朝鲜劳动党和政府的请求，中共中央、中国政府毅然做出“抗美援朝、保家卫国”的重大战略决策，派中国人民志愿军赴朝，同朝鲜人民并肩战斗，打击侵略者。

10月5日，时任第19兵团司令员的我父亲杨得志接到毛泽东主席签发的密电：限你部12月5日前赶到津浦铁路山东兖州、泰安、滕县一线集结待命。22日，中央军委命令第19兵团：一个月内即11月24日前，完成一切出发准备工作，待命开东北。

12月19日，朱德总司令专程从北京赶到兖州，为第19兵团送行并给团以上干部讲话。他反复阐明了毛主席关于“一切反动派都是纸老虎”的观点，鼓励大家树立“敢于斗争，敢于胜利！”的决心。

与朝鲜人民的首次相见

1951年2月16日，第63军在左、65军在右、64军居中，兵团机关乘坐只挂了4节车厢的火车跨过鸭绿江。刚进入朝鲜国土，战争气息便扑面而来，美军的飞机三五成群来往不断，远处不时传来隆隆的炮声，几乎见不到一个完整的村庄。为了避免遭空袭，次日拂晓时，火车头把这4节车厢送进了定州站南边的铁路隧道里。好不容易等到傍晚，火车头靠了上来，“哐当”一声车厢缓缓移动了，不料意外发生。原来车头并没有挂牢车厢，冲撞力反而使车厢顺着山势滑出隧道。

“拉制动！”随着政委的喊声，几个人拥向制动闸，由于车速快，制动闸根本不起作用了。参谋长大声提议：“跳车！组织跳车！”我父亲急忙制止：“不行，车速太快！”数分钟过去了，无头的车厢即将冲进定州车站。父亲看到站内停着一辆货车，他的心又悬了起来，一旦车厢与货车相撞，必定是车毁人亡，整个兵团指挥机关将受重大损失！就在这千钧一发之际，只见站台上跑出一个男孩，迅速扳开道岔，4 节车厢终于停在了另一条空着的上坡轨道上。

我父亲和参谋长急忙跳下车厢，紧握那位朝鲜小同志的手表示谢意。由于语言不通，只能用手势表达各自的意思。这位小伙子，穿着很破烂，脸和手冻得红红的，他的胸前斜挂着一支同他差不多高的美式冲锋枪，看样子他也只有十四五岁，但却是一副成年人的面孔和姿态。

这时，一位 70 多岁的老汉走了过来，用大体听得懂的汉语说：“这里的成年人都上前线了，这个车站的全部工作都是由妇女和儿童承担的。这位小朋友替哥哥在这里当扳道工，还兼着车站的警卫工作。”

这是父亲他们踏上朝鲜国土后首次接触到的朝鲜群众，他的勇敢和机智，不得不使成年的大人们敬佩。

入朝后的首战

我父亲和他的战友们于 2 月 20 日刚到达临时集结地殷山西里不久，彭德怀司令员就来看望他们。27 日晚 8 时，两辆吉普车飞驰而至，彭司令一下车，我父亲就迫不及待地问：“是有什么重要任务给我们吧？”彭司令摆了摆手：“这次是毛主席要我回国汇报，拐了个弯来看看你们，代表志愿军党委欢迎你们。”彭司令又说：“我们已经三战三捷了，眼下正在打第四次战役，实在说我心里的底数也不像咱们在西北打马家军那样，打几仗就比较清楚了。‘联合国军’的装备绝对优势于我们，要告诉战士们，在朝鲜作战不同于国内，打美国鬼子也不同于打蒋介石。要准备恶战，而且要准备场场都是恶战。”转而又问：“战士们的棉衣怎么样？”我父亲回答：“没有问题，山东人民用的是新棉花，很暖和。”当我父亲再次问到部队的作战任务时，彭司令说：“你们现在最主要的任务是尽快熟悉情况，第四次战役不准备用你们了，五次战役你们是要上的。”

◇ 1951年4月，志愿军第19兵团司令员杨得志（右一）、政委李志民（左一）、副司令员兼参谋长郑维山（左三）等在第五次战役前研究作战问题。

1951年4月9日，第19兵团指挥部在笃庄洞召开军以上干部会议。会上由副司令员兼参谋长郑维山向大家介绍了战场形势，尔后我父亲传达了联司（注：“中国人民志愿军和朝鲜人民军联合司令部”的简称）赋予第19兵团的作战任务，明确了突破临津江战役的方案部署。

4月22日黄昏，在“三八线”附近，西起开城，东至麟蹄的几百公里地域，志愿军万炮齐鸣，第五次战役打响了。右路突击集团的战斗尤为激烈，临津江西岸的炮火织成了密集的火网。片刻，成群的敌机涌入江面上空进行轰炸，第19兵团的指战员们冒着枪林弹雨，跳入河水中，向对岸冲去！第63军主力过江后，相继夺取了4个制高点，穿越15公里山路，粉碎了“联合国军”10多次阻击，拿下了绀岳山，割裂了英嫡系29旅与美3师的联系。25日，突破南朝鲜军第1师、英29旅主要防御地带，攻占汶山等地区，先后歼敌4000余人。

4月29日，第五次战役第一阶段的作战胜利结束。第19兵团歼灭英29旅大部，土耳其旅一部，共歼敌2.3万余人。

第五次战役第二阶段作战于5月16日打响。第19兵团奉命在西线钳制美军主力，配合志愿军第9兵团和人民军在东线的攻击行动。第19兵团和人民军出其不意地渡过北汉江，向汉城方向和汉江下游实施佯攻，摆出迂回汉城、渡江南进的姿态。东线志愿军第3、第9兵团一举歼灭李伪军第3、

第9师大部，重创第5、第7师，歼灭美军第2师、陆战第1师各一部，共歼敌2.3万余人，胜利结束第五次战役。随着第五次战役的结束，战线稳定在“三八线”南北地区，交战双方均转入了战略防御。此后，随着朝鲜停战谈判的开始，朝鲜战争进入了边打边谈的阶段。

决战上甘岭

1952年10月，第七届联合国大会即将开幕，朝鲜问题将提交新一届“联大”讨论，美国当局需要“联合国军”在朝鲜战场军事行动的配合，并对志愿军1952年秋季的战术反击进行报复。10月8日，美方代表单方面中断停战谈判，宣布无限期休会，同时发动了“金化攻势”。

我父亲决定，第15军45师迅速到五圣山集结，确保五圣山阵地。他与15军军长秦基伟通电话说：“从敌人的兵力部署和开始进攻的气势分析，这将是几年来少有的一场恶战。请告诉15军的全体同志，不但准备工作要细致，还要准备付出巨大的代价。五圣山阵地是我们的屏障，一定要稳稳地守住！我们将全力支援你们！”

五圣山位于金城、金化、平康三角地带的中央，主峰海拔1061米，是志愿军中部战线的最高峰。它西临平康平原，东扼金化经金城到东海岸的唯一公路，南距“联合国军”占据的金化只有7公里。上甘岭是志愿军中部战线战略要点五圣山的前沿阵地，位于五圣山主峰南面4公里处的597.9高地、537.7高地北山，像五圣山伸出的两个拳头，于东

◇我军战士坚守在上甘岭阵地上。

西揳入“联合国军”阵地。“联合国军”发动“金化攻势”的直接目的，就是攻占这两个高地，夺取五圣山，改善其防御态势，破坏志愿军的战术反击。

从10月12日起，“联合国军”以大量的空军和炮兵，对志愿军五圣山各主阵地进行了持续两天的火力轰击，地面阵地已被夷为平地。14日，“联合国军”以7个营的兵力，在大炮、飞机、坦克的掩护下，分6路向45师135团防守的597.9高地和537.7高地发起猛烈进攻。第135团的两个营在师属炮兵还未来得及赶到阵地的情况下，主要依靠步兵火器，依托各个暗火力点，击退敌人多次冲锋，毙伤敌2000余人。激战至下午5时，表面阵地大部被敌占领，我军在伤亡较大的情况下，全部退守坑道。当晚，45师展开反击，在坑道部队配合下，经3小时激战全部收复阵地。

10月14日至20日，上甘岭战役的第一阶段中，“联合国军”投入了7个团的17个步兵营和18个炮兵营，300余门大炮。志愿军也投入3个团的步兵连和25个炮兵连，70门火炮。敌军白天进攻占领两高地表面阵地，志愿军坚守坑道实施夜间反击。

10月26日，邓华代司令和我父亲杨得志联名致电第45师全体同志：“敌人吹嘘一年来的最大攻势，在你们及炮兵部队坚决顽强的防御与积极反击作战下，至今激战13昼夜，杀伤敌8000余人，予进犯之敌迎头痛击，虽山头阵地已变为焦土，但我仍始终坚守坑道。你们这种坚决顽强的积极作战，殊堪嘉奖，通令表扬，并望继续努力，再接再厉粉碎敌人的进攻。”

志愿军坚守坑道作战极为艰苦，在最前沿一个坑道里坚守的24名同志，竟来自13个连队。敌我双方都十分清楚，谁占领了这两个阵地，谁就得到了实施决定性反击作战的主动权。

父亲批准了第15军调整部署计划，集中45师兵力全力执行反击作战任务，决定：给45师补充1200名战士；命令第15军29师参战；命令第12军迅速南进，作为战役预备队归第3兵团指挥；命令就近各兵站改进运输，确保对第15军及坑道部队的弹药、食品等物资供应。父亲同时打电话给炮兵司令员高存信：将炮7师一个营，炮2师四个连和高射炮一个团加强给第15军。

10月30日21时，上甘岭战役的决定性反击作战开始，坚守坑道的部队同坑道外部队，在火力掩护下夹击敌军，经5小时激战，夺回597.9高地周围的所有阵地，并在争夺中给敌以更大杀伤。

父亲以联司的名义致电第15军全体指战员："你军与敌血战20余日，敌虽集中了空前优势的火炮、飞机、坦克及大量步兵集团冲锋，不仅不能夺去我阵地，而且丧失了15000余人的有生力量及大量炮弹。你们则高度发挥了坚韧顽强的战斗作风，愈打愈强，战术愈打愈灵活，步炮协同愈打愈密切。我军伤亡亦逐渐减少，特别是11月2日，毙伤敌1500余人，我仅伤190余名。这样打下去，正如中央军委指出'必能制敌死命'。我们特向你们祝贺，预祝你们胜利！"

11月25日，历时43天的上甘岭战役结束，"联合国军"在近4平方公里的阵地上，先后投入6万余人，300门大炮，200辆坦克，3000架次飞机，发射炮弹190万发，投掷炸弹5000多枚。志愿军也陆续投入4万余人，各种火炮500余门，依托以坑道为骨干的防御阵地，发扬革命英雄主义精神和机动灵活的战略战术，以伤亡1.1万余人的代价，毙伤"联合国军"2.5万余人，击落击毁敌机274架，击毁坦克14辆，创造了坚守防御作战的范例。

上甘岭战役的胜利，使志愿军和人民军在整个正面战场完全掌握了主动权，并打出了"上甘岭精神"。这就是：为了祖国，为了人民，为了胜利的奉献精神；不屈不挠，团结战斗，战胜困难的拼搏精神；英勇顽强，坚决战斗，血战到底的胜利精神。

朝鲜停战协定不是谈出来的而是打出来的

自1952年年底，为了加强西海岸指挥部的领导，根据中共中央《关于准备一切必要条件，坚决粉碎敌军冒险登陆，争取战争更大胜利的指示》，中央军委决定由邓华代司令员兼任西海岸指挥部司令员和政治委员，我父亲杨得志负责志愿军总部的工作。

1953年1月至4月，志愿军和人民军正面部队，共进行大小战斗770余次，歼敌5万余人。在反攻无望的情况下，美军提出恢复停战谈判，和平解决朝鲜问题，但美国政府和李承晚集团仍玩弄两手政策，一面继续谈判，一面扩充南朝鲜军队。根据中央军委指示，我父亲与联司领导研究决定：继续加强东西海岸防御工事，随时准备粉碎“联合国军”的进攻。同时采取针锋相对的方针，除继续进行个别的战术反击外，志愿军则于5月中、下旬举行类似1952年秋季那样的战役性反击作战。此时，板门店谈判在战俘问题上又陷入了僵局。

5月13日开始，志愿军对南朝鲜军的科湖里南山阵地发起攻击，打响了夏季反击战役的第一炮。我一线部队先后对“联合国军”的20个目标攻击29次，共毙俘敌4100余人，于25日结束第一阶段作战。志愿军反击作战的连续胜利震动了华盛顿，美方撤回扣留朝鲜人民军被俘人员的要求，基本上接受朝中方面所提方案，停战谈判有了较大进展，并可望很快达成全部协议。然而，李承晚公开叫嚣“反对任何妥协”，要“进军鸭绿江”“单独打下去”，并指使其谈判代表退出谈判。

父亲认为，目前反击作战打击对象主要是南朝鲜军，应坚决打击，求得大量歼灭其有生力量。6月10日晚，志愿军第20兵团以3个团的兵力，在260门火炮的支援下，向南朝鲜军第5师27团阵地突击，经50分钟激战，首创全歼南朝鲜军一个团的胜利。至6月15日，志愿军和人民军先后对南朝鲜军的51个阵地攻击65次，共毙伤敌4.1万余人，扩大阵地面积58平方公里。

6月15日晚，我父亲接到彭司令给志愿军的电报，告知军事分界线基本上已达协议，我志愿军和朝鲜人民军应从16日起，坚守现阵地，不再主动出击，但须提高警惕，严阵以待，对于向我军阵地侵犯之任何敌军，坚决给以歼灭之打击，切不可有任何疏忽。据此，中朝联合司令部立即向人民军和志愿军各兵团发出从16日起停止主动向“联合国军”攻击的命令。

就在这时，6月18日，南朝鲜李承晚集团公然破坏关于战俘遣返问题的协议，将朝鲜人民军被俘人员2.7万余人（其中包括志愿军被俘人员50名），强行编制到南朝鲜军队中去。这使停战协定无法签字，执行停战协定失去了保证。

根据毛主席和彭司令的指示，联司决定发起金城战役，以北汉江西岸地区为重点，继续给南朝鲜军的 8 师残部及 6 师、3 师、首都师主力以歼灭性打击，攻取轿岩山及金城川以北地区，力争拉平金城正面之战线。

7 月 13 日至 14 日只用了 21 个小时，共歼灭南朝鲜军 1.4 万余人，将战线向南推进 9.5 公里，最远 18 公里，拉直了金城以南战线。此时，美国当局已经清楚地看到，战争越拖下去，“联合国军”的阵地丢失越多。一贯骄横的美国不得不软了下来，一面迫使李承晚在停战问题上作出配合，一面又一次向朝中方作出关于遵守停战的保证。

7 月 27 日 10 时，朝鲜战争敌我双方在板门店举行庄严的停战协定签字仪式。至此，历时 2 年零 9 个月的抗美援朝战争，以中朝人民的胜利而结束!

1954 年 10 月，中央军委任命我父亲为志愿军司令员。他在朝鲜作战 4 年中，共获得 5 枚朝鲜民主主义人民共和国一级自由独立勋章和一级国旗勋章。

（本文作者：杨得志之子，第十二届全国人大代表、原南京军区联勤部长，少将）

宋时轮率第9兵团在抗美援朝战场上

◇宋百一

宋时轮【1907.9 ~ 1991.9】

湖南醴陵黄村人。1926年入黄埔军校学习，同年加入中国共产主义青年团。1927年转入中国共产党。1929年参加中国工农红军。中华人民共和国成立后，任兵团司令员。1950年起任志愿军副司令员，兵团司令员。1955年被授予上将军衔。

宋时轮作为第9兵团司令员兼政委，率部于1950年11月入朝作战，先后参与第二、第五次战役等。在第二次战役中，新兴里一战创造了首次消灭美军一个整建制团的战例纪录，彪炳我军光荣战史。

1950年6月25日，朝鲜内战爆发。美国立即派兵入侵朝鲜并侵占中国领土台湾，中国的安全受到了严重威胁。朝鲜战争爆发后，8月下旬，中央军委决定将第9兵团和第19兵团分别调至靠近津浦、陇海铁路地区，以便适时机动。我父亲宋时轮时任第9兵团司令员兼政委。

战前动员与准备

9月7日，陈毅来到第9兵团，在兵团军以上干部会议上传达了新的任务：第9兵团开到江北继续练兵三个月，随时应付帝国主义挑衅，准备与"天字第一号"的美国军队作战。他要求部队适应新任务，立即集中，突击进行人员补充，待命北上。

9月15日，第9兵团召开军事教育会议。会上，我父亲主要讲了四个方面：

第一，部队为何转入军事练兵。帝国主义冒用联合国名义侵略朝鲜和我国台湾，我国受到帝国主义侵略的威胁。应朝鲜劳动党和政府的请求，为保卫国家，保卫中央人民政府，中央政治局一致作出抗美援朝、保家卫国的决策。按照上级指示，第9兵团北移山东机动位置，开展军事大练兵，准备随时执行作战任务。

第二，美帝国主义战术特点。以作战对手的战术思想及装备为对象，组织部队的军事教育训练，研究战法和对策。

第三，与美军作战的基本打法。部队要求精干，在夜间以运动战为主，割裂敌人，各个歼灭，正规战与游击战相结合，出奇制胜。

第四，军事教育内容。步兵以单兵教练为主；炮兵以技术教育为主；工兵教育重点为架桥、开辟道路、土工作业、野战筑城等；通信兵着重技术教育。

10月初美军大举越过“三八线”，朝鲜战局严重恶化。23日，中央军委电令第9兵团：“（一）请令宋时轮同志即来北京。（二）宋兵团须从速进行政治动员和军事训练，并准备先开一个军去东北。”

24日，毛泽东、周恩来接见了我父亲。我父亲汇报了第9兵团的详细情况，着重阐述了防寒装备的问题之后，毛泽东说：我们要争取战略主动，扭转战局。长津湖地区位于西线志愿军侧后，要在这里画一条线，绝不能让“联合国军”跨过这条线。你兵团的任务就是占领有利地区，割裂敌东西联系，以消灭美军两个团为主要目标，特别是以打美陆战第1师为主。战役要立足于你的兵团独立作战，不要寄希望于增援；战役部署和指挥由你全权承担；战役目标是让敌人从何而来再从何而退，这是最理想的方案。毛泽东高度重视第9兵团行动和实际困难并做了两个决定：一是第9兵团全部运东北整训，并让代总参谋长聂荣臻和宋时轮具体商定第9兵团北运的详细计划和防寒装备问题的解决办法；二是让朱德总司令亲自赴兖州，慰问第9兵团并进行站前动员。

10月28日，朱德受毛泽东之托到曲阜慰问第9兵团。29日，我父亲主持召开全兵团团以上干部会议，并请朱总司令作动员报告。会后，我父亲、陶勇等兵团首长，根据总司令介绍的朝鲜战场敌我态势，以及第9兵团的主要任务，立即作出部署，番号随之改为中国人民志愿军第9兵团。当日，中央军委又下达了新的指示，要求第9兵团速由泰安开一个军直接上前线。由于任务变化太快，我父亲命令第27军边走边传达动员，开展思想政治工作。

10月29日晚，我父亲与华东军区后勤部邝任农部长共同研究了第9兵团的马匹问题、医疗器械问题、军械问题、军需问题。

入朝进入预定战场

11月3日，第27军先头部队到达沈阳，改用汽车运风城，转灌水，经宽甸至长甸河口渡江，进至朔州南，向大安洞方向警戒，构筑阵地，阻击北进之敌，以掩护志愿军朔州兵站基地及后方联络线的安全。后因美24师望风而逃，没有继续向朔州方向进攻，毛泽东遂令“第27军的先头两个师，到灌水后停止前进，待命归建”，于6日北返辑安（今集安）。按照中央军委的命令，4日，后续的第20军、第26军和兵团部接着开动，我父亲带兵团前进指挥所同时出发，准备经沈阳去新义州指挥先头部队过江入朝。在经过沈阳时，我父亲曾向东北军区首长汇报了第9兵团还没有解决防寒装备问题。据当时东北军区副司令员贺晋年回忆：“时轮同志十分爽直，向我谈了由于行动匆忙，准备不足，部队冬衣严重缺乏的情况。我立即下令将军区仓库中存放的原日本大衣、棉鞋悉数调给第9兵团使用。但由于这批物资数量有限，不能完全满足兵团需要。”

11月9日，毛泽东在给彭德怀、邓华、朴一禹和高岗的《同意志愿军下一步的作战方针和部署》的电报中再次强调：“请高贺用一切可能方法保证东西两线粮弹被服（保障御寒）之供给。”东北军区想尽了“一切可能方法”，但由于“联合国军”空中战役开始，在没有制空权的条件下，后勤保障异常困难。华东、济南、东北三次解决寒衣的计划均未达到目的。朝鲜东北部地区为世界寒区之一，冬季气温可达零下40度，第9兵团广大指战员在严重缺乏寒衣的情况下，就向冰天雪地的朝鲜开拔了。

根据朝鲜战场东线敌我力量对比，11月5日，中央军委决定第9兵团立即入朝，担负江界、长津方向作战任务，以转变战局。毛泽东致电作战部部长李涛，指示：“宋时轮应去江界指挥。”6日，彭德怀致我父亲、陶勇电报指出：东线战场（小白山以东）宋兵团应诱敌深入至旧津里、长津线，以消灭美陆战第1师两个团为目的。

11月初，美陆战第1师和南朝鲜第3师全部，在飞机数十架（最多时50架）和坦克40辆及远程火炮支援下，向志愿军第42军黄草岭阵地进行猛烈进攻。志愿军经四昼夜顽强作战，于7日奉命主动放弃阵地北撤，美军随即放胆北进。当天，美陆战第1师两个团沿旧津里北进，美第7师两个团进占丰山。志愿军总部根据毛泽东的指示命令"九兵团必须以两个军六个师兵力歼美陆战一师两个团（以一个师阻击美七师两个团来援），得手后再歼来援美七师两个团"。我父亲当即令第20军直开辑安（今集安）入朝作战，第27军迅速从安东（今丹东）转运临江入朝作战。

◇宋时轮（前排左一）在朝鲜前线接见慰问演出的文工团员。

此时，第27军正在从朝鲜北撤辑安途中；第20军、第26军和兵团机关大多在南起山东北至东北沈阳的千里铁道线上，各部队在不同位置同时接到紧急向朝鲜出动的命令。为了坚决执行军委命令，陶勇领导的后方指挥所在沈阳火车站直接向路过的列车下达开进命令；我父亲带前进指挥所在辑安组织、协调、指挥全兵团各部队过江。由于指挥得力，第20军、第27军及兵团部近8万人，在一周之内全部进入预定歼敌的长津湖东西地区。

此时，毛泽东致电彭德怀、邓华、朴一禹指出：美军陆战第1师战斗力据说是美军中最强的，我军以四个师围歼其两个团，似乎还不够，应有一个至两个师作预备队，第9兵团的第26军应靠近前线。

我父亲根据中央军委和总部的指示及当前敌情，反复与陶勇研究，认为当前最重要的是隐蔽企图，出敌不意地发起攻击，给东线美军迎头一击，为此规定严格的保密和伪装措施。7日，我父亲指挥第9兵团开始隐蔽入朝。第20军由辑安跨过鸭绿江，经江界、云松洞进至柳潭里以西及西北地区，17日完成集结任务；第27军自临江进至朝鲜，向长津地区前进，21日到达旧津里地区；兵团指挥部随27军过江后立即向江界胜芳洞指挥位置前进；19日，第26军过江后于临江、中江镇地区集结，21日进至厚昌口地区，担任兵团预备队兼支援军总预备队。同日，毛泽东在战情报告上批示周恩来：“请电话询高岗，对宋兵团所要求的棉帽、棉鞋、棉手套、棉大衣，是否已在前送，送到什么程度？”

新兴里战斗消灭美军一个整建制团

11月7日至21日，第9兵团在我父亲的指挥下隐蔽进入战役集结地域，积极投入战前准备。东线，第9兵团发起进攻的前一天，“联合国军”第10军美陆战第1师师长奥利弗·史密斯乘直升机由兴南飞抵柳潭里，听取部署对当前情况的汇报，并勘察阵地。返回途中，在飞机上他面带微笑，洋洋得意，认为朝鲜战争胜券在握，回家过圣诞节是没有问题的。俯视下望，东线战场白雪覆盖着高山、沟壑一览无余，气温奇寒，小股侦察分队活动是不可能的，大部队机动更是势如登天，在他的视线里也没有发现任何志愿军部队运动和集结的迹象。然而，就在这块地域里，志愿军第9兵团十几万将士正在屏息待机。

对第二批入朝参战的志愿军目的、兵力规模，“联合国军”此时仍然未能做出正确的判断，认为中国不会进行全面的介入，决定采取先发制人的战术。在东西两线“联合国军”作战部队之间，出现了一个宽80英里的间隙，麦克阿瑟指示第10军要封锁这个间隙，掩护第8集团军东翼侧安全，采取措施支援进攻。据此，阿尔蒙德命令：陆战第1师向长津湖西侧前进，切断连接满浦、江界、熙川中共军补给线，支援第8集团军进攻，并继续向满浦进攻；第7师主力向长津湖东侧攻击前进；第3师掩护其左翼和守备军后方地域，与西线第8集团军保持密切联系，西线25日总攻发起后，东线27日开始进攻，目标是鸭绿江。

第9兵团秘密集结的战役行动，对手丝毫没有发现，被美国舆论界人士叹为“当代战争史上的奇迹之一”。

我父亲命令第20军、第27军于27日黄昏，向长津湖地区发起进攻。当晚，第27军由东北、东南、西、西南四个方向对柳潭里美陆战第1师第5、第7两个团完全包围，第20军控制死鹰岭，割裂了柳潭里与下碣隅里敌人的联系。28 日拂晓，第 27 军完成了对新兴里地区美第 7 师的合围。至此，长津湖地区的下碣隅里、新兴里、社仓里被围之敌有美陆战第 1 师、美第 7 师、美第 3 师的部队，共计 5 个团、1 个坦克营、3 个炮兵营，约 1 万余人。敌以坦克组成防护圈，在火力掩护下，夜间死守，白天依靠飞机、火炮掩护，用火力杀伤志愿军。彭德怀、毛泽东先后致电我父亲，要求采取围点打援的战法，先歼灭运动增援之敌，后歼被围之敌。我父亲果断决定首先歼灭新兴里美第 7 师第 31 团和第 32 团第 1 营及师属炮兵第 57 营，对柳潭里、下碣隅里之敌采取钳制性攻击，对社仓里美第 3 师暂取守势。作战部署调整后，他命令第 27 军第 80、第 81 师担任围歼新兴里地区敌人的主攻任务。第 20 军第 59 师暂归第 27 军指挥，主要担任阻击美陆战第 1 师第 5、第 7 两个团突围南逃的任务。

◇我军战士夜间跃出坑道消灭敌人。

第 27 军的任务相当艰巨，已经被合围的柳潭里美陆战第 1 师主力，围而不打是不可能的，自然要有一场突围与反突围的殊死搏斗。我父亲的目的是围歼新兴里美第 7 师第 31 团。计划首歼第 31 团的决心并非想当然确定的，有一个深思熟虑的过程。攻击发起前的作战决心是："二十军（欠六十师）、二十七军主力首先歼美陆一师主力于下碣隅里、新岱里、旧津里、柳潭里、新兴里之间，得手后，歼美七师三十一团和美陆战一师增援部队。"随后又改变了这个决心，认为：毛泽东打仗的原则中有一条是"先弱后强"，陆战第 1 师是美军中的强中之强，对比第 7 师则弱，先打第 7 师之一部，能使部队练练手，熟悉一下美军的作战特点，而后集中全力攻打强敌。我父亲的这一决定成为中国人民解放军有史以来第一次歼灭美军一个建制团的优秀战例。

自 27 日 24 时发起攻击至 28 日晨，长津湖东岸第 27 军第 80 师、第

81 师全力围歼新兴里之敌，毙、伤、俘敌 400 余人，捣毁敌第 31 团指挥所和炮兵第 57 营指挥所。因侦报新兴里地区美军为一个营（实为一个加强团）的信息不准确，致使突入新兴里的第 80 师遭到较大伤亡。美陆战第 1 师扬言去为第 31 团解围，均被第 20 军主力、第 27 军一部阻于被围地域。

一夜间，新兴里地区之敌在第 80 师连续猛烈的打击下，防守地域越来越小，部队残缺不全，企图固守待援。28 日被围的敌人在大量飞机、火炮和坦克的密切配合下反扑，妄图夺回已经失守的部分阵地。第 27、第 20 军各师在寒冷、饥饿、疲劳和低劣装备的极端不利条件下，坚守既得阵地，未让敌人前进一步。为了配合歼灭新兴里之敌，防止敌人增援，我父亲进行部署调整：令第 94 师随时准备投入新兴里战斗，令第 20 军第 58 师、第 27 军第 79 师向下碣隅里、柳潭里实施钳制性攻击，由侧翼保障第 80 师第二次进攻新兴里的战斗。此时，毛泽东电告我父亲："此次是我军大举歼敌根本解决朝鲜问题的极好时机。"

29 日晨，经过激烈的战斗，据不完全统计，第 27 军第 80 师战斗和非战斗减员已达 2/3。万余人的师在不到两天时间损失 6000 多人，这个统计使我父亲痛心疾首。但为了战役的胜利，他指示第 27 军及第 80 师，各团调整建制、整理战斗组织继续作战，消灭当面之敌任务不变。

第 27 军遂调整部署，调第 81 师主力协同第 80 师聚歼新兴里地区之敌，两个师组成联合指挥所部署新兴里战斗，第 81 师一部保障主攻部队左翼安全；第 79 师继续围困和积极牵制美陆战第 1 师于长津湖以西地区。

正当第 9 兵团展开歼灭战之际，又一场严寒袭击东线战场，气温骤降，战场积雪过膝，对部队指挥、联络、作战行动造成极大困难，冻伤减员也大幅度增加。30 日 23 时，第 80 师主力从东、西、南、北四个方向同时向新兴里之敌发动猛攻，长津湖东岸顿时被战火硝烟笼罩。12 月 1 日凌晨，敌人被压缩至狭小地域。激战至 11 时许，敌军伤亡惨重，待援无望，于 13 时在 40 余架飞机掩护下，以 10 余辆坦克为先导，沿公路向南突围。第 80 师、第 81 师在敌机猛烈轰炸、随时都有可能牺牲的条件下迅速追击。敌军在南逃途中被歼过半，另一半大部企图乘汽车越过封冻的长津湖与湖西的美陆战第 1 师会合，结果冰冻的湖面难以承受压力，全部塌落水中冻溺而死。小部残敌窜到后浦里、泗水里地区，被第 81 师阻击部队全歼，至此，美第 7 师第 31 团（加强团）全部被歼。

以团长麦克里安被击毙和接任团长职务的弗斯重伤后落水而死及团旗被缴获为标志，美军第 7 师第 31 团不复存在了。12 月 2 日 4 时，新兴里战斗结束，志愿军第 9 兵团创造了我军有史以来第一次消灭美军一个整建制团的纪录。

第二次战役志愿军转变朝鲜战局的目的达到了。美国国内把美军在朝鲜的失败称为“美国陆军史上最大的败绩”，前总统胡佛沮丧地说：“联合国军在朝鲜被共产党打败了。现在世界上没有任何军队足以击退中国人。”中国人民志愿军总结这次作战得出的结论则是：“扭转朝鲜战局，使朝鲜战场的形势发生了根本性的变化，为朝鲜战争的最后胜利奠定了基础。这一胜利，大大超出了战役预定计划。”

（本文作者：宋时轮之女，中国人民解放军军事科学院门诊部护士）

旷伏兆抗美援朝8年征程纪略

◇旷雄伟

旷伏兆【1914.1 ~ 1996.6】

江西永新心田村人。1929 年参加本地工会。1932 年加入中国共产主义青年团。1933 年参加中国工农红军，并转入中国共产党。中华人民共和国成立后，任军政治委员。1951 年任志愿军第 19 兵团副政治委员兼政治部主任，兵团政治委员。1958 年回国入高等军事学院学习。1955 年被授予中将军衔。

旷伏兆从1951年7月率部入朝，先后任67军政委、19兵团副政委兼政治部主任、19兵团政委，曾率部创造了“三天歼敌17000人”的胜利纪录。打好金城战役为停战谈判赢得主动，在停战后依然坚持练兵备战，直到1958年4月奉命回国，亲历抗美援朝8年不平凡的征程。

1950年6月，朝鲜战争爆发。以美国为首的“联合国军”越过“三八线”入侵朝鲜，并向朝中边境推进，轰炸我国安东（今丹东）地区，严重威胁新中国的安全。同时，美国第七舰队侵入台湾海峡，武力干涉中国统一。应朝鲜劳动党和政府的请求，为了保家卫国，中国共产党和毛泽东主席命令组建中国人民志愿军，并于同年10月底赴朝，开始了抗美援朝战争。

三天歼敌17000人

我的父亲旷伏兆在志愿军第67军任政委，他和李湘代军长率领驻守在塘沽、秦皇岛一线的部队于1951年7月进入朝鲜。8月，该部队开赴金城前线，接替志愿军第27军防务，以抗御敌人的进攻。67军的防区西起上甘岭东南，即芳通里附近的537.7高地，东至北汉江，正面宽27公里，纵深21公里。8月12日，美军和南朝鲜军以5个营的兵力，在10余架飞机、63辆坦克及大量炮兵配合下，向第599团正面多次发起试探性进攻，均被击退，被歼近千人，美军坦克4辆被击毁。21日，美军和南朝鲜军以8个步兵营、75辆坦克、百余门火炮和大量航空兵，向第67军正面的12个点发动所谓“特种混合支队作战试验”进攻。经过一天激战，第67军歼灭美军和南朝鲜军共1100余名，击毁其坦克17辆，但818.9轿岩山高地被美军占领。

为总结入朝作战的经验和丢失高地的教训，我父亲主持召开了中共第67军委员会扩大会。会前他先后召开了三次师团营连干部座谈会，请他们介绍战况，谈体会，提意见。对会议要解决的问题，即怎样处理好坚守阵地与消灭以美国为首的“联合国军”有生力量的关系，心中有了数。会上大家畅所欲言，各抒己见。最后父亲综合概括提出“三条原则”：（1）在阵地控制上，主阵地必须守住，前沿阵地要反复争夺，次阵地用火力控制。（2）在组织反击上，要确有把握地反击，不作无谓的牺牲。（3）在兵力和火力的配置上，强调兵力前轻后重，火力前重后轻，形成纵深梯次配制环形防御体系，其目的是消灭敌人的有生力量。会上还介绍了第599团打坦克、第596团一个班利用自然溶洞构筑“马蹄形”小坑道的经验。10月初，我父亲与李湘军长根据对美军情况的判断，制订应付多种情况的作战方案。组织部队抓紧时间挖修坑道、工事，修整堑壕、交通壕，重新构筑防坦克阵地设置障碍，并结合所构筑工事组成由连、营、团、师指挥的四层火力网；抢修道路、桥梁，调集人员、车辆、骡马，分段接力，突击抢运了弹药、粮食、冬装等作战物资。

◇旷伏兆（站立者）在朝鲜第67军军部作报告。

10月6日，“联合国军”发动秋季攻势第二阶段进攻。13日至15日，美军第7师、第24师又一个团、南朝鲜军2个师、哥伦比亚营和14个榴炮营，先后以17个营、27个营和3个多团的兵力，均在近百辆坦克、20余架战斗轰炸机的支援下，向第67军24公里的正面阵地发起轮番进攻。

先是以飞机轮番轰炸，接着是震耳欲聋的炮火推进式轰炸，最后用坦克边开进边进行破坏性射击。顿时67军前沿阵地火光冲天，浓烟滚滚，一场恶战开始了。在我父亲与李湘的指挥下，广大指战员在“英雄阵地英雄守，英雄阵地出英雄”口号的鼓舞下与敌人展开浴血厮杀。战士们一次又一次地从被炸塌的工事钻出，打退敌人一次又一次的进攻。工事被炸塌，战士们就跃入炮弹坑抗击敌人。不少战士子弹打光了，就同敌人拼刺刀，刺刀拼断了就用枪托、铁锹砸敌人、砍敌人。各阵地出现了反复争夺的局面。不少连队的阵地失而复得，战斗打得十分激烈。经过三天激战，顶住了敌人飞机和炮火的疯狂轰击，击退了敌人全面进攻，重创美军第7师，三天歼灭美军和南朝鲜军1.7万余人，创志愿军在朝鲜战场日歼敌军最高纪录，受到志愿军司令部和20兵团的表扬。18日，新华社播发题为《我军三天歼敌一万七千人》的消息，19日的《人民日报》头版头条报道了这一重大胜利。

我父亲与李湘军长指挥的67军、第68军203师，在70天的秋季防御作战中，在极端困难的条件下顽强抗击了现代化装备的美军和南朝鲜军的疯狂进攻，共歼美军和南朝鲜军3.7万余人，其中美军1.8万余人；击落敌机39架，击毁击伤其坦克130辆。志愿军秋季防御战粉碎了美军和南朝鲜军的进攻，稳定了防御态势，迫使美军和南朝鲜军于10月25日重返谈判桌恢复谈判。11月8日，第67军奉命将防务移交第12军，撤出金城前线，进至青石洞、中村等地休整。

打好最后一仗

1952年7月，李湘军长在朝鲜战场不幸病逝；9月，邱蔚任军长。10月下旬，第67军重返金城前线，接替第12军的防务。我父亲与邱蔚领导部队在以阵地为家的思想指导下，大力修复、修筑各种工事，使阵地形成了以坑道为骨干，与野战工事相接合的完整防御体系，解决了囤兵、囤弹、囤粮、囤水、防空、防炮、防寒等问题，建立了严格的阵地内务制度，改善了部队阵地生活。

1952年冬至翌年初，按照“积小胜为大胜”的要求，我父亲与邱蔚组织部队大力开展冷枪冷炮及小分队出击活动，将斗争焦点逐渐推向美军和南朝鲜军前沿，使其活动区域缩小，并歼敌4500余人。同时，锻炼了小分队机智灵活的作战技能，培养了大批优秀射手。

父亲在战事繁忙的前线十分重视抓好干部工作，坚持集中培训和实践锻炼相结合的办法培训干部，大胆破格提拔经过实践考验的干部，及时补充了干部的缺额，通过举办教导队保存了435名预备干部。他特别强调战场上要按级指挥，在一般情况下，反对组织干部队或用教导队执行战斗任务，以保存干部。父亲写的《培养与提拔干部的几点经验》刊登在1952年12月出版的《八一杂志》上，志愿军总部给予了推广。

◇ 1953年，旷伏兆（右二）在指挥所向各师师长部署作战任务。

1953年5月，为“消灭敌人，配合谈判”，志愿军司令部发起夏季反击战役。此役是中国人民志愿军在朝鲜战场上发动的规模最大的一次阵地进攻战役，也是入朝作战的最后一仗，给美军和南朝鲜军以致命打击，歼其12.3万余人，收复土地240平方公里，迫使“联合国军”总司令克拉克于7月27日“失望和痛苦”地在“停战协定”上签字。在此战役中，父亲与邱蔚指挥第67军采取“歼灭守敌、巩固阵地、诱敌反扑、大量歼灭敌有生力量”的作战方针，于5月13日对科湖里南山阵地发起攻击，打响了夏季反击战役第一仗。该仗经过六小时战斗，占领了阵地；后又攻克直木洞南山等5个阵地，打退南朝鲜军班至营的反扑70次，歼敌近2000名。16日，志愿军司令部通报表扬第67军“科湖里南山战斗打得好”。27日，第67军投入第二阶段作战，攻克了栗洞南山等阵地。6月12日夜，第67军又对南朝鲜军称之为“京畿堡垒”的座首洞南山（十字架山）发起进攻，激战一个半小时，占领了龙虎洞以北、狐坝公路以南南朝鲜军13个阵地，打退南朝鲜军的反扑245次，歼敌14300多名，向纵深推进4公里。14日，中朝联合司令部通报表扬“67军反击座首洞南山战斗打得好”。

由于志愿军夏季反击战役的胜利，美方基本上接受了朝中方面关于解决战俘问题的建议，停战谈判达成全部协议，签署停战协定在即。但李承晚破坏战俘协议，志愿军不得不发起夏季反击战役的第三阶段作战。我父亲与邱蔚指挥第67军于7月13日向轿岩山发起冲锋，14日全部占领阵地。后又攻克了官垈里西南山、梨船洞等10个阵地，歼其27200余名，向纵深推进10公里。在夏季反击战役这最后激战中，第67军共歼美军和南朝鲜军4.4万余名，收复土地72.6平方公里，缴获大批军用物资。

毛泽东主席对志愿军金城反击战役给予很高的评价，他在《抗美援朝的伟大胜利和今后的任务》一文中指出：“今年夏天，我们已经能够在一小时内打破敌人正面21公里的阵地，能够集中发射几十万发炮弹，能够打进18公里。如果照这样打下去，再打两次、三次、四次，敌人的整个战线就会被打破。”第67军十字架山和轿岩山战斗，曾被志愿军总部列为停战后的典型战例。

停战后坚持练兵增强战备

朝鲜停战后，我父亲调任志愿军第19兵团副政治委员兼政治部主任。在19兵团委员会领导下，父亲组织部队大力帮助朝鲜人民恢复生产，重建家园。仅1954年12月至1955年3月，第19兵团所属部队帮助朝鲜人民重建家园就共达359000多个工作日。在工作作风上，父亲强调要克服官僚主义，面向连队。在他领导下，兵团政治部54%的干部在基层调查研究，帮助指导工作。1956年10月，父亲任第19兵团政治委员。原隶属第19兵团的第64军、65军和兵团司令员韩先楚已回国。父亲指挥的是没有接触过的第1、16、23、24军及第20军，他军事、政治“一肩挑”。为了解掌握情况，他经常深入部队，调查研究，指导部队的坑道建设，对坑道内在哪里储水、哪里囤粮、怎样照明、怎样通风，都亲自指导安排。父亲还组织有关人员在认真研究美军和南朝鲜军再次挑起朝鲜战争的三种企图和进攻朝鲜可能出现的五种情况的基础上，制订了第19兵团防御战役计划，用一个月时间，组织指挥部队进行军事演习，以提高部队的应变和指挥能力。

为落实一线的战备工作，1957年4月父亲率领79人的工作检查团分别深入4个一线师和8个一线团等部队，进行了两周的调查研究。他们对部队的战备思想、作战方案、工事和道路的维修、通讯联络、各种值班换班制度等做了详细的考察。

为了提高指战员作战指挥能力，我父亲和兵团张天云副司令员、钟国楚参谋长等领导于5、6月份先后对221名师职、73名军职干部进行了集训，着重对加强步兵师（团）在敌人原子、化学武器威胁条件下，如何攻击有防御准备之敌等课题进行研讨。同时，对师、团主官和政治工作干部303人进行集训，专题研究战时政治工作。

1958年4月中旬，第19兵团奉命回国。父亲深情地写道：“回想我戎马一生，在朝鲜就有8个年头之多，对朝鲜人民，对朝鲜的一草一木、一山一水，都有浓厚的感情。我深深怀念我曾经战斗过的、无数战友用鲜血和生命保卫过的这片美丽的土地。怀念曾并肩战斗过的朝鲜人民军战友们，怀念曾经支援过我们战斗、有着深厚情谊的这个英雄国家的英雄人民。”

（本文作者：旷伏兆之子，原中国建材对外公司技术合作部经理）

陈先瑞与19兵团参加第五次战役

◇陈曦

陈先瑞【1914.9 ~ 1996.1】

河南商城麻河岗大阎家湾村（今属安徽金寨）人。1929年参加中国工农红军。1931年加入中国共产党。中华人民共和国成立后，任陕西省军区副司令员兼参谋长。1951年任志愿军第19兵团政治部主任，副政治委员。1955年被授予中将军衔。

陈先瑞从 1951 年 2 月入朝，到 1955 年 2 月回国，在朝鲜整整战斗工作了 4 年。其中，他最为深刻的记忆是作为 19 兵团政治部主任，参与指挥部队投入第五次战役，为抗美援朝战争的胜利奠定了基础。

1950 年 10 月中国人民志愿军入朝进行抗美援朝作战。11 月，我的父亲陈先瑞和郑维山叔叔一起调到 19 兵团，我父亲任政治部主任，郑维山任副司令兼参谋长。1951 年 2 月 16 日傍晚，19 兵团乘列车跨过鸭绿江，参加抗美援朝作战。1952 年 8 月我父亲任 19 兵团副政委、党委副书记。12 月李志民政委调任志愿军政治部主任。兵团再没任命新政委。韩先楚司令员让我父亲把 19 兵团政治工作全部抓起来。父亲经常深入基层，在前线坑道与干部战士同吃同住，了解实情，调查研究，认真总结经验，他所总结的"钻进去，冒出来"的政治工作经验，发表在当时的《八一杂志》上。兵团党委对他作出了"对政治工作有建树"的鉴定，他荣获了朝鲜民主主义人民共和国一级国旗勋章。1953 年 7 月 27 日 22 时起，朝鲜战场全线停火。1955 年 2 月，父亲奉命回国，在朝鲜整整战斗工作了 4 年。

◇抗美援朝战争期间，志愿军第 19 兵团主要领导在前线合影。右起前排：李志民、杨得志；右起后排：陈先瑞、郑维山。

周总理、彭总的鼓励动员

出国前，1951年2月5日，周总理在中南海接见杨得志司令员和李志民政委，一再叮嘱："要教育全体同志到了朝鲜要爱护朝鲜的一山一水，一草一木，要尊重朝鲜人民，要严格执行三大纪律八项注意"。听了传达后，兵团和各军领导都深深为周总理精神所感动，总理那么忙，还关心兵团全体同志，大家都表示决不辜负周总理和全国人民对兵团全体同志的期望。

一踏上朝鲜的土地，战争的烟云扑面而来。到处都是断壁残垣，焦土碎瓦，几乎看不到一个完整的村庄。肥沃的田野上，荒草丛生，弹坑累累。美国空军的飞机不时地三五成群飞来，所过之处，升起一柱柱黑烟。远处时有隆隆的炮声传来。

2月20日，兵团到达了临时集结地殷山西南里。就在兵团安"窝"时，接到志愿军司令部电报通知，说彭德怀总司令回国汇报途经19兵团驻地，要看望兵团领导和机关同志。夜幕降临时彭总乘吉普车疾驰而来，下车后和兵团领导一一握手，并不断地说："你们辛苦了！""让你们久等了！"彭总到掩蔽部坐下后说：我这次不是专门来看你们的，是回国向毛主席汇报，顺路拐个弯来的，我代表志愿军党委，欢迎你们的到来！你们来前，我们已经打了三次战役，可以说是三战三捷。眼下正在进行第四次战役，很快就要结束了，你们兵团就不准备参加了。这几次战役下来，"联合国军"就有些撑不住了，我们的部队也越打越有经验了。开始，出国作战前，不少同志都很担心，对武装到牙齿的美国军队和"联合国军"不知底，当时，我心里底数不大，打了几仗后，底数就清楚了。麦克阿瑟叫得很凶，但他也没长三头六臂，也不过是只纸老虎。只要我们当真老虎去打他，他就吃不消了。前几天听说，他又在调兵遣将，一定会作大的反扑。敌人的装备绝对优于我们，天上、海上都被他们霸占了，地面上，他们还独霸不了。前两批入朝的部队打得都很好，打得很艰苦，伤亡很大。我们的武器装备差，靠的是两条腿比他们的履带车轮。但我们人的素质好，人是战争的决定因素。几次迂回战、穿插战，都打得不错。由于火力不行，没能大量消灭敌人。我们的困难还很大，人员、武器、物资保障都要加强。要立足现有装备作战。在朝鲜战场作战不同于国内，打美国鬼子不同于打国民党军，要准备打恶战，每仗都是恶战。要准备打钢铁战，需要大量的武器弹药，部队打得好坏关键还在于我们指挥。你们要尽快熟悉情况，部队加强战前练兵，等我回国汇报后，部署下一次战役时，你们要准备打好第一仗。

参加第五次战役的部署和《战斗动员令》

1951 年 4 月初，中国人民志愿军第二期入朝的第 19 兵团和第 3 兵团共 6 个军已先后到达朝鲜战场，加上原在朝鲜作战的 9 个军，共有 15 个军约 100 万的兵力（含后勤部队）。第 3 兵团是随 19 兵团之后入朝的，兵团司令员兼政委是陈赓，副司令员是王近山，副政委是杜义德，下辖第 12 军、15 军、60 军。陈赓司令员当时在国内有任务，晚到些时间，部队是由王近山副司令率领入朝的。

4 月 6 日，志愿军第五次党委扩大会议在临津江西岸群山环抱的空寺洞志愿军总部召开，会议主要讨论和部署第五次战役。参加会议的除先期入朝 9 个军的指挥员外，还有新入朝的第 19 兵团、第 3 兵团各军的领导人，同时邀请朝鲜人民军前线指挥员金雄、金一等列席会议。会议由彭德怀主持。

彭总在概括总结了前四次战役的经验教训后，全面分析了敌我情况，然后提出第五次战役的指导思想。他说，这次战役，必须采取战役分割和战术分割相结合，战役上将敌人东西分割，战术分割是小块小块的分割，大的包围迂回同小的迂回包围必须密切结合。彭总还特别强调了后勤工作的重要性。他说这次打胜了，全体指战员的功劳算一半，后勤工作算一半。

鉴于“联合国军”主要兵力部署在西线，第五次战役志愿军主力集中于西线实施突击，东线由人民军牵制美军。西线志愿军又分为左、中、右 3 个突击集团，各配属炮兵部队支援作战。具体部署为：

第 19 兵团所属第 63 军、64 军、65 军及朝鲜人民军第 1 军团，配属炮 8 师 31 团为右翼突击集团；第 3 兵团所属第 12 军、15 军、60 军，配属炮 2

师28团、29团、防坦克歼击炮兵403团为中央突击集团；第9兵团所属第20军、26军、27军及第39军、40军，配属炮1师5个营，炮2师1个营，防坦克歼击炮兵401团为左翼突击集团。

第五次战役，从兵力部署到战线的宽度都比前四次兵力多，规模大，按预想的结果，如果能实现，这将是一次决定性的胜利。

会后，兵团几个领导按照分工，杨司令员和郑副司令员抓作战方案的制订、后勤工作保障；李政委和我父亲分别带领政治部的干部深入到各师团去，了解部队思想情况，深入进行战前动员，提出解决思想问题和实际困难的切实可行措施。在调查研究基础上，我父亲组织政治部的几名同志起草了《打好出国第一仗的战斗动员令》，以杨得志司令员、李志民政委、郑维山副司令员和我父亲的名义向全兵团发出。这个动员令，杨司令员、李政委很满意，都认为很有鼓动性和战斗力。李政委说体现了他下去调查的情况。至今我父亲还记得其中的几段话：

同志们！加紧准备，等待攻击的命令吧！你们大显身手的机会来到了。只要命令一下，上级指到哪里，就向哪里前进。人人奋勇当先，个个机智灵活，要攻就赛如猛虎，要守就稳如泰山，绝不轻易失去一个阵地；要追就拼命追赶，绝不放过一个敌人。要大胆穿插、分割敌人，要分割包围歼灭敌人。担任任何艰巨任务，不犹豫徘徊，碰到什么困难，也不叫苦叫累。不怕敌人的飞机、坦克、大炮。要打落敌人的飞机、炸毁敌人的坦克、夺取敌人的大炮，不管我们面前的敌人是美国兵，英国兵，还是李伪军，都要狠狠地打，痛痛地打，怎么打得重就怎么打，怎么打得狠就怎么打，怎么能彻底消灭敌人就怎么去消灭。

这是我们出国第一仗，我们要旗开得胜，全力打好这一仗……我们要在第一仗中经受考验，要在第一仗中立功……

三个阶段的艰苦作战

第五次战役分为三个阶段进行，第一阶段是从4月22日开始至29日结束，虽然歼敌2.3万余人，战果可谓不小，但由于第64军负责分割迂

◇陈先瑞（左）与杨得志在朝鲜战场上。

回的部队没有按时完成穿插任务，使第一阶段打成了击溃战。鉴于这种情况，兵团决定杨司令员和我父亲立即去64军了解情况。李政委组织其他党委成员开会研究，总结经验教训。

杨司令员和我父亲火速赶到64军，他们正在召开紧急党委会议。64军军长曾思玉、政委王昭和担任穿插任务两个师主要负责同志，对没有按时完成任务都很痛心，认真地进行了诚恳的自我批评。会议重点从主观上找原因，主要是两个师没有很好掌握穿插、分割战术，在敌人部署无空隙可穿插时，不坚决突破，犹豫不前，以致失掉战机。在兵团侦察支队和该部一个营穿插成功后，主力没能果断跟进，而在遇敌阻击时，依然采取国内战争时期的平推办法，因而进展缓慢，造成拥挤，遭到很大伤亡。教训是十分沉痛的。两个师领导对会议的总结和批评都诚恳地接受，并深深地认识到自身的错误。

杨司令员和我父亲代表兵团党委承担了兵团的责任。兵团在肯定64军这次作战成绩的同时，对军、师领导给予了严肃的批评。现在回想起来，那时的批评与自我批评武器运用得十分好。战争年代，不讲半点情面。功过是非十分明确，会上大家讲心里话，会后还是好战友。这种好的传统是应该发扬的。

第五次战役第二阶段于5月16日打响至5月21日结束，19兵团主要负责在高阳至加平的宽大正面上钳制西线美军主力，保障第3兵团、9兵团在东线歼敌。我军连续突击5昼夜，不仅东线第3兵团、9兵团予敌人大量杀伤，19兵团在西线也出其不意地胜利渡过北汉江，牢牢地钳住敌军主力。由于我军粮、弹供应不上，不得不停止进攻。

第五次战役第三阶段主要是阻击战。抗美援朝作战，地形、社情不熟，语言不通，作战对象是同有现代化装备的以美帝国主义为首的所谓“联合国军”。当时，我军刚胜利结束解放战争，部队没有很好的训练和休整，虽然在入朝前于山东兖州时部队武器装备更换了一批苏式轻武器，但是同现代化装备的敌人相比不知差多少倍。伟大祖国刚刚成立，百废待兴，百业待举，没有更大力量来更换武器装备。开始没有空军，无制空权，部队白天不能行动，全靠夜间行军作战；虽然国内保证了比较充足的粮食、弹药，但是在没有制空权的情况下，运输十分困难，时有供不应求的现象。志愿军的后勤工作较之国内战争的后勤工作要困难得多。由于粮弹有限，部队每次带的给养和弹药只够7—10天用的，一场战斗，打七八天就得结束，不然就得后撤，否则，粮弹供不上去，没办法打。敌人抓住我军这个弱点，在我军进攻时，他一边抵抗、一边后撤，凭着他的汽车、坦克，故意消耗我军弹药。一周过后，他又以机械化部队像磁铁一样把你紧紧粘住。这就是他们的“磁性战术”。

63军、65军阻击任务是异常艰巨的。战斗异常激烈。许多阵地失而复得，得而复失，反复拉锯。冲锋反冲锋，肉搏格斗，面对面厮杀，出现许多残酷、壮烈的场面。战士们用集束手榴弹炸坦克；子弹打光了用石头砸，与敌人抱在一起同归于尽；宁跳崖不做俘虏；整排、整班的牺牲，一个连仅存几个伤员……在这次阻击战中，涌现出来许多可歌可泣的英雄连队和英雄人物。

胜　利

从1952年4月起，志愿军各级领导发生一些变化。先是彭总回国治病，军委决定由陈赓代理彭总的一切职务。6月，陈赓奉命调回国，又由邓华任志愿军代司令员兼政治委员。7月11日，又调19兵团司令员杨得志任志愿军第二副司令员，同时调志愿军副司令员韩先楚任19兵团司令员，调19兵团副司令员郑维山为20兵团代理司令员。8月，任命我父亲为19

兵团副政委、党委副书记。

在粉碎了美国“联合国军”的秋季攻势和夏季攻势后，1953年7月27日22时起，即停战签字后的12小时起，朝鲜战场全线停火。至此，历时2年零9个月的抗美援朝战争以中朝人民的胜利而结束。

抗美援朝的伟大胜利，是来源于伟大的祖国。党的领导，人民的支援，是我们胜利的保证。胜利属于我们的党和人民；胜利属于全体志愿军指战员；胜利属于那些埋骨于异国他乡的志愿军烈士。这个伟大的胜利来之不易！

这是我父亲陈先瑞在抗美援朝中的部分经历，他从1929年参加红军到1955年抗美援朝胜利回国，经历了26年的战争岁月。他和那个年代的许多同志一样，对党毫无保留地信赖，对祖国和人民的热爱和感恩，对军人职责的忠诚和担当，支撑他们克服了几乎无法跨越的艰难困苦，能忍人所不能忍，能行人所不能行，战胜了强大几倍的敌人，创造了人类军事史上的奇迹。他们是中国军人的楷模和骄傲，是中国军队的军魂。

（本文作者：陈先瑞之女，海军总医院退休医生）

周玉成与抗美援朝初期的后勤保障工作

◇周春瑛

周玉成【1904.4 ～ 1971.12】

湖南祁阳大桥新村人。1926 年入国民革命军第 35 军，做军需工作。1928 年参加平江起义，同年加入中国共产党。中华人民共和国成立后，任华北军区后勤部财务部部长。1950 年起任总后勤部财务部部长，油料部部长。1951 年起任东北军区后勤部副部长，财务部部长。1955 年被授予中将军衔。

周玉成是我军的“老后勤”。抗美援朝战争中，后勤保障是关乎胜利的“生命线”。周玉成受命到东北军区后勤部，直接参与志愿军后勤保障工作。他专程到北京向周总理汇报了粮食、运输、修路、高射炮部队四个问题，受到高度重视。而后，各项工作全面展开，各项问题也迎刃而解……

一、到东北军区后勤部任副部长

1950年11月中旬的一天，总后司令部机要室送来一份政务院总理办公室的电报，内容是应彭总要求调周纯全（时任中南军区后勤部部长）和周玉成（时任军委总后勤部油料部部长）去朝鲜加强志愿军后勤保障领导工作。

机要秘书祝桂林看后立即送给了我父亲周玉成。父亲阅后，表情凝重地说：好啊，平江起义时，我就在彭总的直接领导下，后来让我做供给工作，在极端困难的条件下，基本上保证了部队的供应。现在，朝鲜战局严峻，又是同世界上头号美帝国主义侵略军较量，点将到我头上，是对我的信任。

祝桂林回忆说：

接到电报的第二天，我随周部长去中南海总后勤部集体办公室上班，当走到第二道大门时，看到周总理迎面走来，我们立正向总理敬了个军礼，周总理紧紧握着周玉成部长的手，非常和蔼而又亲切地说：“玉成同志，彭总来电看到没有？”又关切地问道：“你身体怎样？可以去吗？”周部长非常激动地说：“看到了。我身体很好，我非常高兴去，坚决完成任务，请总理放心！”周总理高兴地说：“好啊，好啊！现在志愿军的后勤工作非常重要，任务很重啊！你回去后，尽快安排一下，过两天我去沈阳开个会，那时再谈吧。”

◇周玉成与家人合影。

我父亲在见过周总理的第三天，急匆匆告别了我妈妈和年幼的我们，按照战时动员令的速度，乘火车到东北军区后勤部报到。

父亲的机要秘书祝桂林也要求随同奔赴抗美援朝的前线。当时他大学刚毕业就参军到总后，年方 26 岁，还没有结婚成家。我父亲关切地说："参加抗美援朝，比国内环境艰难困苦很多，也很危险。去了可能回来，也可能回不来。你现在年轻，还没成家，又有一位年迈的老母亲需要靠你赡养，就留在北京好好工作吧。"祝秘书非常坚决地说："部长到哪儿我就到哪儿，流血牺牲都不怕！"在他的再三请求下，我父亲只好答应："好吧！如果组织批准了，可以随我去，我后天先走一步去沈阳报到，你先回老家看看老母亲，三天后返回北京，然后赶去沈阳找我。"说完我父亲还拿出自己口袋里的 50 元钱递给祝秘书："回家时买点东西看看老人，用不完的，留给老人做一点生活补贴吧。"

1950 年 10 月 19 日，中国人民志愿军雄赳赳、气昂昂地跨过鸭绿江奔赴朝鲜前线，拉开了中国人民抗美援朝的战斗序幕。1950 年 10 月 25 日至 11 月 5 日，志愿军和朝鲜人民军共同对敌发起了第一次战役。首次作战，共歼敌 1.5 万余人，将进攻的美军及仆从军从鸭绿江边赶到清川江以南，初步稳定了朝鲜战局。1950 年 11 月 6 日至 12 月 24 日，志愿军在朝鲜人民军配合下，将美国为首的"联合国军"及其指挥的南朝鲜军诱至预定战场后，对其突然发起反击并取得了第二次战役的胜利，这是扭转朝鲜战局的一次战役，也是抗美援朝战争中战略意义最重大的一次胜利。

但两次战役胜利的取得，都让我志愿军付出了很大的代价，其中，最重要的原因就是后勤保障的困难。

早在中央军委研究出兵朝鲜的决策过程中，就认为与美军作战有四大有利条件，其中之一就是供应线我近敌远，我们在后勤保障上占优势。但战争的发展让志愿军的后勤保障遇到了前所未有的巨大挑战。第一次战役，作战地区距离国境仅数十公里，战役进行到第十天，部队推进距离国境170公里时，部队指战员饿饭数天，因为弹药和粮食供应不上而被迫停止了进攻。作战中，运输车辆损失巨大，使物资供应更加困难。美军靠着向朝鲜战场空运大批作战物资稳定后勤保障；又出动大批飞机轰炸鸭绿江上的桥梁、渡口和朝鲜北部的我军交通运输线及集结地区，使志愿军后勤保障工作面临着空前严峻的形势。而在第二次战役期间，西线和东线参战部队在缺乏冬装的情况下，冒着零下40多摄氏度的严寒气温艰苦作战，无后勤保障，冻饿减员高达3万人，严重影响了战役的发展；西线则因粮食供应不上而被迫取消了40军向敌深远后方迂回的计划。

造成抗美援朝作战初期后勤难以保障的原因是多方面的。应该说，战前中央军委对物资贮备、后勤保障问题是重视的，对可能的入朝作战，在物资供应方面的困难是有预见的，并提前作了许多努力。志愿军入朝后，日夜战斗在后勤战线上的各级指战员也不断地作出努力，力保战役的顺利进行。由于我军初次出国作战，准备工作比较仓促，后勤组织机构还不健全，力量不足，加之敌机昼夜袭扰，朝鲜北部道路条件不好，都增加了后勤保障的困难，尤其是我军过去作战，一切物资主要实行就地补充和取之于敌，现在一切都得靠国内供应，后勤工作一时还不能适应作战需要。如此严重的后勤保障困难，不仅影响战争全局，还造成刚刚从南方开往朝鲜参战的第9兵团因冻饿减员的严酷事实，让刚刚到任的两位我军老后勤也感到问题远远超过以往的后勤保障经验。

周纯全伯伯惦记着已先期入朝作战的中南军区所属第38、39、40、42军的指战员们，也肩负着周总理的嘱托，要亲自到朝鲜前线去看看志愿军后勤供应存在的实际问题，因此他不顾鸭绿江大桥刚刚被美军飞机炸毁，毅然过江前往朝鲜。我父亲在安东（丹东）设法与彭老总通上了电话。彭总急切地对他说：你先不要过来，就在沈阳，那里也很重要。我们的战士吃，吃不上，穿，没得冬衣穿。你就留在沈阳解决问题嘛。于是，他返身回到了沈阳。

回到沈阳后，父亲考虑自己还没有被正式任命职务，不便到东北军区后勤部办公室上班，于是就让秘书们在给自己临时安排的宿舍里，支上一张大办公桌，架上电话，靠近门口处也安上了一张小办公桌，算是秘书工作的地方，简简单单就开始了紧张的工作。整个抗美援朝时期，父亲就在这间简陋的办公室里日夜忙碌着，直至抗美援朝战争结束。

据当时的战勤处处长刘益民 2009 年对我们回忆往事时说：

周部长是 1950 年年底，抗美援朝初期，第二次战役开始时来东后的。来了就在一所中学里办公，那里原来是个日本人的女子中学，后来又成了国民党的警察学校。周部长这个人很实诚，也很老成，工作起来非常负责。大家都知道周部长是从北京军委总后来的，又是个老后勤领导。志愿军那里要粮、要钱、要被、要衣，都找他要，后来要汽车、要油料、要司机，也都找他。当时通讯不发达，前方后方联系主要靠发电报，每天电报多得读都读不完，一摞一摞高高的。他是昼夜干，整个战争期间没有休息过一天。

美军飞机不时越境轰炸我国安东、辑安等地，沈阳也是防空重点城市。一到夜里就拉防空警报，实行灯火管制。办公室和走廊的窗户都挂上军用毛毯，厚厚的怕露出光线，用旧报纸贴上米字封条防止被震落散开扎伤人。一遇上灯火管制，只能点着蜡烛办公，一宿一宿的。有时情况紧急，上级命令他下防空洞避避，他也不去，就是特别关照我们把窗帘都拉好。

在东后全体干部战士的努力下，很快，志愿军的服装问题，粮食问题得到了部分解决，逐渐扭转了后勤供应不利的困境。

二、专程到中南海向周总理汇报4个难题

◇新中国成立初期，周玉成在沈阳军区时留影。

1950年12月31日，志愿军发起第三次战役，此役系我军的进攻战。战役发起前，部队并没能得到充分的休整补充，仅勉强补足了弹药，国内运来的粮食也只能满足最低需求的20%。开战后，参战部队急速向南推进，距国内运输线由100多公里一下子延长至500公里外，运输部队完全暴露在敌机轰炸范围内。频繁的轰炸使本来运力就极端紧张、运输方式落后的车队寸步难行，后勤供应根本无法保障，加上通讯落后，作战部队和运输车辆，常常与战区的前勤指挥所和兵站失去联系，情况比第一、第二次战役还糟糕，作战部队再次出现断粮饿肚现象，参战指战员靠临时挖当地百姓窖藏粮食才勉强喝粥维持，部分部队干脆靠吞食生米维持生存。

前方情况传来，我父亲急了，带着计划处处长刘益民，去见东北人民政府主席高岗。2009年采访刘益民叔叔时，他说：

这时彭总火了，从前方直接给中央发电报，指示周部长直接去找东北政府主席高岗，但高岗也没有办法了。他没人、没汽车。东北民用汽车都动员上去了。毛主席一开始是叫彭德怀管前方，高岗负责后方，后来发现这是一个全面战争，只靠一个区不行。周部长来东北后，向高岗提出，要成立战区军地结合的战勤机构，马上就成立起来了；周部长提出志愿军汽车不够，火车没有，必须调用民工运输，一次东北就动员了民工10万人。每次有问题到高岗那里，都是一下子答应就解决了。但这次周部长提出再次征用地方汽车加强运输就不行了，东北的汽车已经都征用完了。后来政府办公厅秘书长说，佳木斯还有一个汽车学校，刚刚成立，准备培养驾驶员的，还有几十辆教学用汽车，高岗也答应给了，但司机无论如何都没有，高岗让周部长想办法到部队去搬救兵，向全军、全国征用汽车和司机。

从高岗那里回来，周部长拉着我就直奔北京。下了火车一路急行，徒步走到了新华门门口，我问：咱们要找谁呀？周部长说：找周总理，这事非找总理才行。

在新华门门口，警卫通报后，周总理的秘书来接他们并引领到总理的办公室。当时已晚上 10 点多了，总理刚从外边回来，还没休息，看到我父亲到来有点诧异，随后上前热情地与他握手，请他们落座并张罗倒茶。我父亲简短地汇报了几件当下必须请求总理帮助解决的困难，主要四个问题：

一是粮食供应保障问题，主要是请求全国支援炒面，并特殊配给一定的大米细粮；

二是运输问题，希望能从全国全军范围内调用汽车车辆和司机，加强前线的运力；

三是请求派铁道兵和工程技术人员入朝修公路建铁路，密集运输管网线；

四是建议给后勤运输车队单独配置高炮部队，对抗美机的频繁轰炸，保证运输线畅通，保证后勤供应前送。

周总理还没听完，就拿起电话，请财政部副部长戎子和、总后勤部部长杨立三来一下。接着，又让我父亲把所有要求帮助解决的问题都详细说说。两位首长到后，我父亲又把前方急需大量炒面和请求帮助解决大米等细粮供应的事，重复叙述了一遍。

刘益民对此回忆说：

当时总理的表情很严肃，说：这个问题怎么没有解决呢？为什么没有解决呢？这个问题得解决，前方需要，国家再困难也要解决前方的问题。当场就答应解决这个问题了。

采访时，刘益民叔叔特地向我们解释说：

志愿军的粮食原来由东北局负责，战前储备了很多，也前送了很多。东北不产细粮，主要粮食就是高粱米。志愿军上去以后做高粱米饭很费时间，前方提出意见了，这是个大事情，因为做饭时间长，做饭很困难，吃不上热饭。后来解决这个干粮问题，干粮也是逐步逐步解决的。开始就是东北群众干的，并不是哪个人说的。那时生产条件不好，加工饼干，没什么油，太干，天又冷，吃了也不行。群众又做烤饼、面包、豆包、炒面——总之群众能做的都做了，前线零下30多度，冰天雪地，实践证明都不行，后来战士说，只有炒面还能吃，反映到彭总那里，就给东北来电，让送炒面。彭总还特别交代，炒面里要掺黄豆面，放点盐，炒前要洗一洗。这是说的那个用玉米磨面炒的面，很多麸皮，咽不下去。当时前方需要量很大，调到前方的部队越来越多，东北几乎人人都参与了炒面，但东北全发动了也供应不上，周部长就反映给周总理了。后来总理指示，全国动员炒炒面，我们从北京回来后，看到报纸上登了，周总理自己都亲自动手炒面了，这给朝鲜前线的战士们鼓舞很大。当时青岛的炒面炒得最好。炒面在前方还是很解决问题的，不用起火，在战斗最紧张的时候就是一把炒面一把雪就能充饥，这是开始。逐步，对前方生活供应要求有大米，很多参战部队都是南方来的嘛。但是东北不产大米，怎么办？就给军委总后勤部发电报反映这个问题，总后迟迟没有答复。所以周部长就带着我，直接到北京找总理汇报，一下子就都给解决了。

这件事给我印象很深，至今不能忘记。周部长亲自上北京，给周总理汇报后，志愿军才吃上大米，吃上细粮和一部分营养品，改善了生活。他不亲自找周总理，这个问题可能解决不了，就是解决了也没这样快。

那天晚上在政务院总理办公室，我父亲说完了粮食问题，周总理拿起电话打给了聂总，告诉他：东后的周玉成来北京了，我让他明天去找你汇报，把铁道兵的吕正操叫来一块儿听听。然后总理对我父亲说：今天已经很晚了（当时已凌晨3点多了），你先回去休息，明天上午去找聂总汇报一下运输问题，你提出的抽调汽车和司机给志愿军的问题，我要跟杨部长他们再商议一下。至于给后勤运输车队单配高炮部队掩护问题，比较复杂。汽车、高炮都要靠进口，今年向苏联订购武器的计划基本达成协议了，再增加高炮和汽车，还要同刘晓大使商量一下。我们会尽快给你回复的。

总理接着问我父亲：“你已接到通知了吧，过几天在沈阳召开志愿军后勤会议，专门讨论志愿军的后勤供应保障问题，到时候我们还会再见面的。你先回去休息吧。”我父亲看自己“贸然”来北京见周总理汇报的几件主要大事都有了着落，一路的焦虑和忐忑不安这才有了舒展喘息的机会。

三、在聂荣臻办公室筹划解决后勤保障问题

第二天天刚亮，我父亲就来到了聂荣臻代总长的办公室。朝鲜战争爆发后，聂荣臻负责中国人民志愿军出国作战的部署、训练、运输、供应、补兵、轮换等工作，日夜忙碌。

还是在解放战争期间，聂荣臻任华北军区司令员时，我父亲任华北军区后勤部副部长兼供给部部长，三大战役前夕，是聂荣臻亲点，把他从中原野战军调任邯郸办事处主任，这个办事处同时受中央军委、中原野战军和华北军区三重领导，为三大战役的胜利提供了最有力的后勤供给保障。聂荣臻对于我父亲的工作能力和为人办事品性，自然是很熟知的。他知道平时我父亲说话很少，从不对上级领导叫苦喊累，更不会为私事谋利，此番进京必然是有重要的事情，何况周总理事前已有所交代。

面对老领导，我父亲立刻直入主题，首先汇报的是：我们后方为前线将士筹集到的粮食物品都运输不上去了。整个东北三省连一辆车都征集不到了。他掰着指头算给聂荣臻：开战至今，各兵团入朝自带、总后勤部下发东北后勤车辆、加上东北政府征调，共配给前方1500多辆汽车，不到15天就损失了600多辆车，加上敌机轰炸，道路颠簸，汽车保养不好，现在损毁车辆已达70%，造成前送生活物资不足20%。战士们是饿着肚子在行军打仗。马上又要发起新一轮战役，我去找过东北军区高司令，他把刚成立起来的汽车培训学校，准备教学用的汽车不足百辆都给我们了，但一名司机都派不出来了，只能请求军委领导帮助解决，否则志愿军的后勤供应就要中断了。接着，我父亲又提出，请国内派出修路工人和工程技术人员，帮助修理破损的公路和铁路，否则即便有车也无路可走，后勤物资还是无法前送。他还建议在朝鲜加建临时性的铁路专线，专供国内物资发送前方战区集结地。一听我父亲提到公路铁路，聂荣臻说:“这个问题就得吕正操解决！”“铁路的问题，就得找吕正操。”一个电话接通了军委铁道部副部长吕正操办公室，请他立刻来一趟。

在等待吕部长的时间里，聂荣臻又详细询问前方的具体情况。我父亲

索性放开了讲，把自己的想法看法，统统说给老领导。他报告说，朝鲜战争的后勤保障不同于以往的历次战争，不能随行筹集、不能取之于民，不能就地取材，也不能向敌人索取，但以往我军历次大战中积累的一些行之有效，立竿见影的好做法还是可以沿用的。比如：后方建立军地结合的战区战勤机构，以役代劳，以役记筹，更好地保护地方政府和全国人民支援抗美援朝的长期积极性，这样可以减轻后方部队的负担；构建密如网状的三级兵站并随战场前推而前延，避免作战部队前突而与后方供应中断联系，也避免前送物资因一条线路被阻断就无法送达，这都是三大战役时，曾被实践证明是行之有效的野战后勤保障工作的好经验，完全适应于朝鲜战场。我父亲还建议条件允许时及早开通战地通讯，现在完全靠电报来电报去，既表述不清楚下级的要求，也传达不下去上级的意图，且容易失密造成敌特破坏。他特别指出，目前由于通讯不畅，新入朝参战的部队找不到东后派出的前方后勤指挥所，也联系不上出国前指定的后勤分部供应点，只好给他这里直接发报请求后勤保障，还有的军部后勤干脆派干部回国到他办公室直接请领物品，这也是造成部队后勤保障不畅的一个原因。他也说了，每天汇总到他那里的电报堆积如山，但很多都是一件事多次重复，师部、军部、兵团、后勤分部加上东后前勤指挥所，有时为一件事多次、数级发报到他这里，忙不怕，就怕乱，如果通讯开通了，前后方、上下级的后勤组织关系理顺了，就忙而不乱了。总之，聂荣臻过问得很细，我父亲也畅所欲言，使聂荣臻真切地了解到，前方的后勤供给问题比原先知道的还要严重。

关于吕正操到聂荣臻办公室后的情况，刘益民叔叔是这样回忆的：

吕正操这个时候也引起了重视，他让我们先回去，说他已接到通知，这个月就去沈阳参加志愿军后勤会议，到时再说。可我们一回到东北就听说，吕正操已到了沈阳并直接去了安东，准备过鸭绿江到朝鲜前方去视察。周部长让我马上赶过去跟着。叮嘱多带上两个战士，一定要注意保护吕司令。一路上吕正操就提出了采取边修边走的办法，让我背回来几张朝鲜地图，亲自坐镇沈阳开运输会议做运输计划。当时没有计算机，也不用算盘，就在纸上做预算核算，我真钦佩啊，这些经过战争考验过的老首长们的头脑太清楚了，发多少材料，需多少辆车，修多长的轨道，要多少技术人员，多少工人，手上拿着一把尺子，在地图上比比划划，一下子就搞明白了。就在辽宁大厦那间屋子里，把铁道兵有关技术人员、工程师都找来了，现场开会，现场分工，后来运输情况明显改善了，边修边走，修了就走，抢修抢道，这都是吕正操司令员第一个提出来的。铁道兵上去了，一下子解决了粮食和运输这两个大问题。

回京后的第三天，我父亲来到总后司令部办公室，向大家告别准备返回沈阳时，恰好接到周总理办公室秘书打来的电话，说周总理特意让转告我父亲，困难再大也要从苏联增加进口汽车的数量和进口高射炮，但要分配到志愿军，武装到后勤运输部队，还要再等待一段时间。希望我父亲回到沈阳，把政务院的决定和决心带给前方，继续千方百计克服困难，做好志愿军的后勤供应。父亲这下彻底放下心来，内心激动不已。紧紧张张的三天，让他揪心揪肺的大事都有了回音，他立即回到北京的家中，看望了还在坐月子的妻子、抱了抱还没见过面、刚刚出生的女儿，就带着刘益民处长匆匆返回沈阳，全身心地又投入到抗美援朝的紧张工作中。

就在我父亲回到东北军区后勤部战斗岗位后第二天，1月12日晚，总后勤部召开了部务会议，进行了详细的讨论。15日，将会议结果分为前方供应机构问题、通信联络问题、运输问题、军需问题、军械问题、卫生问题等报告了周恩来副主席和聂荣臻代总参谋长。并很快落实到支援抗美援朝的后勤保障中。

关于周总理亲自批准进口高射炮组建后勤高炮部队的往事，刘益民叔叔曾回忆说过：

周玉成部长那次进京见周总理汇报解决了的大事，还有从苏联进口高射炮和汽车的问题。

当时打的没办法了（指敌机轰炸），前方后勤就想组织自己的高射炮部队，前方的张明远副部长一说，后方的周玉成副部长就拍腿赞成。后勤大规模的组建高射炮部队是从抗美援朝开始的。当时周总理就下了决心，从苏联进口高射炮，成立一个高射炮部队。志愿军后勤组建高射炮部队后，改善了后勤物资运输现状，洪学智司令员后来总结出来的“后勤战斗化”，这是最主要的一笔。

之后高射炮部队有了，铁道保护了，汽车团也组织起来了，组织了十几个分部。再就是弹药和油料，也是从苏联买的这些东西，斯大林在这个问题上还比较支持，解决了这个事。汽车团组织起来，几个兵站都有高射炮营，高射炮沿途都有，有了高射炮，敌机不敢低飞了。后来空军又参战了，苏联的空军过来了，一部分就驻扎在安东，刘亚楼到了安东，周玉成部长赶过去给安排的。后来有好多次带着我们，到安东现场给解决问题，飞行的、场站的、人吃的、机喝的，要什么给什么，那时候是刘震副司令员负责空军后勤的事，周部长亲自过问安排，空军方方面面对我们东后后勤的工作都很满意。苏联飞机是一开始攻过去的，后来在“三八线”以北，过去了一些，就不敢过去了，最后主要还是靠我们新训练的飞机，才保障了志愿军的后勤供应。

四、志愿军第一届后勤工作会议的召开

1951年1月22日至30日，中国人民志愿军第一届后勤工作会议在沈阳召开。东北军区副政治委员李富春主持会议。这是在志愿军后勤工作遇到最大困难的关键时期，召开的这次事关抗美援朝战争胜负全局的会议。中央军委副主席周恩来、代总参谋长聂荣臻、总后勤部部长杨立三、空军司令员刘亚楼、炮兵司令员陈锡联、军事运输部部长吕正操等领导同志专程参加会议，志愿军各后勤部、各分部以及东北军区后勤部、东北人民政府有关部门负责人参加了会议。我的父亲周玉成参加了会议，并在会上作了《关于志愿军财务问题的总结》报告。

会议认真总结了志愿军入朝作战三个月来的后勤工作经验，研究后勤工作在现代战争中的地位与作用，商议加强和改善供应状况的办法与措施，并就加强后勤组织、建设兵站线、战胜敌人对后方的破坏等问题作出决定。会议一方面建议中央军委增派高射炮兵和在适当时机派空军对后方实施掩护；一方面着重研究了加强兵站线建设、加强后方防卫，提高运输效率；变被动为主动。会上，父亲还结合自身的体验，特别介绍了我军在解放战争三大战役中，是如何建立起密如网状的三级兵站线，并不断随战场向前延伸、保障后勤供应的实用经验。会议最后决定，迅速增派铁道兵、

工兵入朝，抢修和新建铁路，增加后勤分部和汽车部队，加紧组织运输团和担架队，赶造马车和手推车，充实兵站装卸力量，加紧储备作战物资，运输部队要加强组织调动，合理使用运力，改进工作方法，千方百计多装快运。总之，要采取一切措施，建设铁路、公路、小路相结合；火车、汽车、马车、手推车相结合；抢运、抢修、防空相结合；快装、快运、快卸相结合；纵贯道路、横贯道路和迂回道路相结合的畅通的兵站运输线。在周恩来总理的亲自指导下，志愿军第一届后勤工作会议明确把运输工作作为志愿军后勤保障的中心工作，特别强调了"千条万条，运输第一条"。会议作出决定：增调铁道兵和工兵部队入朝，抢修铁路公路；增加运输汽车以增强运力；增调高射炮兵部队入朝，掩护交通运输；并采取措施建立兵站运输线。这次会议最重大的意义是：提出了"后勤战斗化"的新任务，明确提出后勤工作必须以新的思想、新的供应方式、新的工作制度和新的工作作风，来适应现代战争的要求。

多年从事我军后勤供应工作，始终位居我军后勤领导岗位的父亲也是第一次对"后勤战斗化"的必要性，有了如此深刻和明确的认识。多年后父亲回忆起这一切，还是对周总理支持他们"建设起一条打不垮炸不烂的钢铁运输线"的具体指导，记忆犹新。

（本文作者：周玉成之女，中国人民解放军总后勤部第三门诊部原副主任）

胡奇才抗美援朝期间的两段经历

◇胡鲁克

胡奇才【1914.10 ~ 1997.7】

湖北黄安（今红安）高桥李家田村人。1929 年参加革命。1930 年参加中国工农红军。1931 年加入中国共产主义青年团，1932 年转入中国共产党。中华人民共和国成立后，任辽东军区司令员，沈阳军区空军副司令员，辽西军区司令员。1954 年任工程兵副司令员，后任顾问组组长。1955 年被授予中将军衔。

新中国成立后，胡奇才先后任辽东军区司令员、辽西军区司令员，为志愿军做好后勤保障工作，后又作为入朝参战实习团团长，带领部分指战员到朝鲜前线参战学习，对现代战争有了新的认识。

1949年9月，父亲胡奇才作为第四野战军代表在北京列席了中国人民政治协商会议第一届全体会议。会后他去武汉向四野首长汇报参会情况，正忙于进军湖南、两广的林彪听完汇报，本意想派他到某军任军长南下，后得知医生未准他出院，就说“那就回沈阳治病吧，治好病再回来”。于是，我父亲就返回沈阳治病继而留在了东北工作。

为志愿军做好后勤保障

1950年至1952年5月，我父亲先后担任辽东军区和辽西军区司令员。辽东军区司令部驻安东（现丹东）镇江山（今锦江山）下，背后便是秀丽的镇江山公园。前面是著名的中朝界河鸭绿江，鸭绿江大桥（现为中朝友谊桥）像中朝两国伸出的巨臂相握江上，火车、汽车川流不息地来往于两国。父亲到任之时恰值朝鲜战争爆发，美国军队把战火烧到中朝边境，美军上百架飞机轰炸与安东隔江相望的朝鲜新义州市，并炸断中朝两国交通要

◇辽西军区司令员胡奇才。

道鸭绿江大桥双桥中的下桥，炸坏了上桥。美军机还多次轰炸安东、宽甸、东沟，炸死炸伤我居民，炸毁房屋和桥梁，并向我海上渔民扫射。父亲在镇江山的军区司令部目睹敌机狂轰滥炸的情景时义愤填膺。当时我军尚无空军，制空权在美军手里，敌机肆无忌惮。我辽东军区司令部驻地山后面有几个高射炮团，却难击中敌机，原因是缺少低空雷达和低射火力，不能及早发现敌机并有效地组织火力屏障。

那时东北大地百业待举，既是支援全国解放的后方基地，又是面对美国军队大举进攻朝鲜的警戒之地，东北军区就像是志愿军的后勤部，入朝部队和大批物资都由这里运送，回国的伤员全在东北就医。父亲领导军区指战员完成巩固边海防、民兵建设、农业任务的同时，全力做好辽东、辽西支前任务，倾全力支援抗美援朝。父亲接待和迎送我入朝参战的部队中，有他曾经指挥过的第 40 军。他带领军区为他们腾出学校、机关住房，筹措粮食。40 军的许多干部他都认识，他为他们入朝送行，热情鼓励战友在同世界最强大的敌人作战中荣立战功。他的工作中还包括接受志愿军回国伤员治疗工作。当时为数众多的伤员转送至辽西地区，对伤员诊治场所的安置、生活安排及做好伤员的思想工作，成了一段时间里的主要任务。

曾经有这样一件事，被安排在铁岭县治疗的志愿军回国伤员，因生活安排上的问题与当地政府闹得很僵，大有爆发冲突之势，东北军区指令我父亲去解决。他赶到那里对伤员做了深入细致的思想工作，说服他们顾全大局，同情与理解做安置工作的难处，携手共同战胜困难，同时教育他们如何对待荣誉。父亲结合自己在红军 7 年艰苦战斗中 6 次负伤的经历告知归国伤员，荣誉是对昨天和今天的褒奖，但决不意味着对未来的保证，我们都应该保持清醒，谁也不要把荣誉当美酒喝，那会使你的人生一醉永不醒。这起波澜很快平息下来，铁岭县的伤员安置工作又恢复了正常。父亲回忆说，他亲身感受到东北人民和军队，对抗美援朝的贡献极大，他们跟前线部队一样，尽了自己所能，应该永远记住东北人民的这份贡献。

父亲还在这里欢送了我国首任驻朝大使倪志亮。父亲 1932 年在红四方面军 11 师当营政委时，倪志亮任 11 师师长，李先念任政委。在饯行时，他们共同回忆起往事，谈起了雪山草地的艰苦环境，谈起了抗击日寇的浴血奋战，谈起了建立中华人民共和国的喜悦，都觉得胜利来之不易。当然还笑谈了倪志亮当年因我父亲行军中睡觉打了他两个耳光一事。话题转到他这次出任大使时，倪志亮风趣地说："我这个人怎么能当大使？真是拿黄牛当马骑。"胡奇才说："你是我的老上级，我知道，你很能打仗，现在美帝侵略朝鲜，中央派你去是深思熟虑的选择。"

率实习团到前线参战学习半年

父亲曾多次向东北军区首长提出了入朝参战请求，表示朝鲜战争虽然是局部战争，但带有世界性，敌人的面孔、武器装备、战略战术、半岛的作战环境，陆海空立体战法都是全新的，他作为军人，尤其是高级指挥员，如果错过到这全新的战争中去实际体验的机会是莫大遗憾。若能在战场上实际指挥，定能受到锻炼，增长见识，提高对现代战争的指挥能力。1952年5月，东北军区批准我父亲入朝参战学习的请求，并指定他担任入朝参战实习团团长，父亲听后真是大喜过望。

根据上级安排，我父亲率领的实习团被派往朝鲜东线的志愿军20兵团68军，他被任命为68军临时副军长。68军特派汽车到安东接我父亲等人入朝，经过新义州，再奔平壤、元山，向20兵团司令部进发。当时，敌人依仗其空中优势，用飞机猛烈轰炸我们的运输线，铁路、公路是敌机轰炸的重点，白天晚上不停歇地轰炸，他们的汽车只好晚上行驶，白天休息。父亲乘68军副政委的苏制吉普车，夜幕下车开得慢又不准开灯，敌机在上空飞行如见灯光就投弹扫射，各山头上的防空哨兵如发现敌机就鸣枪，司机赶紧关车灯，本应天明前赶到19兵团的兵站，因车速行驶较慢晚到了。这时天已亮了，又正好遇上敌机投弹，父亲立即下车跑到路边的工事隐蔽，幸好汽车未被炸坏，敌机飞走后他们很快开到第19兵团的兵站。

父亲一行吃过早饭，在那里休息了一天，晚上继续前进，第二天他们路过元山到了20兵团驻地。张南生政委、萧文玖参谋长热情接待我父亲带领的实习团，请他们吃饭、洗澡、开联欢会，文工团为他们演出节目，领导同志为实习团介绍部队及各军分布情况。第三天派车送我父亲到第 68 军。父亲留在第 68 军军部，住的是坑道，其他的师团干部当即分到各师。68 军军长是陈坊仁，政委是李呈瑞，他们都是老红军。为了便于了解前沿情况，我父亲要求到最接近敌人的阵地上考察和体验，在军部没住几天他去了 203 师，师长是杨栋梁，政委是李志远。父亲在 203 师住了几天后因事刚返回军部，就遇上敌机轰炸兵团部，接着敌机又向军部丢下了一批炸弹。

据父亲回忆，有一天他们刚吃过早饭，9 时左右，他正在坑道边一个土房内看电报，听到敌机来了就急忙起身往坑道跑，瞬时炸弹落下来，住房的窗户被震坏，浓烟冲进室内，父亲感到头有些发昏，马上靠紧墙角，以免房子塌了压着。敌机投弹后离去，他们即跑到坑道内，这时他看到住在 68 军的唐延杰参谋长（华北军区参谋长）的手受伤流血。父亲从坑道内出来后，发现他住的房顶上横着一枚 1 米多长的炸弹，幸好这颗炸弹未爆炸，否则就跑不进坑道了。事后有人说胡奇才拣了条命，父亲笑应：战时的偶然性时有发生，有人牺牲了，而有的人则侥幸地避过灾难，并非天助，实属偶然。

这次轰炸之后军部决定马上转移。实习团住在大山沟的坑道内，父亲被安排到严庆堤主任住地。他的坑道住宅不到 6 平方米，一张床就满了。当时，严庆堤正慰问朝鲜人民军没有在家，父亲在他住室住了几天。就这间小不点的住室，他们还组织跳舞唱歌，大家都乐观得很。从连队到兵团，到彭德怀的总部，均是大坑道，坑道战使美国及其仆从军对我们志愿军无法实施有效攻击。加之朝鲜多山，敌人的坦克、大炮、飞机攻击和轰炸我军的运输线，都被我们挫败了。但坑道里常年见不到阳光，军部的坑道内，从石头缝往外流水，不顶块油布根本无法睡觉，被子和衣服也都是潮湿的，父亲所带一架比较好的德国照相机因为受潮快门失去功能，他深感可惜。朝鲜雨多，炊事员在野外做饭时不小心就可能被洪水冲走。吃的多是国内运去的罐头，很少有蔬菜吃。有的汽车司机因为吃不到蔬菜，加上常年夜间开车，便患了夜盲症。

上级规定胡奇才率领的实习团在朝鲜工作、战斗为期半年，临到期时我父亲到志愿军总部汇报，见到志愿军首长彭德怀司令员、邓华副司令员、洪学智副司令员、朴一禹政委、王正柱副参谋长、丁甘如科长，他们热情地接待了我父亲等人。朴一禹政委是朝鲜人民军派到我志愿军总部任职的，这样做的目的是便于两军协调对敌。我父亲与朴政委是老相识，他任辽东军区司令员时与朴政委来往更多。朴政委的汉语讲得很好，在中国上过大学，当过县委书记。在互相问候中，我父亲还顺便搞清了1947年5月对他的一桩暗算案的侦破结果。父亲当年遵照陈云政委指示在大连治病后经平壤返回临江途中，他的警卫员梁武刚在火车行驶到朝鲜北部距中国边界不远的介古站不幸遭到敌特暗杀。朴一禹政委对此事还记得很清楚，他耐心地听我父亲讲述事件的经过后告诉我父亲该案子已破获，杀害梁武刚同志的凶手是中国特务和合伙的朝鲜特务。特务们从大连就开始跟踪我父亲，在介古火车站下手时把警卫员梁武刚误认为我父亲，因为他们都穿着日本毛衣，身形个头也差不多。敌特把梁武刚杀害后又到另一处去强奸苏联红军家属，当即被抓住，就这样才把该案一并破获，凶手当即被严办。我父亲听后对梁武刚因保卫他而牺牲感到非常难过和懊悔，对朝鲜同志认真负责处理这件事一再表示感谢，梁武刚烈士被安葬在辑安。

我父亲还率团到志愿军后勤部住了几天，见到洪学智副司令员。洪学智是我父亲在红军时的老上级，对他很关照，派了辆车况较好的车和可靠的司机送我父亲回国。一部分随我父亲赴朝的实习团同志从第68军回国时乘坐一辆大卡车，途中不幸触发美军飞机投下的定时炸弹，辽西军区后勤部罗政委和他的警卫员不幸遇难。车上其他20多个同志平安回到国内。

◇ 1952年12月，胡奇才在南京军事学院。

我父亲回国后向东北军区首长作了汇报，同时对牺牲者的家属做了不少思想工作。我父亲回忆道：到朝鲜在志愿军中半年战斗生活收获很大。他亲眼看到帝国主义者的侵略成性和惨绝人寰残杀朝鲜人民，又看到朝鲜人民军和我们志愿军团结一心，并肩抗美，打了许多胜仗。尤其是在后勤战线上，在敌机狂炸下，昼夜运送物资弹药，千方百计保证第一线的需要，表现出英勇无畏和机智多谋，把前所未遇的困难均一一踩在脚下。这些情景不到朝鲜战场亲眼看看，亲身体验，凭借想象是不行的。回国后他专门写了一份总结，表示半年朝鲜战地生活收获颇大，对现代战争有了新的认识，对以后如何适应现代战争的新形势增加了紧迫感，有了针对性。半年时间仅是人生的一瞬，打下的烙印却终生难忘，虽然付出了流血牺牲的代价，但取得的经验教训也是宝贵的。

1952 年 12 月，我父亲阔别战斗工作 7 年的东北大地，调到南京军事学院高级系学习，毕业后被任命为军委工程兵副司令员兼参谋长。

（本文作者：胡奇才之子，中国电子信息产业集团退休干部）

王子修、解宝贤和他们的朝鲜孩子

◇王兵

王子修【1917 ~ 2006.5】

河北安新人。1937 年参加冀中人民自卫军。同年参与建立安新县政府，任县财政教育局局长。1938 年加入中国共产党。中华人民共和国成立后，先后任军后勤部部长。1950 年任志愿军第 19 兵团后方办事处主任。1964 年晋升为少将军衔。

解宝贤【1925.6 ~ 】

女，河北保定顺平人。1940 年参加抗日救国妇救会工作，担任村妇救会主任。1946 年入伍，在第 64 军后勤部财务科担任财务工作，同年 7 月加入中国共产党。1951 年至 1952 年随第 64 军入朝作战。1952 年至 1954 年在第 19 兵团财务科工作。1954 年 3 月随丈夫王子修到南京军事学院，在院务部财务科工作。

王子修、解宝贤夫妇当年都随第 64 军入朝作战，特别是解宝贤作为最早一批入朝的女同志，克服了许多难以想象的困难，抚养了一个在战场上偶然遇到的朝鲜孤儿。几十年不离不弃，即使在后来遭遇冲击、命运未卜的时刻，仍然惦念着这个虽非亲生、胜过己出的孩子，体现了伟大的母爱，也书写了一段中朝友谊的佳话。

"雄赳赳，气昂昂，跨过鸭绿江。保和平，卫祖国，就是保家乡……"

这首歌对于我们"50 后"的人来说耳熟能详，可以说我们是唱着这首歌长大的。

我的父母都是参加过抗美援朝的老战士。父亲王子修，离休前是中国人民解放军总后勤部司令部参谋长。1951 年在第 64 军任后勤部长，随第 64 军入朝参加了第五次战役。母亲解宝贤当时也在第 64 军财务科工作。在那个年代，部队有规定：有子女的女军人不入朝作战，留在国内工作。妈妈当年还没有孩子，便积极向组织提出申请，要求赴朝参加保家卫国的战斗。组织上看到妈妈态度积极、身体健康、年富力强，条件符合，批准了她的请求。妈妈便成了一名中国人民志愿军女战士。

万万没有想到，妈妈这一去，让我们的家庭和朝鲜有了永久的血浓于水的联系。我的妈妈成为了一位国际主义的妈妈，我们的家庭成为了国际主义的家庭。

1951 年，妈妈 20 多岁，青春年少。出发前根本不知前方的朝鲜战场会是什么情况，生死未卜，所以未敢将上前线的事告诉我的姥姥，怕她担心。组织一声令下，妈妈和所有男同志一样，从陕西宝鸡的十里堡坐上火车，火车的条件非常差，是个闷罐车，空气污浊，开上一段时间，便打开车门，统一吃饭和上厕所。火车不知开了多长时间，终于到了安东（今丹东）。

跨过了鸭绿江，来到了战火纷飞的朝鲜战场。战争中的朝鲜条件相当艰苦，到处都是焦土瓦砾，根本没有住所，他们就找到山洞作为休息营地。洞口很小，要费很大劲才能钻进去，躺下和衣睡觉，作为第一批入朝的女同志，妈妈就和男同志们在一个山洞里休息。

我曾问过妈妈："就你一个女同志，你没觉得不方便吗？"

妈妈说："当时根本顾不上想那么多，也确实没觉得有什么不方便。"

除此外他们还要躲避敌机的不断轰炸。有的山上找不到山洞，部队又经常要转移，白天就蜷伏在自己用小镐和铁锹挖掘的洞穴里，跟猫耳洞似的，只能钻进一个人，站不起来。妈妈因为是老兵有经验，挖洞前先找到一些树叶收起来，等挖好了洞后，在洞口铺上树叶，这样敌机来轰炸时不容易暴露目标，夜晚再行军转移。当时爸爸随着部队在前方打仗，妈妈跟着后勤财务科的同志在后方工作。

因为是在战争时期，妈妈也记不清是哪月哪日了，大概是在 1951 年的夏天，入朝有半年了。一天，大家正躲在防空洞里休息，忽然一个战士抱来了一个小婴儿，说是在山上发现的，孩子的爸爸妈妈都被炸死了。

只见这个小孩全身一丝不挂，浑身脏兮兮的，不哭也不会说话，估计是被炸弹炸懵了。年龄也就是 1 岁多一点，走路还走不稳呢。有的人给他喂点小米饭，他不知多长时间没吃东西了，已经饿坏了，喂他时他就张开嘴，慢慢地嚼着往下咽。此后大家就轮流喂饭给他吃。

一个温软的小婴儿和一群剑胆柔情的战士，为硝烟弥漫的血腥战场添了一抹暖色；我的妈妈，天生的母性、博大的母爱被这个小婴儿激发、唤醒，为铁与血的战争描画了一幅慈母育儿的温馨图景。

看见他光着身子赤着脚，脚上扎满了刺，还没有当过母亲的妈妈，本能地担负起妈妈的责任。妈妈用针一点一点把他脚上的刺挑出来，从自己衣服下摆扯下一条布，给他做了双软鞋。入朝作战时每个战士只发了一套衣服，没有换的。妈妈又从一个男同志捡来的照明弹降落伞布扯了一块给他做了一件衣服。后来有一次，妈妈背着他到山那边去看望爸爸，用发给爸爸的枕头布给他缝制了一条裤子。

在这段时间里，大家轮流地照顾着这个孩子。妈妈说这个孩子很听话，给他喂饱了，不哭也不闹。时间长了，毕竟是部队，又是在打仗，随时有行动，不能总带个孩子，也会带来一些不便。大家说还是应该把他送给当地的老百姓，可是他们驻扎的山上一个老百姓也看不见。

后来部队转移到另外一个叫车目洞的山上时，终于看见了一家老百姓，爷爷奶奶和妈妈带着一个小女孩，他们看见中国军队带着个小男孩都很喜欢。奶奶一把把他抱在怀里。可是别看这个小男孩小，似乎明白了什么，抓住我妈妈的衣服怎么也不松手，不要那位奶奶。实在没办法，妈妈和大家只好又把他抱了回来。后来又碰见过一个阿妈妮，但这个孩子还是不愿离开大家。看来这个小孩在几个月的朝夕相处中已经和妈妈建立了感情。这时部队有个同志半开玩笑地对妈妈说："既然这个孩子这么喜欢你，就干脆收养他做个儿子吧。"

谁知，一句玩笑话变成了现实。因为后来再没有碰到过朝鲜老百姓，又不能把他一个人扔在山上，就这样妈妈也就默认了。用妈妈的话说这孩子和她有缘分。

妈妈边工作边带着他，后来给他起了名字叫"王永生"，出生年月写成1949 年 7 月 1 日。以后有人要回国办事，问妈妈需要带什么东西，妈妈就让那人从山东为孩子买回天冷时穿的衣服和鞋。

在朝鲜带着这个孩子大半年，爸爸的工作要调到 19 兵团，妈妈随同前往，带着个孩子很不方便，就让爸爸的警卫员提前把他送回国内，在陕西宝鸡上了64 军幼儿园。

1953 年，父母所在的部队奉命回国到了石家庄，又把这个孩子从宝鸡接了回来和他们生活在一起。值得一提的是，我的爸爸从来没有因为妈妈带了这个朝鲜孩子说什么，

◇解宝贤、王兵、王永生 2016 年合影。

从一开始就给予他浓浓的父爱。这个朝鲜孤儿就这样跟随着我的父母，在他们的呵护下健康成长。

1954年至1961年，妈妈先后生下了两个女儿和两个儿子，这个孤儿也理所当然地成为了我们的哥哥。爸爸妈妈并没有因为我们的到来而冷落哥哥。从小到大，我们跟着哥哥一起生活了十几年。爸爸妈妈工作很忙，是哥哥经常带着我们玩，看电影，锻炼身体。我们一直亲切地叫着“哥哥”，一家人感情非常融洽。

“文革”前夕，哥哥当兵走了，剩下了我们姐弟四人，哥哥不能再和我们玩了;“文革”中，爸爸被当作“走资本主义的当权派”抓起来了，我们也见不着爸爸了。环境也是非常恶劣，一夜之间我们成了“走资派”的孩子，很多孩子不跟我们玩了，我们家的窗户时常有人扔石头、砸玻璃……

已经不记得是哪一天了，一天晚上，妈妈把我叫到她的身边，悄悄地对我说：“告诉你，你们的哥哥是个朝鲜孩子，是当年我从朝鲜战场上捡回来的。现在的形势非常严峻，如果有一天，你们的爸爸有什么不测，我也不在的话，你们的哥哥当兵回来，如果他想回朝鲜，就跟组织说让他回去好了。”

听了妈妈的一番话，刚刚十几岁的我，懵懵懂懂的，不知妈妈为什么说这个话。但由此我知道了一个天大的秘密：原来和我们朝夕相处了十几年的哥哥，不是亲哥哥，而是一个朝鲜战场上的遗孤。

多年后我长大了，想到当年妈妈对我说的话，才明白了妈妈当时的一番良苦用心：她是怕她和爸爸万一有什么不测，可以给哥哥安排一个好的归宿。现在回想起来，在“文革”那样恶劣的形势下，家中就剩下她一个女人带着4个还不太懂事的孩子，她想到的不是自己和爸爸，把自己的安危抛在一边，也要把哥哥安排好。这就是我具有国际主义精神的妈妈。我的妈妈真是一个伟大的妈妈!

不过幸运的是，爸爸在20世纪60年代末期，结束了组织的审查，安排到武汉军区工作。哥哥复员后也调到武汉军工厂工作，一直到退休。

20世纪70年代末，爸爸因工作需要，调到北京总后勤部工作，哥哥留在了武汉。随着父母的年事已高，哥哥每年的春节都回家来，陪伴爸爸妈妈，因为他知道，是爸爸妈妈给了他第二次生命，他要用后半生来报答父母的养育之恩。尤其是近几年来，父亲去世了，他每年回来都陪着妈妈聊聊天，用轮椅推着妈妈散步，做做家务，尽自己的孝心。

我们兄妹、兄弟之间也一如既往相处得格外亲密，我们的孩子亲切地喊他“大舅舅”。

如今我的哥哥已是近 70 岁的老人了。应该说，朝鲜的父母生了他，中国的父母养育了他，他的一生几乎是在中国度过的。正因为有了我父母的仁慈博爱之心，使他的国籍由“朝鲜”变成了“中国”。

70 年过去了。当年随中国人民志愿军赴朝作战的妈妈，已届 93 岁高龄的老人。每每回忆起这段往事，她依然那么低调。她说：“我的爸爸教育我‘在战场上见死不救就是罪过’，这也是我应该做的。不管是谁碰到这种情况都会这样做的。”说这话的时候，妈妈的头脑清晰，思维敏捷，仿佛事情发生在昨天……

是啊！我的家庭，是一个国际主义的家庭，承载着深厚的中朝友谊。作为历史的见证，70 年后的今天，我把这段往事记述下来，就是要让人们永远不要忘记战争给人民带来的灾难；永远不要忘记战争使多少家庭流离失所、背井离乡、妻离子散；永远不要忘记战争使多少儿童失去了父母变成了孤儿。让我们更加热爱和平，远离战争。

（本文作者：王子修、解宝贤之女，中国儿童中心综合培训部退休教师）

王诚汉参加的几次战役

◇王小丽

王诚汉【1917.12 ~ 2009.11】

湖北黄安（今红安）王家大湾村人。1930 年参加中国工农红军，同年加入中国共产主义青年团。1933 年转为中国共产党党员。中华人民共和国成立后，任川北军区遂宁军分区司令员。1951 年任志愿军第 60 军 181 师师长，副军长。1955 年被授予少将军衔。

王诚汉率部1951年3月入朝，先后任第60军第181师师长、副军长，参加了第五次战役、1953年夏季反击战役、金城战役等。特别是在1953年6月鱼隐山战斗中，他实施大胆的作战计划，以3500余人的兵力在距敌阵地前沿百米外潜伏19小时，创造了一个战斗奇迹。

1950年10月，应朝鲜劳动党和政府的请求，中共中央、毛泽东主席作出抗美援朝、保家卫国的决策，组成中国人民志愿军入朝作战。我父亲就这样率部跨过了鸭绿江，与高度现代化装备的美军英勇作战，最终迎来了抗美援朝战争的伟大胜利，见证了“西方侵略者几百年来只要在东方一个海岸上架起几尊大炮就可以霸占一个国家的时代是一去不复返了”。

打好出国第一仗

1950年11月，正在南京军事学院高级速成系第一期学习的父亲突然接到川北军区通知，要求他迅速赶回部队。中央军委命令，父亲所在的第181师解除遂宁军分区任务，改隶陆军第60军建制，开赴机动位置——河北省青县马厂一带，准备入朝作战。身为第181师师长，父亲充分认识到出国作战将面临新的战场环境、新的作战对象，冷静分析了部队存在的不足，集中全力抓入朝作战准备工作。出川前，师党委对全体指战员进行深入动员，全师上下士气高涨、斗志昂扬，将士们纷纷表示要在抗美援朝、保家卫国的战争中杀敌立功。

1951年3月9日，父亲率部奉命为军前卫，乘火车到达辽宁安东市（今丹东市），稍事休整，于17日跨过鸭绿江，进入朝鲜境内，经新义州、定州、新安洲、海南里、江东、三登等地，到达集结地伊川郡东南地区，行程 500 余公里。时值冬末春初，气候十分寒冷，行军生活相当艰苦，加之地形不熟、语言不通，困难程度大大超过国内。由于父亲作了充分的准备，严密组织，认真督促部队遵守行军、防空和群众纪律，在开进过程中，虽然遭到了敌机空袭，但由于部队重视防空隐蔽，损失很小。

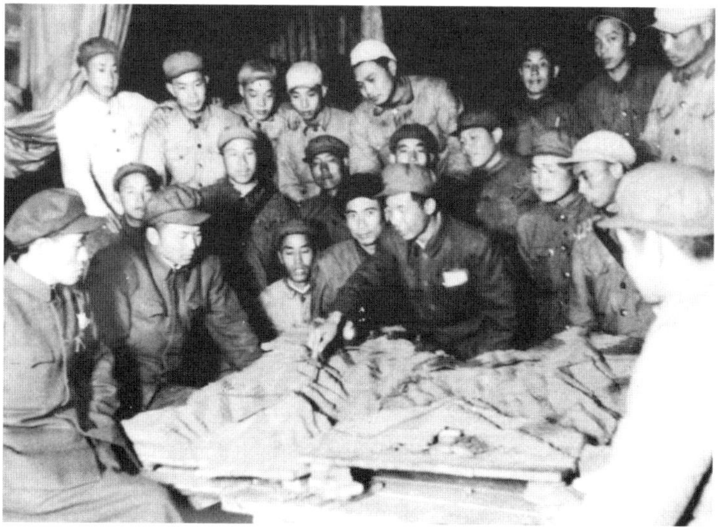

◇抗美援朝夏季战役第 60 军沙盘作业前，军长张祖谅（左一）、副军长王诚汉（左二）等现场审研。

父亲率部入朝后，正值志愿军首长决定提前发起第五次战役，粉碎美军欲在我侧后登陆，在“朝鲜蜂腰部建立新防线”的企图。因此，包括第 181 师在内的新入朝部队只能在短时间内进行战役准备，时间非常仓促。父亲和第 181 师的几位负责同志迅速在驻地召开连以上干部会议，传达了军首长关于“坚决打好入朝第一仗”的指示。同时，针对干部“三新”（敌人新、部队成分新、装备新）、战士“三怕”（怕负重、怕饿饭、怕敌飞机）的思想顾虑，进行思想教育和战斗动员，激发革命英雄主义精神，克服恐美思想，树立必胜信心。

第五次战役，第 181 师所在的第 3 兵团为西线中央突击集团，担任从正面实施攻击的任务。第 60 军担负突破任务，突击地带正面只有 7 公里，而且是两条山脊，用兵多了展不开，少了难以突破。军首长决定，第 181 师并指挥第 179 师第 536 团、炮兵第 46 团的两个连，作为军第一梯队，担负主要突破任务，割裂美军第25师和土耳其旅的联系，然后固化化人峰、加齿顶及以西713.2高地，阻击美军第24师西援。入朝后第一次重点攻击作战就被作为第一梯队，父亲心里特别激动。他针对当面进攻之敌的兵力构成、火力特点，根据作战任务和军首长的指示精神，立即部署作战计划并向各团团长布置任务。任务布置完毕后，父亲加重语气强调："战场情况瞬息万变，我们仓促受命发起攻击，可能出现许多意外情况。各团在完成我师总的作战任务前提下，要高度发挥主观能动性，灵活机动地进行独立作战，并及时向师报告。"第60军军长韦杰和军政委袁子钦对我父亲的部署表示满意，他们高兴地向我父亲点了点头，预祝第181师能够旗开得胜，马到成功。

随着3发红色信号弹腾空而起，第五次战役打响。我志愿军炮兵部队的大炮一起怒吼，炮弹倾泻在敌人的阵地上。霎时间，"三八线"附近西起开城、东至麟蹄的数百里地段烟尘滚滚。炮火轰击20多分钟后，第181师部队按照我父亲的命令在7公里正面实施突击，各团按计划不断扩大成果，正面之敌遭到严重打击，防线全部被突破，仓皇溃退南逃。经过一昼夜激战，第一步要夺取的目标全部胜利达到，除毙伤敌人外，并俘虏美军和土耳其士兵90名。俘虏们被我志愿军战士押解着走下战场，这时发生了一个有趣的小插曲。一名被俘的土耳其士兵发现了我父亲，并从我父亲身边的参谋人员判断他是这里的最高指挥员，于是走出俘虏行列，径直走到我父亲面前，立起手掌在自己的脖子上抹划了几下，然后瞪大眼睛望着我父亲。我父亲很快明白了他的意思，是想问会不会杀他们，于是笑着摆了摆手，示意说不杀他。这个土耳其士兵非常感动，竟拉起我父亲的手，在手背上接连亲吻了两口，并竖起大拇指。在一旁的其他俘虏也深为我军优待俘虏的政策所感染，他们在炮声仍然轰鸣的战场上竟然欢呼起来。

第五次战役中，第181师圆满完成作战任务，全师共毙、伤敌3400余人（其中美、英、土军1250人），俘敌175人（其中美军87人），缴获各种枪支259支，各种炮弹40余万发以及大批军用物资。部队作战勇猛顽强，打出了军威国威，取得了成功经验，打好了出国第一仗。

鱼隐山敌前大潜伏

经过五次战役，敌人被驱逐回“三八线”，朝鲜战争便在双方对峙中谈谈打打，边谈边打。父亲抓住机会对部队进行整训，一方面随时准备执行第一线作战任务，另一方面进行作战总结、补充兵员、整顿组织、军政训练等工作。全体干部都受到了教育，提高了斗志，激发了革命荣誉感。

1952年7月，中央军委对第60军领导班子进行调整，我父亲任第一副军长，主管作战。随后，志愿军和第3兵团发布命令，第60军结束整训，开赴东线，与第68军换防，在东起文登里、西至汉江的25公里正面组织阵地防御。1953年5月，为了配合在板门店进行的谈判，消灭敌人，锤炼队伍，志愿军首长决定发起夏季反击战役。在这一阶段，父亲指挥第60军先后对“方形山”和883.7、973、902.8、949.2高地发起进攻。也正是在这次战役中，父亲直接指挥实施了一次大胆的作战计划——以3500余人的兵力在距离敌人阵地前沿百米外潜伏19个小时，创造了一个战争奇迹。

敌军阵地883.7、973、902.8高地地势较高，对我军防御阵地处于居高临下之势，威胁甚大。为了改善我军防御阵地，父亲决心无论如何要把883.7等高地夺过来，与我军鱼隐山高地拉平。进攻目标距离我军阵地较远，夜间接敌运动速度较慢。经过计算，进攻部队如果黄昏后从我方阵地出发，进至进攻出发阵地约需6个小时，到达后需要进行整顿和展开，攻占敌阵地后再布置防守又需要时间。一旦敌人进行反扑，将增大我防守部队的伤亡。为了争取时间，父亲决定采取在敌人阵地前进行潜伏的作战办法。

这次作战是志愿军转入阵地防御作战以来首次进攻敌军一个团的阵地，志愿军从上到下都十分重视。在敌人一个团扼守的坚固阵地前沿进行潜伏，难度之大可想而知。这么多人潜伏在敌前沿阵地将近20个小时如何隐蔽好？吃、喝、拉、撒怎么解决？一旦有了伤员怎么办？怎样才能一举突破敌人阵地，攻占敌阵地后如何防守？等等，哪一点想不到，哪一个问题不解决，都可能出大乱子。而且在这些问题上不允许大概、可能和差不多，必须做到百分之百。志愿军首长认真听取了大潜伏作战准备情况，不断提问，我父亲和第 60 军的其他领导同志一一做了回答。最后，潜伏计划得到了兵团首长的批准。父亲和他的同事们带着兴奋的心情，夜以继日地组织各师进行战前准备，紧紧抓住潜伏和炮火支援两个中心环节，组织战斗小组长以上人员对开进路线、潜伏区地形、敌情进行反复侦察，确保达到进出自如，情况熟悉，规定明确，措施周到。

作战开始后，按照原定计划，第 60 军 10 个炮兵群 259 门不同口径火炮，在夜色掩护下分期分批推进到距敌前沿几公里的一片杂树林中，开始对目标标定射击，以打冷炮的形式完成了试射。随后，父亲带领军前进指挥所在龙门山开设完毕。各突击分队按计划向各自潜伏区悄悄开进。战士们为了避免洋镐、水壶碰响，缝制好布套套上。潜伏时不能抽烟，大家把卷烟纸、烟丝全部上交。进入潜伏区时，后面的人踏着前面人的脚步前进。上坡先把活动的石头搬掉，再回头轻轻拉着第二个人，下坡一个挨一个坐在地上，慢慢往下溜。衣服刮破了，脸手刺出血，都忍耐着。就这样，第 179、第 181 师的共两个团前进指挥所、4 个营部、15 个半步兵连、4 个机枪连，计 3500 余人进入潜伏区。我突击部队最近距离敌人前沿不足 200 米，如果在下边咳嗽、打呼噜，敌人都能听得到，从上往下看树丛则不易看得清楚，但用手榴弹往下投，在 60°—70° 的山地上却可以打到潜伏区内。正面之敌拥有 105—230 榴弹炮 230 门，各种迫击炮 130 门，我潜伏部队一旦被敌发现，就会遭受重大伤亡。敌人万万没有料到，竟会有如此大胆冒险而组织严密的潜伏行动，敢把一支 3500 多人的队伍隐蔽在他们的鼻子底下，摆在他们的火力网中。

这是父亲几十年戎马生涯中感觉时间最漫长的一天。他知道，在潜伏区内，闷热、饥饿、口渴、疲倦正在不断地困扰着每一名指战员。指挥所里的气氛十分紧张。参谋人员用潜望镜仔细搜索着敌前沿的每一个阵地。令人担心的事情还是发生了。这一天，先后发生了多起敌人向我潜伏区内打冷炮的事，更令人揪心的是，有几个零散的敌人走下山岗接近了潜伏区。好在一切都在预定计划之中，前沿炮兵接到命令后用炮火把那几个敌人吓了回去。但是，冷炮造成了我潜伏部队 10 余人受伤。负伤的战士严守纪律，忍着剧烈的疼痛没有呻吟一声。战士苟子清被一块弹片击中腹部，肠子流出来了，他没有叫一声，自己把肠子往肚子里塞，用毛巾裹起来后忍痛静卧。像张保才、苟子清这样的好战士，那一天有 15 人。他们以自我牺牲精神和崇高的集体主义思想，忍受了常人难以忍受的疼痛，为大部队潜伏成功和战斗的胜利而勇于流血牺牲。父亲在回忆时感慨地说："所有参加潜伏的指战员经受了一整天的煎熬，他们是一个英雄的群体。"

19 个小时过去了，总攻开始，上万发炮弹山呼海啸般地向对面敌人阵地上砸去。鱼隐山前线，火光闪闪，山谷轰鸣。猛烈的炮火让敌人寸步难行，有线通讯被炸断，阵地上一片混乱。在我军炮火继续向敌纵深延伸之际，早已按捺不住的潜伏部队如离弦之箭，迎着火光，按计划朝着 13 个方向向各自的攻击目标发起猛烈冲击。我军仅用了 1 个小时 10 分钟就攻占了预定目标高地，进攻部队随即迅速调整部署，整顿组织，改造工事，转入防御。敌人不甘心失败，每天在上百架飞机和百余门火炮的支援下，以连、营规模的兵力轮番疯狂反扑，企图恢复已经失掉的阵地。我军连续激战 4 昼夜，共击退敌人反扑 190 余次，先后毙敌 7000 余人，取得了重大胜利。

中朝联合司令部接到战报后发出嘉奖令："我第 60 军这一战斗，首创我军防御作战以来一次歼敌一个团大部的范例，特予通报表扬。望再接再厉，继续稳扎狠打，争取更大的胜利。"战斗取得胜利的当天，兵团新老领导来到第 60 军指挥所，许世友司令员拍着我父亲的肩膀说："这次仗打得漂亮，打出了第 60 军的传统，打出了威风，兄弟部队要刮目相看了！"

停战前的最后一仗

1953 年 6 月，南朝鲜李承晚集团为破坏停战协定的签字和实施，扣留朝鲜人民军被俘人员 2.7 万余名，并将其编入南朝鲜军队。我军针对李承晚集团的破坏行动，主张再打一仗，以打击李承晚集团的嚣张气焰，然后再签字。毛泽东主席在给彭德怀司令员的电报中指出："停战签字必须推迟，推迟至何时为适宜，要看情况发展才能决定。再歼灭伪军万余人，极为必要。”

志愿军首长根据毛泽东的指示，遂决定全线组织第三次进攻，狠狠打击李承晚军。第20兵团根据当面之敌的实际情况，决定以第60、第67、第68、第54军及新调入的第21军发起金城战役，歼灭南朝鲜军队8个团，拉直金城以南凸向我方的战线。第60军奉命将主力移至北汉江以西参加进攻作战。父亲作为张祖谅军长指挥作战的主要助手，为确保每战必胜，在重要的战斗开始时，多次赶赴主要作战方向第一线加强师或者团的指挥。此次战役也不例外，他带3名参谋人员到了181师前进指挥所。一到指挥所，父亲就特别强调：“这次大兵团联合作战，必须服从全局，准备充分的部队要打，准备不充分的部队也要打，而且要尽最大努力打好。只要全军上下团结一致，同心协力，抓紧时间准备，各部队之间相互支援，密切协同，发扬英勇顽强的战斗作风，这一仗是可以打好的。”

◇王诚汉（左）与张祖谅军长在朝鲜战场前线观察敌情。

战役开始后，第181师突破较慢，但向纵深发展很快，给了敌第23团以歼灭性打击，将敌第3师第22团击溃。敌第3师第18团反扑，我第181师将其击退，并给敌以大量杀伤，迫使其退守纵深阵地。经过一昼夜激战，第181师攻占共28平方公里敌人阵地，歼敌3100余人。这一阶段的作战，敌军被打得惊恐万状，丢弃大量武器装备向南蜂拥溃逃。美联社报道说：“仓皇溃逃的韩国士兵，有的攀在坦克上，有的骑在大炮上，但是还有成千上万的人用那起了水泡的双脚，一瘸一拐地向南步行，到了精疲力竭的时候，在路旁的泥泞地倒地就睡。”

父亲后来回忆这停战前的最后一仗时说：“我60军这一仗，打进敌人纵深18公里，将南朝鲜军第3师打垮，再次重创南朝鲜军第5师及其他师一部，共计歼敌6000余人。”经过激战，南朝鲜军第2军团阵地被我军占领，敌人防线中出现一个大缺口。李承晚担心将遭到更大的损失，故不再顽固反对停战。7月22日，敌我双方代表核实了军事分界线，24日双方代表确认。27日上午，《朝鲜停战协定》签字仪式在板门店举行。当晚22时，历时3年零1个月的朝鲜战争全线停火，抗美援朝战争胜利结束。9月12日，奉中央军委和志司命令，父亲返回祖国。

抗美援朝战争，给父亲留下了难忘的回忆，也给他留下了许多宝贵的经验。他认为，对我们中国人来讲，其中最重要的一点就是要在战略上藐视敌人，不要怕！我们所进行的是正义的反侵略战争，志愿军将士以革命大无畏精神在战场上教训了具有现代化装备的狂妄敌人，告诉他们：中国人民是不好欺侮的。同时，父亲也清醒地认识到，军事斗争是非常实在的较量，战场上没有亚军，作战思想、武器装备必须适应新的作战条件，只有与时俱进，锐意进取，适时提升作战能力，尽量缩小与作战对手的差距，才能打赢未来高技术条件下的局部战争。

（本文作者：王诚汉之女，北京军区火箭军医院医生）

王耀南受命开展坑道战

◇王太岳

王耀南【1911 ~ 1984.11】

江西萍乡人。1922 年至 1926 年参加安源煤矿工人运动。1927 年参加湘赣边界秋收起义。1930 年加入中国共产党。中华人民共和国成立后，任山西军区临汾军分区司令员，绥远军区参谋长，华北军区工程兵主任。1955 年被授予少将军衔。

工兵专家王耀南将军曾在抗日战争、解放战争战场上运用地道战、地雷战和爆破战术屡建奇功。在抗美援朝战场上，他根据朝鲜地形特征和战场形势，在平原地道战基础上提出山地坑道战的战术，大量挖掘坑道，形成了一条打不垮、炸不烂的地下钢铁长城。志愿军还利用坑道大量歼敌，被毛主席誉为“零敲牛皮糖”。

记得当我第一次看完《英雄儿女》这部电影时，曾向父亲谈到我的感受：志愿军战士在朝鲜与美国鬼子打仗，牺牲太大。他们靠着空中优势，地面有大量的坦克，我们最终战胜他们，实属不易。父亲说，电影是教育人们的，不能宣传战争残酷论，实际战争的伤亡要比电影大得多。我们志愿军在毛主席的领导下，在彭老总亲自指挥下，世界上任何强大的敌人，我们也能战胜他。父亲陷入深深的回忆中……

1951年在马良山初试坑道战

那是抗美援朝战争第五次战役后，中国人民志愿军开始打阵地战。毛主席和周总理都不同意志愿军打阵地战，希望志愿军打坑道战。周总理说：“朝鲜西海岸马良山是开城的门户，美军控制了马良山就可以轻而易举占领开城。开城以北是一马平川，美军可以依靠空军优势向北进攻，朝鲜战争会一直打下去。志愿军控制了马良山，可以直接威胁汉城，双方战线呈胶着状态，朝鲜战争很难再打下去，只能通过谈判停止战争。”1951年9月7日，我父亲王耀南奉毛主席之命，带了多部苏式小型空压机，100多吨黄色炸药到朝鲜开展坑道战。

志愿军召开党委扩大会，我父亲向志愿军领导传达了毛主席的指示。

我父亲建议，首先志愿军在山区阵地应该构筑隧道式据点，然后再将坑道相连，扩大为坑道工事，坑道口要面对敌人。一个排守一个坑道，每个坑道配置轻重机枪、迫击炮，几个坑道配置一门 75 毫米山炮，坑道之间距离为 300 米至 400 米之间，坑道呈六边型，几个六边型联成网。敌人攻击一个坑道起码有十几个坑道能马上火力支援，这就是战斗坑道。坑道必须达到“七防”：防空、防炮、防毒疫、防雨、防潮、防火和防寒。我父亲还说，朝鲜天然洞穴较多，又盛产磷矿和其他金属矿，由于战争全部停产，还有许多刚刚开采的矿，我们主要就在此基础上，用双手拿着钢钎打出坑道来。

◇志愿军战士在加固坑道。

1951 年 9 月 16 日，志愿军司令部按我父亲的建议发出指示：要求全军阵地凭借双手构筑战斗坑道。

第 19 兵团第 64 军政委黄文明和我父亲在抗战时就是老搭档，那时我父亲担任晋察冀二分区司令员时，黄文明是政委，两人关系一直很好。这次在朝鲜两人又密切配合，我父亲指挥工兵部队，就在第 64 军黄文明部队的驻地——马良山修筑战斗坑道工事。1951 年 10 月 3 日至 8 日，第 64 军第 191 师与敌在马良山激战。第 191 师正是原晋察冀二分区王耀南、黄文明的部队发展而来的，抗战时就打过地道战，对地道战很熟悉。敌方是英联邦第 28 旅和美骑兵第 1 师第 5 团。

第 191 师防守 216.8 高地的一个连，依托马蹄形坑道，曾在一天内连续击退敌 21 次进攻，毙伤敌 700 余人，志愿军仅伤亡 26 人，马良山表面阵地曾 5 次丢失，每次丢失后第 191 师都利用坑道再次夺回阵地。英联邦第 28 旅不服气，再一次对马良山我第 191 师的坑道工事进行攻击，在丢下 1740 具尸体后被迫撤退。

美军曾这样描述志愿军的坑道战：“他们会定期从山洞里拉出一门炮，将20发左右的炮弹非常精准地发射到美军阵地，然后把炮马上拉回山洞，等我们的炮兵确定他们的方位时，他们的大炮已经进入安全的位置，炮兵也回到山洞里，躲到一旁吃米饭去了”；“他们的战壕就挖在地道周围，他们沿着地道可以回到战壕后方12—14英里的地下室。因此我们的大炮、炸弹和低空轰炸对他们几乎没有什么影响，甚至可以说毫无影响。”

第191师在马良山两次坑道战中，共毙伤俘英、美军4340人，击落飞机14架，击毁坦克6辆，第191师伤亡1600多人。两次马良山坑道战，对稳定西线战局起了关键的作用。

再次赴朝推开坑道战战法

1952年4月7日，彭德怀司令员因病回国治疗，陈赓代理志愿军司令员。彭德怀向毛主席汇报：美军飞机训练有素，志愿军每日阵亡人数在100人左右。第二天，周恩来就找我父亲谈话。周恩来说：“中央军委总结了朝鲜战争的经验。志愿军在朝鲜一直打运动战，但运动战的条件是：1. 我军的运动速度要超过敌人；2. 集中优势兵力消灭局部敌人；3. 战斗结束后，参战部队能有序地安全撤离战区，这些条件我们都不具备，志愿军不能再打运动战了。1934年，你在中央苏区松毛岭开展了地道战。国民党中央军15个师2个独立旅20万人在27架飞机、54门大炮的攻击下，红军1.7万人，没有炮，坚守了7天7夜，松毛岭战斗的人员一共阵亡402人。抗日战争时，你在华北指挥民兵开展的地道战非常好。”“志愿军在朝鲜也要开展地道战，朝鲜都是山区，就叫

◇志愿军部队把构筑好的坑道移交给朝鲜人民军。

坑道战。”

第五次战役后，为解决防空问题，志愿军和朝鲜人民军挖了许多防空洞，但效果不好，部队伤亡很大。这次谈话后，我父亲就在当天（1952年4月8日）傍晚，又一次奉毛主席之命，率200多名工兵、炮兵、航空兵，赴朝开展坑道战，解决防空问题。

赶到志愿军司令部驻地后，邓华、杨得志、甘泗淇等首长已在等候。邓副司令握着我父亲的手，笑着说：“巡抚出朝，地动山摇。”我父亲说：“我是不是放错炮，让诸位笑话了。”邓副司令说：“我就欢迎这样的干部。你看，你还没到朝鲜，你的炮弹就打到我的桌子上了。”志愿军后勤吴副司令说：王耀南同志指示的各点，我们后勤都已经执行了，然后他汇报了工兵器材和机械前运发放的情况。工兵指挥部的谭善和司令汇报了前线的坑道工事构筑情况。我父亲讲了此次赴朝的工作重点、检查的标准，并请志司各位首长支持。甘主任说，我们是全力支持你们的工作，绝不护短，有了问题该打五十大板的，你打一百板子。邓副司令说，不打坑道战，我们在朝鲜立不了足嘛，现在从我们到伙夫都围着坑道转，彭老总把你派来了还请你把把关噢！

志愿军部队通过战争实践，看到了坑道的巨大作用。以前每个军每天遭敌机轰炸阵亡百余人，现在不过三两个人。敌人除了原子弹，什么武器都用上了。敌人向203师每天打近8万发炮弹，航空兵每天不少于2次轰炸。部队规定在前线三人不同行，两人不同坐，以降低伤亡。除了作战、睡觉，部队的日常工作就是打坑道了。部队打坑道，每根钢钎每日平均磨掉1.7公分，一公尺长的钢钎八斤四两重，一个月平均磨掉四斤二两。经过不懈努力，我父亲带着志愿军的10个工兵团，用钢钎敲打出一条条U型双口坑道。

4月26日至5月1日，志愿军司令部在成川东南桧仓召开了第一线兵团及军参谋长会议。我父亲在会上传达了毛主席指示：消灭敌人是第一位的，只有消灭了敌人才能更好地保存自己。

到了10月，第3兵团的哨兵共报告在金化公路有25万辆次美军运输车运输军用物资，平均每日有2100辆次，总运输量有62.5万吨；在五圣山上空活动的侦察机架次明显增多；美韩军的小股部队出击次数也异常频繁。五圣山美韩军的炮火数量几乎增加了一倍，45 师前沿阵地连续有 3 名哨兵被敌人抓走。

10 月 14 日至 11 月 25 日，美军使用了 300 门火炮、27 辆坦克和 40 架飞机对五圣山前沿 597.9 和 537.7 上甘岭高地发起进攻，第 3 兵团 15 军秦基伟军长指挥了著名的上甘岭战役。此次战役打得异常激烈，志愿军战士非常勇敢，敌人伤亡 25498 人，我军伤亡 11529 人。据一份历史文件显示：《秦基伟在第 31 师参加上甘岭战役情况汇报会议上的讲话（记录稿）》里，他明确承认上甘岭战役因为没有战斗坑道而造成重大损失。通过这次战役，我们对防御体系的构筑，有了更为深刻的认识，射击掩体、猫耳洞、战斗坑道、屯兵坑道、交通壕，要能互相联系，形成一个整体，坑道要多做，哪里有了坑道哪里就保险，阵地就有保证……

根据计划，我父亲于 10 月 20 日到朝鲜人民军第 1 军团和第 3 军团及西海岸部队指挥部检查工作，勘察西海岸地形。我父亲向人民军团以上军官介绍了志愿军坑道战的经验、教训，和人民军各军团司令官及西海岸部队指挥部首长研究了抗登陆预案。敌利用海空优势在我侧后打开一条通道，两面夹击我正面部队，撕开一个口子，动摇我正面防线是美军对我有威胁的最后一张王牌。我抗登陆部队利用海岸工事，抗击敌登陆部队的压力，掩护预备队开进和展开。这不但需要有大量的沿海坑道工事，而且要有足够的铁路、公路，用以保障后续大部队及后勤给养的开进。这些铁路公路的构筑还要考虑到战后朝鲜人民工农业建设的需要。人民军将领们对我父亲的设想非常赞同。

三、土豆山战斗和向毛主席汇报坑道战

1952 年 12 月 2 日至 5 日，美国当选总统艾森豪威尔带着国防部部长威尔逊、参谋长联席会议主席布莱德利、太平洋战区司令雷德福到朝鲜视察，与“联合国军”司令克拉克、美第 8 集团军司令范佛里特会谈，决定不顾一切危险，全力发动一场进攻，打破僵局。

1953 年 1 月 24 日，美军一个加强连，在 32 架飞机、15 辆坦克、100

门火炮的掩护下，对志愿军第 23 军第 67 师第 201 团 1 连防守的“T 骨”高地（我方称为土豆山）发起了进攻。美军投掷了 13.6 万磅炸弹和 14 箱凝固汽油弹。

1 月 25 日，美军第 8 集团军司令范佛里特邀请了第 5 航空队、第 1 军和第 7 师的将军们以及 12 名记者观战。32 架飞机，共投掷了 22.4 万磅炸弹、8 箱凝固汽油弹，15 辆支持坦克还发射了 15 万发炮弹和子弹，但美军的炮弹和飞机扫射都没有击中志愿军的坑道口。两天战斗，中国军队只损失 11 人（坑道内志愿军一共 32 人），美军 3 个排共伤亡 77 人。12 名记者在美国和英国的报纸都报道了这次战斗。消息传到国内，毛主席要求我父亲从朝鲜回国汇报工作。国民党起义将领董其武将军在北京前门火车站和欢迎的群众一起迎接了我父亲。2 月 11 日，范佛里特被解除职务，泰勒担任美军第 8 集团军司令。朝鲜战争进入了谈判阶段。到朝鲜停战时，在横贯朝鲜半岛中部 250 公里的整个正面防线上，志愿军共挖掘坑道 7789 条；志愿军在抗美援朝战争中共挖了长达 1250 公里的坑道和 6240 公里的各种堑壕、交通壕，总共开挖土石方 6000 万立方米，整个战线形成了具有 20—30 公里纵深的、以坑道为骨干的、支撑点式的阵地防御体系，形成了一条坚不可摧的地下长城。志愿军利用坑道大量歼敌，被毛主席誉为“零敲牛皮糖”。

1954 年夏天，毛主席在秦皇岛视察工程兵前指基地，毛主席问我父亲：朝鲜战争的坑道都是你指挥修建的，为什么在上甘岭与土豆山、马良山的作战效果完全不一样?

我父亲说：上甘岭阵地只挖了储备坑道，没有挖战斗坑道。战斗坑道和储备坑道的差异在于：储备坑道，坑道口面向自己一方，仅能提供屯兵，以及弹药、给养的储备。一旦丢失表面主阵地，就像被敌人彻底地掐断了喉咙一样，是根本无法保证武器弹药、粮食水等后勤运输工作顺利完成的。所以，当 15 军丢失全部表面阵地之后，由于全线防御体系解体，对坑道的供应，几乎完全断绝；战斗坑道的特点是：坑道口面向敌人一方，能配属步兵轻型火炮，各个坑道能相互观察和相互支援，坑道口距离表面阵地 50 米以下；坑道与表面阵地之间有深挖的交通壕相连接；便于坑道内休息的作战分队，能迅速由坑道出击，进入表面阵地，保存有生力量，坚持持久作战，打击敌人。也只有坚守住表面阵地不丢失，才能保证坑道工事的安全，并保障武器弹药、物资给养源源不断地从纵深阵地防区顺利地运输到前沿阵地。

毛主席对我父亲的回答表示满意。

（本文作者：王耀南之子，中国人民解放军总装备部北京机械士官学校原教员部高级讲师）

刘显宜为铸就钢铁运输线而努力

◇刘宏林

刘显宜【1903 ~ 1976.9】

湖南耒阳芭蕉乡人。1928 年参加工农革命军，同年加入中国共产党。中华人民共和国成立后，任总后勤部运输部副部长。1954 年任总后勤部车管部副部长。1955 年被授予少将军衔。

在抗美援朝作战的几年间，刘显宜主持军委总后勤部运输部工作，组织完成了艰巨繁重的运输保障任务，为铸就拖不垮、打不烂的钢铁运输线付出大量心血。战争年代留在他身体里的弹片，带给他常人难以想象的疼痛。他以超强的毅力忍受，全身心投入，想的就是“为党多做些工作”。

1950 年，刚从各军区调到新组建的总后勤部运输部的年轻同志们临时集中在一个大院子里，这时，只见一位老同志热情地提着一壶开水，微笑着把水倒给大家喝。年轻的同志们不约而同地想，他一定是一位老炊事员。可是看他一身旧军装洗得干干净净，没有油，又推测他是管理科长。大家都在揣测着他究竟是个什么人。第二天，运输部召开全体人员大会，部长要讲话，同志们一看都吃了一惊，没想到那位老同志就是运输部的刘显宜副部长。当时，我父亲给所有的年轻同志都留下了深刻印象。

◇抗美援朝期间，刘显宜（左二）与杨立三（左三）、张令彬（右二）等战友合影。

新中国成立后那几年，父亲在总后运输部任副部长，但在后几年的时间里，没有正部长。同时，父亲还兼任华北军区后勤部运输部部长，以及华北军区后勤部运输部汽车学校校长。因此，父亲既要负责全军的运输工作，其中就包括抗美援朝的后勤运输工作，又要负责华北军区的运输工作，还要负责汽车学校的工作。从 1949 年 7 月至 1950 年 1 月，中央军委后勤部与华北军区后勤部正式合署办公，按照联合办公制度，每天杨立三部长带着总后副部长张令彬、总后财务部部长汤平、运输部副部长刘显宜、军械部副部长封永顺（曾被称为军委后勤五人小组）等到中南海的居仁堂后楼办公。

那时，父亲不仅要尽心组建军委运输部，还要拿出主要的精力和时间来应对全国的战事。那一个时期，是父亲工作最忙、任务最重、头绪最多、时间最紧迫的一段时间。然而，在抗美援朝战争中，父亲是怎样具体完成那艰巨而繁重的运输工作的，说实话，生前他并没给我们详细讲过，只是偶尔讲几个小故事。我们根据这些故事，以及收集的材料才得到了父亲的一些工作片段。

一、拼命，尽心尽力，干到底

在抗美援朝期间，父亲的工作是要在一穷二白的基础上组建军委运输部，并及时保障全国各地的战场所需。那时的父亲虽已年近半百，身上还有 7 处伤疤和 2 块弹片，但他拼命地干起来了。每天上班，他奔波在军区和总后两个单位，一直跑了两年多。我们曾在北京军区档案馆里，看到了华北军区后方勤务部运输部于 1952 年 4 月 7 日上报军区首长的一份报告，题为《三百辆汽车装火车送至安东的总结报告》，落款是刘显宜（部长）、赵镕（政委）、朱尽卿（副部长）。报告同时抄呈：军委运输部刘副部长。这份报告见证了父亲当时不仅要负责华北军区后勤部运输工作，还要负责总后勤部即全军范围的后勤运输。

虽然，我没有在父亲的文章和平时的话语中发现过“拼命”这两个字，但是，通过他在新中国成立前后那几年的工作，我确实看到了父亲是怎样在拼命。

1. 抢时间搬家。在兼任军区和总后运输部两个单位的工作时，由于工作千头万绪，战事紧急，父亲迫切感到时间对他是多么重要。他脑子里想的就是要抓紧时间工作，把分分秒秒的时间都用在工作上。为此，他吃饭快，走路快，甚至把家都搬到了离总后更近些的地方。其实，原来的家与单位的距离并不是很远，家在西四的羊肉胡同，就是现在的自然资源部那个地方，而单位在西直门，都没出西城区，直线距离也就是 2 公里多。但是为了缩短上班路上的时间，哪怕只有几分钟，对父亲来说都十分宝贵，因此决定搬家。可原来的房子是父亲刚从河北阜平进驻北平时组织上分给他的，是一个三进院的房子，设施完善，条件非常好。可那个新家到处漏雨，这就忙坏了我们的妈妈。

2. 组建军委运输部。新中国成立之初组建一个新的单位谈何容易。运输部离不开车船，当时的运输装备都是缴获的，状况很差，汽车零配件相当缺乏，油料国内不能生产靠进口，可经费又极其有限，真是困难重重。干部更是严重缺乏，要从下面军区调人来，可当时无论是军队还是地方，各个岗位都缺大量的干部，能调的干部非常有限，只好一个人当几个人用，但工作却是千头万绪。父亲一边忙着组班子搭架子、定规章，确立与各军兵种、各野战军等部队的工作关系；另一边还要应对全国的战事。那时，在全国范围内，不论东南西北哪个方向都有战事。东北有朝鲜战场；东南有解放沿海岛屿和对付国民党空中和地面的袭扰；西南有进军西藏和剿匪；西北有大西北漫长的后方供应线等一系列运输保障工作。每天来往的公文电报都是几百份，需要及时处理。参谋们知道我父亲的身体不好，就想了一些办法来帮助他，但他仍坚持亲自处理。经过两年多的苦干，终于把摊子摆起来了，对各大区的关系、工作制度基本上定了，对支援朝鲜的供应也做了大量的工作。

3. 受周总理委派赴朝考察我军的运输。整个抗美援朝期间，运输工作显得非常重要而繁重，为此，我父亲还亲赴朝鲜前线。那是 1951 年夏秋，朝鲜北方发生了40 年不遇的特大洪水，205 座公路桥梁和 94 座铁路桥梁被冲垮，路面被冲得七扭八裂，难以通行，致使志愿军后方运输补给线受到了严重破坏，损失了大量粮食、物资。有些一线部队存粮仅能食用 3—

6天，个别部队库存告竭，二线部队已开始以野菜充饥。美军就利用我军的这一困难时期，在其地面部队发起夏季攻势的同时，开始了针对志愿军后勤补给线的“空中封锁交通线战役”，即“绞杀战”。新任“联合国军”司令李奇微立即调集80%的飞机疯狂轰炸朝鲜北部的道路和桥梁。敌人在每日出动约900架次的飞机中，只有90架次用于支援前线地面部队作战，其余90%都用以攻击中朝军队的后方，计划在3个月内彻底摧毁我军的运输线。

◇志愿军运输车队穿过敌炸弹封锁区。

前方吃紧，周恩来总理深夜指派我父亲去朝鲜考察我军的运输情况。遵照周总理指示，我父亲顾不上身体的伤痛和紧张繁重的工作引起的高血压，带着身上的两块弹片，急忙奔赴朝鲜战场。父亲体内的这两块弹片引起的疼痛多年来使他难以入睡，家里六个孩子小时候就轮流给他捶背，母亲更是半宿半宿地捶，父亲是靠着这种单调的震动来止疼而慢慢入睡的。可到了朝鲜，没人能给父亲捶背了，他只好忍着伤痛的折磨，全身心地投入到战场运输上。很快，父亲就了解到敌机轰炸太疯狂，白天根本没办法跑车，但夜里行车只要一开车灯就会吸引敌机。父亲就和同志们一起研究，因为他们都是搞运输的，懂汽车，就根据现有条件想出了一些办法。一是做一种灯罩，作用是缩短车灯射出光线的距离。二是制作假的公路目标为掩护，从被炸毁的汽车上把电瓶和灯泡拆下来，用电线把灯泡一个个连起来，拿到离公路很远的高山上，然后点亮，主动吸引敌机轰炸。三是在我们运输车队真正走的公路上，由老百姓手持油灯沿途照明，遇到敌机立刻关闭车灯，单靠油灯指引。油灯的光很弱，不大容易被飞机发现。虽然我们车队的速度不是很快，但始终不停车，保障了把物资源源不断地运到前线。

父亲就是这样拼命干到了1953年，结果发生了第一次心梗，以后就难以正常工作。虽总后首长强迫他去疗养过两次，但再也没有办法缓解长期的战争带给他的伤病，因此过早地从岗位上退了下来。从父亲身上，我们看到了那些前辈们是怎么样为了祖国的解放和建设事业而拼命的。

二、向毛主席汇报，坚持实事求是

在距离井冈山斗争 40 年后，父亲记忆犹新地在《谈井冈山斗争时期的几件事》文中写到，毛主席指挥我们打胜仗。父亲说，每打一仗前，毛主席总是会跟我们讲，这次敌人有多少，他们是从哪里来的，我们又有多少人，准备怎么个打法，每个问题毛主席都讲得清清楚楚。就是从那时起，父亲学到了打仗要了解并针对敌我双方的实际情况，采取相应的打法，就是要实事求是，不能有半点马虎。因此，父亲深有体会地说，每打仗前，有毛主席的领导，我们总是有把握的，总是满怀信心的，总是打胜仗的。从此，"实事求是"这四个字就深深地印在父亲的脑海里，成为他工作中的准则。

总后运输部的秘书战绩先叔叔曾告诉我们说，在抗美援朝战争期间，你父亲从朝鲜回来后，没来得及休息，就接到毛主席给他的亲笔信，信的内容大约是：刘显宜同志，请你把朝鲜战场的运输工作情况向我做一汇报。签名毛泽东。看着主席的这封信，你父亲非常明白，主席的信是带有战略意义的，这个汇报如果与战场的实际情况稍有偏离，那将对中央决策产生失误，其后果将不堪设想。因此，他非常慎重地对待这个汇报。尽管父亲知道通过同志们的努力，朝鲜战场上的运输情况有所改善，但在开会讨论汇报内容时，他强调成绩不夸大，存在的问题不缩小，要把战场上的情况如实反映给毛主席。这样，汇报稿几经修改，才送请总后杨立三部长审阅后报呈毛主席。很快，军委对朝鲜战场的运输做了重大调整，从运输装备、道路的改善以及防空设施等各方面给予了大力支持，保障了之后几次大的战役取得了决定性的胜利，迫使美军签订停战协议。

◇金城反击战时，我军的粮弹已储备充足，万炮齐发，一次40分钟的火力急袭，消耗弹药1900余吨，折合汽车运力1000余台次。

三、为前方将士着想，处处细致入微

抗美援朝战争开始不久，因为敌机疯狂轰炸运输线，供应困难，战士们就开始吃冻土豆、压缩饼干和雪加炒面了。为了躲敌机，白天不能生火做饭。在零下三四十度的冬天，土豆很快就冻成一个“硬石头”，前方的战士们啃起来很费劲，因此，炒面就成为志愿军战士最好的食品。我们的志愿军战士们就是靠一把炒面一把雪，战胜了武装到牙齿的敌人。据统计，在第二次战役前后，每月要向志愿军提供炒面1482万斤。而东北地区最多只能解决1000万斤，其余要由全国各地帮助解决。周恩来总理得知后，立即指示政务院向东北、华北、中南各省布置，发动群众，家家户户炒炒面支援前线。因此，出现了全国各个单位、家家户户炒炒面的壮观奇景，总后运输部也不例外。一天，百忙中的父亲抽空到伙房查看炊事员炒炒面。当他看到一位炊事员在炒面时，由于铲动得过急，不小心把一部分面铲到了灶台上，父亲立即走过去，亲手把灶台上的面收在一起。在场所有的人都以为我父亲要倒回锅里，可是他没有倒，而是告诉炊事员说，“这个留给我们自己吃，给志愿军吃的东西一定要卫生”。一切为了前方的将士，以及他们的健康。即使在繁忙的工作中，父亲也能做到有条不紊、体察细微。

四、超强的忍耐力，战场需要胜过伤痛

完成如此紧张繁重的工作，就是一个健康人恐怕也难以吃得消，而对父亲就更非易事，因为他身上还滞留两块日军的弹片，他要用顽强的毅力去战胜伤痛的折磨，才能坚持在岗位上。那是1941年8月，日军司令官冈村宁次调集了7万兵力，对晋察冀边区的北岳等地实施了毁灭性大“扫荡”，目的是要消灭晋察冀军区的首脑机关和主力部队。时任晋察冀军区司令员兼政委的聂荣臻带领军区机关在转移中，突然遇到日军的突袭。身为军区司令部副官处处长的我父亲，为了指挥司令部人员疏散隐蔽，被炸弹炸成重伤，7块弹片击中了他，聂司令员立即指示卫生部要想尽一切办法抢救我父亲。经白求恩卫生学校校长柯棣华的精心救治，才挽救了我父亲的生命。但是由于当时的医疗条件有限，只能取出身体浅层的几块弹片，而打入脊椎和肺部的两块弹片就没能取出来，因此留在父亲身上35年，直至去世。

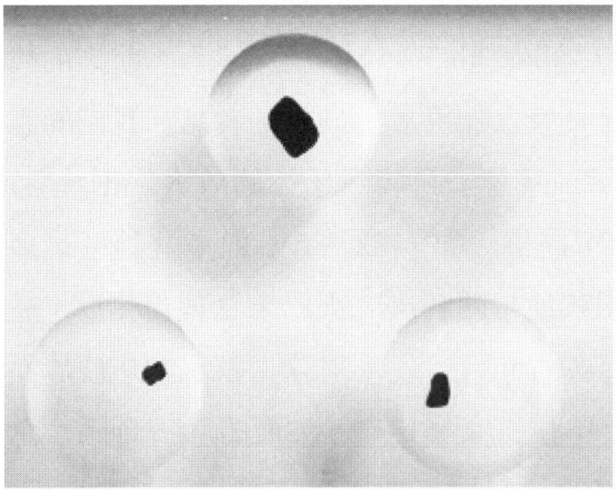
◇在父亲体内滞留35年的弹片，现存于井冈山革命烈士陵园。

就是这两块弹片，严重地损害了父亲的健康，特别是脊椎里的那块，它所引起的疼痛无休止地折磨着他。而父亲既没有吃什么止痛药也没有因伤疼而去休息，就是用“忍”的方法与伤痛作斗争。然而，这种忍

是多么的揪心难熬，要用什么样的毅力才能战胜常人难以忍受的疼痛。

我父亲负伤后，聂司令员给他写了一封充满关爱的信：“显宜同志：因为全军许多事务依赖着你，当你负了伤，等于打断了我们的一只手！”为了方便我父亲养伤，聂司令员还送给他一张行军床。父亲非常珍惜这张床，带着它不仅参加了抗日战争，还参加了解放战争和抗美援朝战争，现存于山西武乡八路军太行纪念馆。

五、共同铸就钢铁运输线

在中央军委和总后勤部的统一部署下，华北军区运输部从 1950 年 10 月，为抗美援朝战争的需要，从人力、物力等各方面予以全力支持。1952 年，根据中央军委的指示，华北军区后勤部先后支援东北军区和志愿军汽车近 2000 辆，摩托车 1000 余辆，胶轮马车近 3000 辆，手推车 1.3 万辆，自行车近 2000 辆。为志愿军运送的油料，曾在 36 天内发送 134 节火车皮，做到了“保证做好，不出问题，可以提前，绝不推后”。据统计，从 1951 年至 1953 年，华北军区向朝鲜战场发出仅油料 7000 余吨，200 升空桶 3 万余只；运送军需物资包括被服近万吨，人马装具近 2000 吨，厨具 2000 余吨，日用品 5.8 万吨等，动用火车皮 3000 余个。同时，从朝鲜战场接收运送伤员 38 万名，病员 95 万余名。

以总后运输部的统计，在 3 年抗美援朝作战期间，志愿军以载重车为主的各种汽车，从 1950 年底的不足 4000 辆增至 1953 年上半年的 1.86 万辆，由初期入朝的 3 个汽车团增至 1953 年的 17 个汽车团。入朝 3 年共补充汽车 3 万余辆，补充驾驶员 1 万余名，志愿军自身培训驾驶员 9210 名。作战期间出车 200 余万台次，运送物资 480 余万吨，后送大量伤病员，完成数十个炮兵师、团火炮牵载和炮弹运输任务。汽车运输效率不断提高。以 1951 年为 100%，到 1953 年达到 227.3%。我军艰难而胜利地完成了朝鲜战场上的运输任务，就连美第 8 集团军司令范佛里特都不得不承认：“虽然联军的空军和海军尽了一切力量企图阻断共产党的供应，然而共产党以令人难以置信的顽强毅力，把物资送到前线，创造了惊人的奇迹。”不仅如此，在这条炸了修、修了又被炸的运输线上，涌现出许多英雄的汽车兵，他们是在空中有照明弹、探照灯、燃烧弹，地上有三角钉，道路被炸出许多3米深、5米宽的弹坑这种艰难而危险的情况下，用自己的血肉之躯为创建钢铁运输线立下了不朽的功勋。志愿军的这条生命线，是千万将士共同筑就起来的，其中就有父亲那份辛勤付出。总后运输部的一位前辈曾这样感慨地对我们说："抗美援朝时，钢铁运输线之所以拖不垮、打不烂，你爸爸在这里面可花了不少心血。"

在几十年的革命斗争中，父亲一直是对党忠诚，积极工作。在他的脑海里，想的就是"愿意为党多做些工作"。

（本文作者：刘显宜之女，中华医学会干部）

严庆堤战斗在朝鲜战场上

◇严江征

严庆堤【1915 ~ 1993.7】

曾用名严庆其。江西瑞金人。1934 年参加中国工农红军。1935 年加入中国共产党。中华人民共和国成立后，任师政治委员。1951 年任志愿军第 68 军政治部主任，副政治委员。1955 年被授予少将军衔。

1952 年九十月间，志愿军在极端艰苦条件下展开夏秋防御作战，时任第 68 军政治部主任的严庆堤，遭遇了一次敌机的惊险追击。他们急中生智与敌机机警周旋，侥幸死里逃生。随后他与 68 军一起创造了一守一攻两个辉煌战例，后来还被编成了三部影片和一部戏剧，广为流传。

从小我们就爱看朝鲜打仗的电影，那时电影很少，很多影片我都看过几十遍，《奇袭白虎团》《英雄儿女》等，真是如数家珍，我只要一闭上眼睛，有的影片故事情节就展现在脑海里。记得父亲也常常给我讲他在朝鲜战斗的故事，现将父亲在朝鲜战争中的片断记述下来。

大难不死

1952 年 9 月后，在极端艰苦的条件下，志愿军夏秋防御作战开始了。在此期间，朝鲜发生了空前严重的洪水灾害，敌人趁洪水泛滥向志愿军发动了以破坏后方交通线为主要目标的所谓“绞杀战”。洪水泛滥和敌机的疯狂滥炸，给志愿军后方供应造成了极为严重的困难，部队粮食弹药严重不足。其间，为粉碎敌人可能的局部进攻计划和锻炼部队，取得经验，根据中朝两军联合司令部（简称联司）的决定，在第一线作战的第 39、第 12、第 68 军于 10 月底进行交防，分别由第 47、第 67、第 60 军接替。为了打击敌人，交防之前，三个军各选择 3—5 个有利目标（其他各军各选择 1—2 个目标），对敌进行战术性的反击作战。

上级命令强调：这次反击战要做到攻必克、攻必歼，并力争打阵地前的歼灭战，即攻占敌阵地后，要准备抗击敌人的连续反扑，在同敌人进行反复争夺中歼灭敌人：第一，必须准备好了才打，防止仓促发起攻击；第二，必须在反复侦察、切实掌握情况的基础上，制订周密的作战计划，组织好步炮协同，并大胆使用坦克协同步兵作战；第三，要组织实施战前训练和战斗练习，并要在冲击出发地区构筑好屯兵洞，以减少伤亡和保持战斗的突然性；第四，要集中使用兵力火力，在战斗中根据情况适时投入二梯队，以保证反击的胜利。

我父亲严庆堤时任 68 军政治部主任。根据联司这一作战命令，第 68 军与正面各军，迅速在原防敌进攻准备的基础上完成了准备工作，并如期打响了战役，取得了预期的胜利。随即第 20 兵团第 12 军、第 68 军为了改善北汉江两侧阵地，则在兵团统一计划下，于 10 月 28 日向敌相邻的五个阵地同时发起反击……

在我父亲参加指挥作战的无名高地，美军先以极为猛烈的炮火袭击中国军队的阵地，然后步兵再发起冲锋。68 军部队顽强奋战，顶住了美军的攻势。到了夜里，我军又派出部队，夜袭敌营，炸毁火炮和坦克 20 余门（辆），搅得美军终夜不得安宁。就这样，68 军白天守、晚上攻，死死拖住了美军。美军遇到这样顽强的对手，十分恼火，只好发挥地空炮火的优势，强攻死打。68 军部队主动防御，打得英勇灵活，将美军顶在原地 7 天。直到友军西线战斗已达成胜利，才奉命撤出战斗。

68 军当面之敌是美、英 5 个师共 3 万多人，有各种火炮 800 多门，坦克 120 余辆，还有空军支援；而 68 军此时只有 2.6 万余人，火炮 180 多门，没有坦克飞机，在兵力火力上都居劣势。面对强敌，68 军采取了纵深梯次配备的方法，少摆兵，多屯兵，以减少敌密集火力对我军的杀伤。同时以战斗小组在前沿与敌纠缠，使敌不能过早迫近志愿军阵地。在战术上，采取正面抗击与侧翼反击相结合，并在夜晚派出小部队袭扰敌人。

阻击战打得异常惨烈，美军经常是以大群坦克部队开路，像城墙一样压向志愿军阵地。因缺乏反坦克炮，志愿军官兵只好以血肉之躯与敌搏斗，很多部队全体战死在阵地上。美军炮火也打得山呼海啸，68 军的阵地像被火洗了一样。在这样的情况下，军部指挥部队顽强死守，昼失夜攻，在迟滞敌军的同时不断组织反击，不拘泥于一城一地的得失，只为了总体上遏制住美军的攻势。此时，全军几乎将所有的兵力都填了进去，连机关干部、通信员、炊事员都上了战场……

这天，父亲奉令到30多里外的兵团司令部开会。临行，他只带了两个警卫员：小赵、小刘，还有一名司机小杨。他们各自都带了长短枪，以防路上遇到敌人袭击。

当天下午4时，开完了会，父亲便催促着往回赶路。因极度疲劳，他上车没半支烟的工夫，便很快睡着了。简易公路被敌机炸得坑坑洼洼，实在难行。车子一路拼命颠簸着，车上的人几乎要被震断肋骨。

刚走了一半的路，天空上隐隐传来敌机的马达声。“敌机来了，快点冲过去！”父亲虽然睡着了，但一有情况，马上跳了起来。突然一架敌机像张开大嘴的恶狼，狠狠地朝父亲的车子扑了过来，并不停地轰炸和扫射，只听得四周响起阵阵“轰隆、轰隆！”的爆炸声。吉普车在“之”字形的极为难走的公路上机警地躲避着敌机的轰炸和扫射，时停时动，竭力对付着，双方相持了好长一段路。敌机见几个回合都未干掉这辆吉普车，恼羞成怒，再次掉头冲过来。司机见势不好，忙加大油门冲过去，可谁知这一冲，因路面小、车速快，在经过一个拐角处时控制不住，车子一下冲入山谷里去了……

随着一阵轰隆声，汽车顺着山坡往下冲去。父亲急中生智，纵身跳出了车厢，重重地摔在一片灌木丛中，当场昏死了过去。而汽车翻了几个跟斗后，只听得“轰隆”一响，便无影无踪了。

天上的敌机见状，洋洋得意地溜走了。

夜色越来越浓。

10月的晚风带着几分寒意。西侧另一座山头的美军阵地上不时传来“叭，叭！”的冷枪。原来，这个山谷里敌我双方的一场恶战刚刚平息，因天色已黑，阵地上的志愿军已经撤退。幸亏那座山顶上的美军不敢摸黑下来打扫战场，否则躺在山沟里的父亲就会落入敌手。

吉普车快摔到谷底时，接连被几棵小树挡了一下，落地时油箱没有爆炸。父亲满脸是血昏迷在山谷里。当一阵风将他吹醒时，已是半夜，他感到自己仿佛散了骨架。他挣扎着睁开双眼一看，只见山沟里到处是死尸、军械和废弃的车辆。父亲咬牙刚要起身，突然眼前一黑，又摔倒在地。“我不能死在这里，要回部队去，绝不能当敌人的俘虏！”父亲心里默念着。于是他用尽全身的力气在山坡爬行。山坡很陡，他估计在天亮前是很难爬出这条山沟的。“一定要爬上去！”他擦去脸上的污血，吃力地向上攀爬着……

“严主任！首长——！”一声呼唤传进父亲的耳朵。“是小刘还活着！”他惊喜起来，挣扎着回答：“我——在这——！”

小刘闻声跑了过来，赶紧上前扶起我父亲。“小刘，你还活着？司机呢？还有小赵呢？”估计是抛出车外了！”“快，小刘，我们快上去，赶快离开这个危险地带……”父亲挣扎着对他说。

翻车时身材高大的小刘被抛出车后摔在一棵大树杈上，仅受了一些轻伤，并无大碍，他见我父亲伤势很重便将他背起来，吃力地往山腰上的公路方向攀去。这是一座大山，从山沟里到山腰上起码有300米，就这样，他们直到天色微明时才登上公路。

小刘搀扶着我父亲向南走了几里路，刚坐下来休息，便听到一阵汽车的轰鸣。“是汽车，是车队！”小刘侧耳听了一下说。说着，车队已拐过弯来，车头上的小红旗隐隐可见。“快，到路边去等车！”父亲急忙吩咐。车子开过来了，共有四辆车，领头车的车灯照射在他们身上。“哪部分的？怎么了？”一位满脸胡茬的司机从车窗里伸出头来问。

“我们是68军的，这儿有军首长在此，他受伤了！”“噢，快，快上车来！我们是送给养到68军去的，刚好顺路。”坐在司机旁边的一个干部闻言打开驾驶室门，一同扶我父亲上了后面车厢。见我父亲坐不稳，又打开一床被子，让他躺下。警卫员小刘守候在他的身边。随即，车队加大油门，往前方驰去……

回到军部后，父亲立即被送入后方医院住院治疗。他多处软组织和表皮受伤，右手的拇指轻度骨折，胸椎骨受了重重的撞击后受了伤，使他感到很痛苦。

“我还是很幸运的，大难不死，还要继续革命！”父亲在病床上乐观地对前来看望的军首长们说。

陈坊仁军长紧握住他的手：“老严哪，那天你到天亮都未归队，我们还以为你牺牲了呢！我们都急死了。”

“去阎王爷那儿报了到，但阎王爷不收，说你们的革命未成功，又回来了！”父亲在病床上幽默地笑答……

住院期间，当父亲得知68军以无比顽强的战斗意志，又夜以继日地连续进行了半个多月的艰苦作战，已粉碎了敌人的进攻，并且还胜利地对敌实施了小的局部反击，他脸上不禁露出了欣慰的笑容……

每天隆隆的炮声，尤其是对部队工作的挂念，使父亲无法静下心来养病，他住院十多天后，不顾伤势未愈和医院的劝阻，毅然出院归队了。

最后一击

1953 年 7 月初，父亲出席了第 20 兵团召开的师以上干部会议，参加了金城战役作战计划的研究和部署。

7 月 10 日，根据兵团下达的正式作战命令，第 68 军（缺 202 师）、第 54 军之第 130 师组成集团，由外也洞至灰古介地段实施突击。第一步首先攻歼 522.1 高地、552.8 高地及其以北诸高地南朝鲜军首都师第 1 团主力，得手后，继续攻歼梨实洞、北亭岭、月峰山、开野里一线以北地区之敌；第二步协同中、东集团由西向东攻歼梨船洞以西及西北之敌。

父亲奉命来到东面一个高地上检查作战部署，一道指挥战斗。

这里是父亲的老部队 204 师在据守。当天，部队决定进入敌阵前沿潜伏。

父亲指示师指挥员：“这次战斗非常重要，要求团、营首长都要参加潜伏。团参谋长、各营营长、副营长等军事干部应当在本单位的最前面，教导员、指导员等政工干部可在本单位的后面。这样安排，当战斗打响动真格的时候，战士看到首长们就在自己的身边，心里就有底，战斗力就更强！”

“大家要隐蔽好，尤其是伪装网要弄好！”父亲对当晚执行突袭的 204 师某团的战士们说。

当晚，204 师一部趁着夜色进入潜伏阵地，在敌人眼皮底下潜伏下来。

阵前潜伏可不是像现在穿上迷彩服往草地上一趴那么简单，绝对是个技术活。战士们身上披了伪装网，然后相互再往上面插满草和树枝，变成一个个“草人”。趴在地上，即使近在眼前，也看不出是个人，就像一堆草。

于是，全师的部队整整潜伏了二十几个小时，敌人竟然毫未察觉。

7 月 11 日晚上 9 时，三颗红色信号弹嘶叫着升上了天空。志愿军 68 军的炮兵开始了猛烈的炮击。榴弹炮、火箭炮、迫击炮，暴雨一般砸向敌阵地，只见敌前沿一片火海。由于战前侦察得知，敌军除在前沿驻有兵力，还在山体的反斜面上修掩体，因此志愿军的炮弹不是径直砸在敌前沿阵地上，而是在夜空中划出了一条弧线，向山顶那一侧飞去……

当炮击进行了大约 17 分钟时，又一颗红色信号弹腾空升起，这是炮火延伸的信号，也是步兵冲击发起的命令。霎时间，敌前沿的草地一下子冒出了一片片“草人”，迅疾冲向敌阵。父亲共同指挥的 204 师进攻非常顺利，不到半小时，部队就抢占了敌阵地，志愿军胜利了！

炮火停了后，父亲一同来到西边一个阵地上，看了看地形，对身边一位营长说：“大家要立刻布防，敌人很快就会反扑的。为了增加杀伤敌人的效果，相邻阵地之间的机枪实行射界交叉，如果敌人攻上来，这几个阵地上的多挺机枪就可以形成一个严密的火网，一分钟至少可以倾泻两千多发子弹。只要敌人胆敢进这个区域，甭管是南军还是美军，一个个叫他有去无回！”“是！”营长立即布置下去。不出父亲所料，天刚一亮，敌人的反攻就开始了。反扑的敌人有美军，也有南朝鲜军。美军冲锋的队形与志愿军不同，采用的是羊群战术。在突击部队的后面，几个军官模样的人挥舞着手臂，大喊着什么。“是督战队！”同在阵地指挥的父亲从望远镜里看得真切，立即喊道，“先打后面，把督战队干了！”果然，机枪几个点射打过去，督战队自己先趴窝了。没了督战队，美军突击部队就开始乱套了，在丢下一大片尸体后，进攻宣告结束，阵地仍在 68 军的手中。这时，敌人开始反攻了，敌炮兵一个劲地朝 68 军阵地猛轰。204 师部队开始隐蔽。敌人冲上来了，他们想夺回阵地，打得很激烈，我 611 团也伤亡了一些人。该团 2 营指挥所的人走动多一点，敌人就对准指挥所打，几发炮弹落在离指挥所只有几公尺的地方，两名电话员没来得及跑，就被敌人炮弹打中牺牲了。营部马上转移到后面一个小山头，另建指挥所。前面打得很激烈，敌人主要是炮打得厉害，但 68 军的炮火也很厉害。敌人冲到阵地前就剩不了多少人了，打死了很多冲锋的敌人，阵地守住了。

由于仗打得非常艰苦，阵地早已没有水吃了，父亲只好捡起一个敌人的头盔化点雪水喝。那水里还漂着头油、肉造和头发。

这时，68 军不少部队的步兵已改用苏联造的波波莎冲锋枪了，一个转盘弹夹能装70多发子弹。吃惯了火力亏的志愿军们，还专门给波波莎冲锋枪编了个歌：“我的冲锋枪，71发子弹上了膛……”大家都很高兴。不过这冲锋枪虽不错，但比起机炮来就小巫见大巫了。机炮就是指机枪和迫击炮，68军每个营都有一个机炮连，配有6挺重机枪、6门八二迫击炮，火力猛。部队进攻时，为了加强步兵连的火力，机炮连将机枪、迫击炮配给各步兵连；打防御时，机枪迫击炮重回机炮连建制，集中火力。

后来，人们回想抗美援朝战争，印象中志愿军打美军是极其艰苦，打南朝鲜军却如秋风扫落叶。其实不然，事实上南朝鲜军战斗力并非像后人想像得那么软弱。虽然从战斗精神上讲，南朝鲜军是不能与志愿军相比，但也绝非个个都是一触即溃的熊包，南朝鲜军中也有不少敢于血战到底的亡命之徒。金城战役难打，南朝鲜军死死固守，就是一个例证。

7月18日下午4时，父亲奉令来到西面203师的阵地检查作战部署。他刚进阵地不到半个时辰，敌人又发起进攻了。这次，是南朝鲜军在前冲锋。南朝鲜军实际上比美军难对付。南朝鲜军的步兵火力与美军相当，但更狡诈。美国兵有点傻实在，只要活着，要么往前冲，要么向后撤，再加上蹩脚的羊群战术，往往在志愿军机枪火网前难逃一死。南朝鲜军士兵则不然，只要志愿军一开火，他们就赶紧呼啦一下倒下一大片。等志愿军的机枪火力转移了，装死的南朝鲜军士兵便接着冲锋。从作战意志上看，南朝鲜军士兵也比美国兵强。就这样，敌人的反冲锋持续了5天5夜，父亲也共同指挥203师部队防御了5天5夜。第6天，敌人撤走了，留下1200多具尸体。而203师也损失了600多人——这些英勇的志愿军战士的英灵已经永远地留在了这片崇山峻岭中……

自7月3日第20兵团各部及第9兵团第24军在1000门火炮支援下全部突破敌前沿阵地后，父亲所在的68军迅速向纵深发展。其右翼第203师迅速歼灭了522.1高地敌一个营，随后，师主力向芳通里方向进攻。该师渗透迂回支队第607团加强营沿522.1高地以东公路急速向敌纵深插进，于7月14日2时直插至二青洞附近。其先头分队第607团侦察排一个班，在副排长杨育才指挥下，出敌不意，以小的代价歼灭了南朝鲜军首都第1团——白虎团团部，为该师迅速完成第一步任务起到了重大作用。

战后，杨育才荣立特等功，并被授予朝鲜民主主义人民共和国英雄称号。

由于敌团部被消灭，其部队失去指挥，很快便发生溃乱。迂回支队当即乘夜迅速堵截溃逃之敌，又歼灭了位于敌团部附近的美第555榴炮营大部和乘车来援的南朝鲜军首都师机甲团第2营大部。至7月14日6时，68军第203师占领了芳通里、梨实洞、北亭岭、下榛岘一线以北地区。左翼第204师突破后，迅速歼灭了552.8高地守敌一个营，于14日16时30分进抵月峰山下，在战斗中生俘了南朝鲜军首都师师长林益淳。于是，西集团于17时40分先后占领烽火山、月峰山。

又是连续几天的停火，敌我双方都在寻找战机。此时，我父亲坚持在前沿阵地参加指挥战斗。

父亲在晚上敌人停火之余，对204师师长曹玉清说："老曹，来，我们杀一盘!"

"好啊！好些日子没摸子了，手都痒痒了！"说罢，两人端张小椅，在坑道内的一个小洞口上坐着，点了一根蜡烛，一面下象棋，一面等电报。当他们正下得带劲儿时，洞外传进一阵雷鸣般的轰鸣声，敌机窜过来了。

"不好，狗日的美国鬼子飞机又来了！"父亲赶快吹灭了灯火。离他们不远处的山凹里是师部的伙房，岩石下支着一口烧饭用的大铁锅，烧锅的火还没有完全扑灭，直冒火星。结果，被敌机发现了，敌机便朝他们这边飞了过来，而且飞得很低，离地面很近，带起的风呜呜地响，声音大极了。

"轰隆！"敌机连投了五六枚炸弹，那炸弹下落时发出一阵尖涩凄厉的呼啸声。"糟了，那厨房打掉了！"后来一看，竟然没打掉，那炸弹擦着师部的山洞飞过去了，落在远处的山沟里。

正说着，敌机又从他们头上俯冲过去，很快又打了个转儿，朝他们的洞口方向俯冲过来。师长一见，忙喊："严主任，快往里撤！敌人的炸弹都对着洞口来了！"说完，他俩扔下象棋就往洞里头跑。幸好洞子深，有十几米。躲到洞子尽里头后，父亲诙谐地说："老曹，下面的厨房报销了，明天我们就饿肚子了！"

不过，第二天晚上，204师师部指挥所还是出事了。通讯队和电台住的那个矿洞很大，两个出口，东面大洞口有沙袋子作掩体，但西面洞口是个小窟窿，没有堵东西。恰好有个通讯排长，点着蜡烛在离那个小洞口几米远的洞里整理电报材料，当敌机飞来时，自以为是在矿洞里，没有防备。

狡猾的敌机很快发现了洞里的亮光，便对着亮光猛扫了一阵机关枪，结果把这名通讯排长给打死了。我父亲对师长严厉批评了一顿，责令通报全师，今后夜晚须注意防空，提高警戒。此后，全军都通令加强夜晚防空警戒，此类遭袭伤亡事件也就未再发生了……

著名的金城战役，是第五次战役结束后两年多来志愿军阵地防御作战中规模最大的一次战役，20 兵团投入了 5 个军的兵力，并配以强大的炮兵，与第 9 兵团一部协同作战。战斗打响后，面对占有地面火力和空中优势的敌人，20 兵团依托阵地打好防御作战，以劣势装备夺取了战争的主动权，歼敌 7.8 万余人，收复土地 178 平方公里，置敌于被动地位。金城战役，成为志愿军从战略防御转向大规模进攻的标志，是志愿军在朝鲜战场上战略防御中质的飞跃，有力地促使李承晚集团作出实施停战协定的保证，迫使美李军老老实实地接受了谈判……1953 年 7 月 27 日，朝鲜停战谈判在经历了两年多的谈谈打打后，在板门店签署了停战协定，朝鲜战争宣告结束。

金城战役，从此成为父亲一生中最为难忘的一场大战。后来，父亲曾在接待军史部门访问时自豪地说："我们 68 军从历史上看，在入朝作战时可以算是一支建军不过两年多的年轻的武装，时间不长嘛！抗美援朝战争，当时 20 兵团的 3 个军中，66 军入朝最早，在朝鲜我们 68 军算是名气最大，创造了一守一攻两个辉煌战例，日歼敌数量最高纪录，而且后来被编成三部电影，一台戏剧，流传至今。可以说，68 军战例编成的三部电影广泛流传，但看过电影、戏剧的人，一般只知一台戏剧，很少有人知道其事属于 68 军……"

父亲所说的这三部电影便是：以 68 军在文登里反坦克作战的战例拍成的电影军教片《坚守文登川》；以 68 军金城反击战役及直木洞以南地区进攻战斗拍成的电影故事片《打击侵略者》；京剧及电影《奇袭白虎团》；《奇袭白虎团》反映的是 68 军 607 团侦察排英勇机智奇袭敌白虎团团部的英雄事迹。此战共毙俘敌白虎团团长、机甲团长、美军顾问等 233 人，缴白虎团团旗。对于 68 军这些典型战役推向舆论宣传并拍成三部电影片与一部京剧，时任 68 军政治部主任的父亲，可谓功不可没，这也是他军队政治工作生涯中的得意一笔！

（本文作者：严庆堤之子，原中国探险协会会长）

李真率部参加第五次战役及铁原阻击战

◇李晓琳

李真【1918 ~ 1999.5】

江南永新黄门坊村人。1930 年加入中国共产主义青年团。1932 年参加中国工农红军。1933 年由团转入中国共产党。中华人民共和国成立后，任军事学院政治部干部部部长。1951 年任志愿军第 63 军 188 师政治委员。1953 年回国后任师政治委员。1955 年被授予少将军衔。

1951 年 2 月 18 日，志愿军第 63 军 188 师政治委员李真随部队入朝作战。入朝不久，他就率部参加了第五次战役及著名的铁原阻击战。他身先士卒，指挥所部像钢刀一样迅猛向敌纵深穿插、分割、围歼敌军，坚决胜利地完成阻击任务，不仅保证友邻部队的顺利进展，还为我东线部队胜利转移赢得了时间。188 师受到志愿军司令部的通令表扬，并被授予“猛插分割”奖旗一面。

1950 年 1 月，19 兵团 63 军 188 师奉命进驻陕西省的耀县、富平地区进行整训。3 月，部队遵照毛泽东关于军队参加生产建设的指示，在黄龙山地区进行了大规模的开荒生产运动，垦荒播种 7.2 万亩粮田，并完成了天水至宝鸡的铁路抢修任务，受到西北野战军领导的表扬。但当解放后的第一个秋季到来、丰收在望的时候，朝鲜内战爆发。帝国主义悍然发动了大规模的侵朝战争，战火直烧到我国的大门口。应朝鲜劳动党和政府的请求，党中央、毛主席毅然作出了“抗美援朝、保家卫国”的决定，派遣中国人民志愿军赴朝作战。

11 月 30 日，188 师奉命由富平出发，经潼关、洛阳、郑州、徐州到达山东邹县地区待命。我父亲李真时任 188 师政治委员。正当整装待发之时，朱德总司令代表党中央、毛主席亲临山东兖州 19 兵团驻地视察，并参加了出师干部会。会上，总司令详尽地分析了朝鲜战场的形势，指出：这场战争是反侵略的正义战争，美帝的军队装备虽然优良，但它是非正义的，我们和朝鲜人民必胜，美帝必败。我们要勇敢地迎接这场从未经历的现代战争。会后朱老总在我父亲的笔记本上题词：“李真同志努力学习。”这句话我父亲一直铭记在心头，时刻激励自己，努力学习政治军事和文化。

1951 年 2 月 4 日，第 188 师由山东邹县地区出发，进至辽宁省凤凰城地区集结。18 日晚，部队经丹东跨过鸭绿江，进入朝鲜境内。为了躲避空袭，部队大部分时间夜行军，而且白天隐蔽防空时，也得不到安稳的休息。美军飞机整天擦着山顶、房屋飞，老压着人们的头顶转，各团对打飞机的要求非常迫切。于是，我父亲和张英辉师长指示司令部发出号令，要求部队使用一切自动火器向敌机开火。一天，美军十来架野马式飞机擦着树梢飞到563团的隐蔽地区，拼命俯冲扫射。这时，该团高机连一起对空开火，顿时，一架飞机冒着浓烟栽了下来。其他飞机见势不妙，慌忙逃跑了。随后各部队都按563团的经验，积极开展了打敌机活动。直到战役打响前，188师仅563团就击落敌机5架，击伤6架，有力地打击了美军的嚣张气焰。

1951年3月下旬，部队来到临津江以北集结待命。敌人发现了我强大的战略预备队已集结完毕，则由进攻转入防御，在“三八线”附近建立了三道防线，妄图抗击我军新的进攻，并企图掩护其深远预备队在我侧后的平壤、元山间峰腰部登陆，以求前后夹击我军。为粉碎敌人的侧后登陆计划，中国人民志愿军与朝鲜人民军决心集中志愿军三个兵团并人民军第1军团向敌发动进攻，这就是第五次战役。

19兵团的任务是在扫除临津江北侧之敌后，突破临津江，首先歼灭英29旅，继续向东豆川里、抱川方向突击，协助友邻兵团会歼美23、25师。兵团首长号召我父亲他们师坚决打好出国第一仗，为祖国争光。

我父亲的老战友，时任188师师长的张英辉回忆这段历史时写道：4月中旬，接到军里命令，我188师的任务是在峨嵋里、五等里一带向临津江对岸实行主要突击，强渡临津江后向敌纵深穿插，分割英29旅与美3师的联系，并阻止美3师向西增援。接到命令后，张师长和我父亲带领各团干部到临津江边详细勘察地形，研究具体作战方案。4月22日晚，第五次战役打响了。188师指挥所就设在江边不远的一条狭窄山沟里，各团战斗都非常激烈，战士们打得英勇顽强。在迅速突破临津江抢占对岸高地之后，又连续打退敌人向诸高地的多次反扑。为了便于前线指挥，我父亲和师长商量后，带两名参谋和一台报话机上到江边一个山头上。

在打破敌人疯狂反扑之后，我父亲率188师向敌人发起进攻，各路部队像钢刀一样迅猛向敌纵深穿插、分割、围歼敌军，并乘胜追击，伏击了南逃的敌人。我父亲向部队发出“不能让敌人跑掉，坚决消灭他们”的命令，还大声喊道：“打掉敌人坦克！”经过激烈的战斗，188 师胜利完成了分割美 3 师与英 29 旅的任务，毁敌坦克 22 辆，缴获 2 辆，打落敌机 6 架，击伤 2 架，俘虏部分敌人，扩大了战果，保证了友邻部队的顺利进展。188 师因此受到志愿军司令部的通令表扬，并被授予“猛插分割”奖旗一面。

◇ 1951 年 5 月第五次战役后，188 师受到志愿军司令部的通令表扬，并被授予“猛插分割”锦旗。李真政委（右）和张英辉师长激动地举旗合影。

1951 年 5 月 22 日，在取得第五次战役第一、二阶段的胜利之后，188 师奉命在楸屯里一带集结休整。连续的作战和不分昼夜的行军，部队几乎没有喘息。这时美军集中了4 个军共 13 个师的兵力，以摩托化步兵、炮兵、坦克组成所谓的“特遣队”，在航空兵的掩护下，分路向我发动攻击。志愿军司令部决定在部队北移和部署新的防线过程中，在铁原一线阻击敌人。情况紧急，任务艰巨，我父亲和张师长立即召集各团干部传达上级指示。29 日，63 军奉命接替 65 军的任务，在涟川、铁原间，东起古南山，西到临津江纵深 20 公里，正面 25 公里地域组织防御。6 月 4 日拂晓，188 师接替 189 师防御，并将师指挥部设在高台山下的安养寺。

阻击战打响了，这是一场真正的恶战。敌人以数倍的兵力，依仗飞机、大炮、坦克，像发了疯的野兽一样，向 188 师的各个阵地扑来。师指挥所距敌很近，有人提议后撤，我父亲和张师长坚决不同意，他们深知指挥员的行动，无疑对下级指挥员和部队有着直接的影响。一次，敌人的炮弹落在安养寺的屋顶上，电话线被炸断，电台被震坏。我父亲坚决让师长带领指挥所转移到安全地带，他却和电话班留下来查找断线，抢修电台。在师指挥所的日日夜夜，我父亲他们永远和战士们心系一起，英勇杀敌，保卫阵地。尽管每个阵地都倾泻了敌人成百吨的钢铁，但每个阵地的战士都打退了敌人的数十次进攻。

563 团 1 连为了掩护部队转移阵地，在法化洞北山接连打退敌人两个营的正面进攻。敌人不甘心，又以一个营的兵力从侧翼迂回到我军 2 排阵地，进行猛烈炮轰。全排只剩下 8 名战士，他们对着冲上来的敌人，打完最后一颗子弹，高喊着“胜利属于我们”，纵身跳下深崖。8 连连长郭恩志带领全连官兵，在 200 高地和 255.1 高地连续与敌人奋战了 6 昼夜，以伤亡 16 人的代价，歼敌 800 余人，荣立“特等功”并荣获“一级战斗英雄”称号，全连荣获“一等功八连”光荣称号。562 团 1 营面对敌人 2 个团、几十辆坦克的轮番进攻，奋勇作战。其英雄 2 连坚守 575 高地，在与敌人反复争夺阵地中，3 名战士被敌人包围，子弹打完了，用石头打，宁死不屈。最后他们拉响了仅剩的一颗手雷，冲入敌群，与敌人同归于尽。在孤山 279.5 高地上，敌人以 2 个营的兵力，在 12 架飞机、40 多门重炮、11 辆坦克配合下，向 564 团 5 连 1 排发动猛攻。炸弹、炮弹倾泻而下，但 1 排战士越战越勇，激战连续 4 个多小时，阵地上已摆下敌人 250 多具死尸。英雄的 1 排以顽强的斗志，从上午 8 时一直坚持到晚上，胜利完成了掩护主力转移的任务。11 日凌晨 3 时，志愿军司令部发来电报：188 师胜利完成阻击任务，可以撤出阵地。

从 6 月 4 日拂晓到 11 日凌晨，188 师指挥员在极其紧急而又极端艰苦的条件下，同数倍于已且装备精良的敌人浴血奋战了 8 个昼夜，为我东线部队胜利转移赢得了时间，使敌人的阴谋破了产。铁原，永远记载着志愿军英雄们谱写的壮丽诗篇！

（本文作者：李真之女，文化部中国画研究院办公室主任，山水画家）

李致远与奇袭『白虎团』

◇李斌

李致远【1907 ~ 1978.1】

江西雩都（今于都）人。1928 年参加赣南农民起义，任赤卫队队长。1930 年加入中国共产党，同年参加中国工农红军。中华人民共和国成立后，任师政治委员。1951 年任志愿军第 68 军 203 师政治委员，军副政治委员。1955 年被授予少将军衔。

从晋察冀走出来的开国少将李致远，是一位足智多谋的政工干部，在抗美援朝战争中因奇袭“白虎团”而闻名。1953 年 7 月，他任志愿军第 68 军副政委兼 203 师政委，派出 100 余人的“先头部队”执行穿插任务，出其不意打击敌人，突袭了李承晚军首都师“白虎团”团部，使敌团长陆根洙和美军顾问全部丧命，沉重打击了敌人的气焰。这次战斗后来成为文艺作品《奇袭白虎团》的原型素材。

抗美援朝时期，我的父亲李致远任中国人民志愿军 68 军副政治委员兼 203 师政治委员。

68 军 203 师的前身是冀中军区的地方部队，我父亲从抗日战争开始就一直在冀中这一带工作，曾先后任平西挺进军政治部组织部长、冀中九分区副政委、独立第 8 旅政委、政训兵团政委、203 师首任政委。因此，他对 68 军特别是 203 师的干部都很熟悉，只要你说出自己的姓名，我父亲就能知道他的家乡以及家庭状况。父亲常说，政委就是全军战士的父母，要最关心指战员的生活，最了解指战员的心事，做最细微的思想工作，来保障军队旺盛的战斗力。

◇抗美援朝时期 68 军全体首长的合影。 自左至右：李致远、李呈瑞、徐德操、宋玉琳、陈仿仁、严庆堤、宋学飞。

进入朝鲜后，当时苏联援助的火箭炮送到前线，为了有效地打击以美军为主的“联合国军”，避免在美军制空权下火炮受到攻击，我父亲与军、师首长一起，指挥部队修筑了环形公路。让火箭炮在环形公路不断随机变换发射阵地，使美机找不到炮阵地和轰炸目标，这种斗智斗勇的方法，争取了主动，避免了损失，成为在朝鲜战争中对付美国空军的一种有效的方式。

在抗美援朝战争中，父亲所在的68军在第20兵团的三个军中，66军入朝最早，67军在朝鲜歼敌最多，68军则创造了一攻一守两个辉煌战例，被编成三部电影，一台戏剧，流传至今。

在68军这两个辉煌战例中，最漂亮的一仗就是203师在金城反击战中直木洞以南地区的进攻战斗，其中的“奇袭白虎团”就是这个载入史册的光辉战例之一。

1953年7月，为了狠狠打击李承晚集团破坏朝鲜停战的罪恶行径，志愿军总部决定发起金城战役。7月13日21时，势如雷霆，摧枯拉朽的金城战役在惊天动地的炮火声中正式打响。不到半个小时，志愿军1000余门火炮，向南朝鲜军首都师、36师、18师的阵地上，整整倾泻1900吨炮弹，南朝鲜军阵地被炸得一片狼藉，死伤无数。

在金城反击战直木洞以南地区的进攻战斗，与203师交手的是南朝鲜军首都师第1团。这是李承晚的嫡系精锐部队，全部美械化装备，团旗上画着一只凶猛的虎头，标榜军队的“威猛”和“不可战胜”。

在这次战斗中，部队积极贯彻志愿军兵团首长关于“集中优势，稳扎稳打”的指示，师长杨栋梁和我父亲等师首长，根据当时的敌情，在广泛听取意见建议的基础上，经反复研究，决定以609团2营（营长石广志，后任68军副军长）为主组建一个穿插营，并组织部队提前进入潜伏区，待总攻发起后，快速突破敌军防线。同时，还决定组建一支以607团侦察排副排长杨育才（后任203师副师长）等12人组成的侦查小分队，先于战役发起前，采取化装侦察、不恋战的方式，快速深入敌后，路上不管遇到什么情况，都要应付过去，不要打，直抵敌指挥枢纽——南朝鲜军首都师第1团团部。

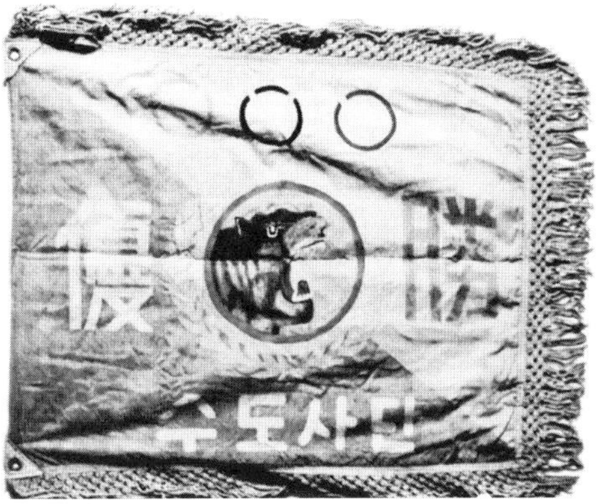

◇被缴获的南朝鲜伪首都师白虎团团旗（现存中国人民革命军事博物馆）。

◇奇袭“白虎团”的英雄集体，前排左起第三人为杨育才。

7月13日晚，就在志愿军猛烈炮火准备后，各攻击部队一面围歼各高地敌军，一面乘敌人混乱之际，大胆向纵深穿插。第68军203师，派出的穿插营，首先打掉了敌人的炮兵阵地，然后沿公路飞速向敌人纵深穿插。

以杨育才为班长的侦察小分队为了便于袭击敌人，全部化装行动。杨育才化装成南朝鲜军美国顾问，联络员韩淡年化装为南朝鲜军小队长，其余11人均化装为南朝鲜军士兵，头戴钢盔，脚蹬大头皮鞋，他们冒充“白虎团”团部的搜索队，假装掩护美军顾问回去开会。

一路上，他们行色匆匆。就在他们插入敌人后方以后，走了不远，发现队伍里多了一个人。13 个人变成 14 个人了，原来其中一个是南朝鲜逃兵，就顺手把他捉住了。一下子抓了一个俘虏，口令得到了。

侦查小分队前进到永金桥的时候，被敌人的探照灯部队和炮兵截住了。两位朝鲜族联络员上去了，说是搜索队，他们当时装成南朝鲜军的排长，一下子就把敌人给唬住了。过去以后，就到了二青洞口，敌人团部的大门口。

“白虎团”团部门前停着大小 30 多辆汽车。首都师副师长、机甲团团长等正在开会，电灯还亮着。而指挥部外，许多人进进出出，一片忙乱。

杨育才将小分队分为三个小组，分头扑向敌人团部的作战室、电台和警卫室。以袭击警卫排的第一小组先开枪为号，各处一齐开火，将敌人一网打尽，一举捣毁了“白虎团”团部。毙俘敌“白虎团”团长陆根洪，以及机甲团长、美军顾问等 233 人，配合大部队，取得了朝鲜战场上的最后一战——金城战役的伟大胜利，为促成朝鲜战争停战与和平谈判，作出了不可磨灭的历史贡献。

（本文作者：李致远之子，河北大学成教学院教师）

李懋之在志愿军第3兵团

◇李莉莉

李懋之【1910 ~ 2009.2】

山西襄垣人。1938 年参加山西青年抗敌决死队。1943 年加入中国共产党。中华人民共和国成立后，任河南军区参谋长。1951 年任志愿军第 3 兵团副参谋长。1952 年起任军事工程学院副教育长、物质保证部部长、教育长、副院长。1961 年晋升为少将军衔。

抗美援朝战争中，李懋之任中国人民志愿军第3兵团副参谋长，参与指挥了第五次战役、1951年粉碎美军夏秋季攻势的防御作战。其间，他除担负司令部机关工作领导外，主要负责兵团的后勤保障工作。他认为，在朝鲜作战，后勤保障不仅是作战部署的重要一环，也是部队作战胜利的重要保证。他认真做好部队的后勤工作，参与了兵团的作战指挥，亲历了这场战争。

1950年10月中国人民志愿军出国作战距今已经70年了，战争的硝烟早已散去，但我们不能忘记这场抗美援朝战争。这是新中国成立后中国人民为了保卫祖国、维护世界和平而进行的一场正义之战。志愿军将士们与朝鲜军民携手并肩，用他们的正义之举和血肉之躯，筑成了一道坚固的长城，他们通过血战沙场、不屈不挠、顽强战斗，取得了最后的胜利。我们的父亲李懋之参加了这场战争。

一、奉中央军委命令赴朝作战

1951年1月，父亲在汉口参加中南军区召集的剿匪会议，会还没开完，中南军区参谋长赵尔陆在会上宣布:“接中央军委来电，命令李懋之参加抗美援朝，一星期内到北京报到。”我父亲接此命令后立即赶回河南开封，他时任河南军区副参谋长、代理参谋长。军区司令员陈再道说:“军情紧急，你和孔从洲同志交代一下工作就出发吧。”第二天交接工作，第三天我父亲就赶到了北京。

到北京后，我父亲立刻去见了陈赓。当时中央决定组织部队轮番入朝作战，调二野3个军组建志愿军第3兵团。按照陈赓的指示，我父亲立即草拟了入朝作战需要了解和解决的15个问题，包括：朝鲜战场敌情资料，我军前期作战经验，志愿军报告通报制度与联络方式，第3兵团与各兵种协调配合办法，与地方党政关系，后勤供应渠道和分配，第3兵团组织编制及人员调配，出发前物资保证和准备等。带着这些问题，父亲于2月底去军委办公厅做了汇报，当即解决了大部分问题，没有解决的军委责成东北军区给予解决。第3兵团所属3个军，虽然都是从二野调来的，但原来隶属不同的兵团，这次是新组建。在陈赓的指导下，我父亲协助他尽快建立了兵团机关，开展了入朝作战的准备工作。同时以兵团名义和3个军进行了联系，了解他们的动向。按照中央军委的命令，从2月起，第12、15军在重庆乘船至汉口，再乘火车到河北邢台、衡水集结待命。第60军从四川绵阳乘车到河北沧州集结待命。

3月16日，志愿军第3兵团领导机构在北京正式组成，陈赓任司令员兼政治委员，副司令员王近山，副政治委员杜义德，参谋长王蕴瑞，政治部主任刘有光，父亲李懋之任副参谋长。

同日，我父亲和王蕴瑞参谋长带上机关处长、参谋等相关人员先期进入朝鲜。为了躲避敌机的轰炸，他们夜行晓宿，迅速在伊川建立了兵团指挥机构，协调了第3兵团和志愿军司令部与友邻部队的通信联络和各项保障工作。随后，第3兵团机关在副司令员王近山、副政委杜义德的率领下进驻伊川。所属第60军在军长韦杰、政治委员袁子钦率领下于3月17日在安东入朝；第12军在军长曾绍山、副军长兼参谋长萧永银率领下于3月21日由长甸河口入朝；第15军在军长秦基伟、政治委员谷景生率领下于3月25日由安东入朝。至此，志愿军第3兵团部队全部进入朝鲜，准备参加战斗。

◇李懋之（后）与王近山（右）在抗美援朝第3兵团指挥所。

二、参加第五次战役

1951 年 4 月 6 日，志愿军在朝鲜金化郡上甘岭召开了第五次党委扩大会，志愿军军以上干部参加，讨论部署第五次战役。我父亲参加了这次会议。彭德怀在会上传达了中共中央和毛主席关于“战争准备长期，尽量争取短期”的战争指导方针，总结了前四次战役的经验，提出了实施第五次战役的方针和部署。彭德怀在介绍了敌我双方的情况后说，第五次战役要以志愿军 11 个军和人民军 3 个军，再加上炮兵、装甲兵、工程兵等 60 多万人，集中优势兵力，攻敌纵深，力争消灭敌 8 个师。战术指导就是战役分割与战斗分割结合，大包围与小包围结合，大突击与小突击结合，包围后争取尽快歼敌，粉碎其登陆计划，夺回战场主动权。会上，彭德怀还特别强调了部队后勤的重要性，说这次战斗打赢了，功劳全体指战员占一半，后勤工作占一半。父亲在第 3 兵团领导中除担负司令部机关工作领导外，还分工负责兵团的后勤工作，听了彭总的讲话，了解了朝鲜战场的状况，他觉得在朝鲜作战，部队的后勤工作在某种程度上决定着战斗的胜败，后勤不仅是作战部署的重要一环，也是部队作战胜利的重要保证。他深感自己责任重大，下决心把第 3 兵团的后勤工作做好。4 月中旬，第 3 兵团所属第 12、15、60 军集中在伊川、文岩里一带，迅速投入作战准备。

为准备打好第五次战役，在我父亲的建议下，4 月 18 日第 3 兵团在南估里召开入朝后首次后勤会议，王近山、杜义德和各军后勤部长、政委及分管后勤的军首长参加。我父亲主持会议并讲话。他说，兵团新成立，人事未熟，即上战场。这个会议首先是摸清各军的情况和后勤工作的底细。第五次战役马上开始，为保证战斗的胜利，请大家对后勤工作集思广益。彭总说过:“后勤工作搞不好，不退也得退下来。”摆在我们面前的新问题新困难很多，越接近战场越向前发展遇到的困难就会越多。第 60 军到朝鲜后，固定住在这里还挨了几天饿，如果打响后，部队迅速推进，人、马、枪、车、炮都吃不上东西，那真是不退也要退下来。各军虽然做了许多准备，但离打仗的需要还有很大差距，部队机动向前时，供给能不能保障好，能不能跟上，都需要好好研究。所有困难和问题都要争取在这次会议上得到解决，会上解决不了的，会后也必须抓紧落实。

会议的程序是各军先汇报，然后研讨提出的问题，最后作总结。第60、12、15军先后汇报了情况，都存在一些问题：一是弹药不足，尤其是各种炮弹不足，和志司要求的基数相差较大；二是粮食不足，而且补给困难，供应渠道衔接不好；三是对国外作战的后勤补给特点缺乏认识，人员和机构准备不充分。会议对所提问题进行了研究，逐一商量了解决办法，统一了认识。同时明确了各军负责后勤工作的首长：第60军由副军长查玉升负责；第12军暂未定；第15军由参谋长张蕴钰负责。会后，我父亲向志愿军副司令员洪学智做了汇报和请示，需要志司协调解决的问题得到了他的支持。这次会议解决了第3兵团后勤保障工作中存在的问题，为即将开始的第五次战役做好了物资上的准备。

4月18日21时，志司下达了第五次战役的作战命令。由于美军主要集中在朝鲜西线一带，志司命令，志愿军的主力集中在西线攻击敌人，东线则由朝鲜人民军3个军牵制美军。命第3兵团首先集中兵力歼灭美第3师主力及土耳其旅，得手后继续攻击前进，会歼美第24、25师。于21日或22日黄昏开始行动。

时间紧迫，这是第3兵团入朝的第一战，为了打好这一仗，4月19日第3兵团召开作战会议，王近山副司令员做战役部署。父亲在会上也讲了话，他希望各军主要首长要重视后勤工作，“兵马未动粮草先行”，一定要把后勤保障想在前面，把物资准备落到实处。他要求各军除做好各种物资准备外，还要把人组织好，做好战场前后的衔接，以利作战行动的展开。

4月22日黄昏，志愿军3个兵团11个军同时发起攻击。第9兵团在左翼，第19兵团在右翼，第3兵团在中央突破。23日凌晨，第3兵团第12军将土耳其旅击溃；第15军击溃美军第3师和菲律宾营，占领美罗洞、玉女峰、塔巨里一线；第60军占领釜谷里并击溃美军第25师。23日午后，美军开始撤退，第3兵团命令各军迅速追歼敌人。26日志愿军继续向敌纵深进攻，至28日美军主力被迫撤到汉城及北汉江、昭阳江以南，组织防御。这时第3兵团主力已占领议政府以东自逸里、富坪里地区，控制在抱川、永平地区。

4月29日，志司命令停止进攻。第五次战役第一阶段歼敌2.3万人。

第一阶段后，志司认为，敌人主力大部都在西线，南朝鲜军在东部的3个师暴露出来，决定第二阶段重点打击敌东线。按照志司命令，第3兵团第12军配属第9兵团，在东线和朝鲜人民军一起发起进攻，力图歼灭南朝鲜军队。第39军两个师配属第3兵团与第15、60军在中线进攻，牵制美军，使其无法东援。

5月6日22时，志司下达作战命令。5月16日，志愿军在东线发起进攻，第二阶段战斗开始。到19日，东线部队将南朝鲜第3、第9师大部歼灭，还击溃了其第5、第7师残部，共歼敌1.7万余人。第3兵团主力成功地割裂了美军与东线南朝鲜军队的联系，有力地保证了东线歼灭南朝鲜军队的战役行动。21日16时，志司电令:“五次战役经过西线、东线两次出击，取得歼敌4万余人，消耗敌大量物资装备的重大胜利，破坏了敌企图占领铁原、平康、道川之线，配合元山登陆，夹击我军之阴谋，同时锻炼了新入朝的作战部队，取得了对美帝作战经验，争取了准备时间。”“目前，由于运输工具减少，粮食、弹药接济不上，西线美军又已东援，致使志愿军继续扩大攻势困难增加。为此，第五次战役即暂告结束。”“为进一步总结经验，争取更有利的歼敌战机，达到更多歼敌的目的，决将各兵团移至渭川里、朔宁、文惠里、山阳里、杨口、元通里之线以北，各兵团留一个师至一个军的兵力，从现在位置起，采机动防御，节节阻击，杀伤消耗敌人，争取时间。”

按照志司命令，第3兵团留下第60军担任阻击任务，第12、15军撤退到指定地点。美军早有准备，趁我停止进攻、粮弹已缺、人马疲劳之时，用摩托化部队向志愿军追击进攻，而志愿军由于是初战，对此估计不足，组织撤退得不好，部队伤亡较大。第3兵团司令部在23日遭敌机轰炸，转移地点，转移期间指挥中断。26日接到第60军报告，该军23日组织部队后撤，24日第179师留一个团掩护主力于昭阳江南岸渡江。第180师也应同时渡江，但受洪州与加平来敌钳制，渡口被加平美军占领，没有及时过江，被美军包围。第60军命第181、179师从华川方向正面接援，均未奏效。26日，180师被迫突围，部队被打散，许多干部战士被俘，部队遭到严重损失。

在敌人的紧紧追击下，我军处在被动位置，为稳定局势，彭德怀决定停止后撤，命令部队立即转入防御，阻止敌人进攻。5月29日，志司给第3兵团发报，批评部队转移中的缺点，要求坚决阻敌前进。按照志司指示，第3兵团命令部队立即进行阻击战斗。15军在芝浦里地区坚守，10天歼敌5700余人，仅朴达峰一战，就歼敌1400余人。60军在阻击中，歼敌3000余人。12军经过激战，突破敌人包围，转移到指定地点，在转移中也歼敌近3000人。

6月10日，第五次战役结束。这次战役，中朝军队动用了15个军的兵力，连续战斗50多天，共歼灭敌人8.2万余人，同时我军也伤亡8.5万余人。第五次战役基本扭转了我军第四次战役以后的被动局面，敌我双方开始转入战略防御。在朝鲜战场上，交战双方沿着"三八线"地区形成了对峙，战线相对稳定下来，敌我双方开始停战谈判。

7月11日，第3兵团召开师以上参谋长会议，对第五次战役进行总结，研究加强部队作战能力的问题。会议由父亲主持，连续开了4天，王近山副司令员在会上先后讲了两次话，主要讲了如何保证指挥和战斗问题。12军参谋长贺光华、15军参谋长张蕴钰、60军参谋长邓士俊也发了言。第3兵团参谋长王蕴瑞做了总结。父亲在会上讲了四点意见：（一）部队兵种多了，技术装备改善和提高了，战争规模大了，战斗内容更为复杂，负责组织指挥战斗的司令部工作没有科学的组织与分工是不能完成任务的。指挥员与参谋人员对此应有新认识。（二）兵团司令部各业务系统开会，总的感觉部队首长对司令部运用上有些欠当，乱用、不用的现象普遍存在，会后应有转变。要恢复和建立各业务系统工作，经常性的工作要有专司人员，尽可能不用或少用外差，要使参谋人员各司其职，各专其务，有职有权，有责任制，使他们精心钻研业务，不断提高效率。（三）大规模的集中机动作战，上下都要求随时了解全盘战斗情况，现在我们下级干部对经常性报告和通报注意不够。今后规定各部队要做好以下报告：一是战斗情况报告。战斗发展过程中所遇到的新情况，自己的位置、动作，下一步计划等随时报告；二是战斗要报。敌我态势，敌战术特点变化和影响我改变决心的较大事要即时报告；三是战斗简报。敌我战斗消耗和战斗成果，要及时报告；四是战斗详报。要有主要经验教训和战斗详细过程，影响战斗的原因等，在战斗结束时报告；五是战斗总结报告。包括战前、战中、战后前后方工作全部经验教训和今后改进意见。（四）要大力克服指挥员与司令部指挥上的两条线，司令部和后勤部工作上的两条线现象，要加强横的联系，注意友邻部队的动态。司令部要围绕中心工作，发挥组织力量，强化指挥工作。提倡学习战术，学习参谋工作，学习指挥工作。不会看地图，不会用地图是军事干部的耻辱。要坚决克服主观主义、经验主义和游击作风，把司令部工作提高到新水平。这次会议以后，各军都加强了司令部工作，作战指挥系统更加有力和畅通。

三、粉碎美军夏、秋季攻势，因病回国

1951年9月4日，志愿军在伊川西北空寺洞召开军以上干部参加的党委扩大会，我父亲参加了会议。会议分析了朝鲜停战谈判开始后的战场形势，认为今年主要作战形式是阵地战，因此要求全军“要学会阵地攻坚和阵地防御”。第3兵团命令第12、15军停止休整，开赴金城、铁原地区，执行坚守防御任务。第12、15军在坚守防御中创造了挖坑道的办法十分奏效，第3兵团司令部及时推广了这一作战经验，部队在挖坑道上想了很多办法，坑道越挖越好。第15军第45师在五圣山阵地上挖的坑道能打、能藏、能生活、能机动，全长8800多米，为后来在上甘岭战斗中的胜利起到至关重要的作用。

9月18日，经过一个多月的激战，志愿军和朝鲜人民军粉碎了美军的夏季攻势，歼敌7.8万余人。9月29日，美军又发起秋季攻势，先后动用美、英6个师，南朝鲜3个师，从西线和东线两个方面向志愿军进攻。第3兵团组织部队进行防御战斗，部队在积极防御的同时，用毛主席的“敲牛皮糖”的办法，集小胜为大胜，消灭了美军不少有生力量。到10月22日，志愿军激战24天，歼灭“联合国军”7.9万余人，粉碎了美军的秋季攻势。

期间，我父亲经历过一次风险。一次美军轰炸的警报拉响了，父亲正在办公不愿离开，被两个警卫员硬架到防空洞。一会儿，美军飞机俯冲下来投弹，一颗炸弹正好在我父亲刚坐过的地方爆炸，由此他躲过一劫，人们说他是福将，他说多亏了警卫员。

10月29日，志愿军党委在成川东南桧仓召开各兵团、志愿军后勤司令部、各军及有关部门领导参加的高级干部会议，会议至31日结束。会议主要传达了中央关于精简节约的方针，并研究部署了志愿军整编工作。决定志愿军各机关、部队于11月15日前开始整编，至12月底基本完毕。我父亲参加完会议后，按照第3兵团党委的要求，由他负责第3兵团的精简整编工作。在此期间，他领导有关人员，重点清理了第3兵团建制属于志愿军，但由国内供应的部分单位以及编余人员、老弱病残人员、战勤人员、民工、工作队、工程队等，使作战部队更加精干。

到12月底，由于我父亲过去骑马摔过两次，加上住防空洞受潮，腰痛得站不起来。志愿军卫生部来检查说是骨结核，要开刀。因为脊椎开刀是大手术，必须报告志司。当时陈赓司令员正在志司，听到汇报后，马上给我父亲打来电话，让他立即回国治病，一周就走。父亲说部队还在打仗，还是在朝鲜治疗吧！陈赓说，这是命令，必须执行。并让我父亲把陈赓的意见转告给王近山和杜义德。王近山、杜义德说，那你就安排一下快走吧！1952年过完元旦，我父亲坐上吉普车摸黑走了2天，回到了安东。

到北京后，他马上住进协和医院，经检查确诊是骨质增生，腰椎间盘突出。苏联专家不主张手术，在医院治了不到20天，腰就不怎么痛了。父亲想自己腰能动了，于是给第3兵团领导报告，要求出院回朝鲜去。没几天，第3兵团政治部组织部长张子明带来命令，经志愿军第3兵团党委研究，决定暂时不让我父亲回朝鲜，让他到河北邢台，主持第3兵团留守部队的工作。那里有志愿军第3兵团3个军的炮兵部队、随营学校、家属和留守机关人员等，共2.3万多人。接到命令后，我父亲立即赶到邢台，领导驻在那里的各军随营学校、炮兵部队、家属学校等的“三反”、“五反”运动。经过近半年的工作，我父亲和领导小组的同志一起，认真按照中央和华北军区的要求，注意政策，在运动中紧紧掌握不许搞“逼、供、信”的方针，对下面一些过火行为及时进行了制止，凡是证据不确实的不能打成“老虎”。

1952年6月底，我父亲听说陈赓司令员回北京了，就到北京去向他汇报工作，并请求返回朝鲜。这时陈赓已经接受了党中央、中央军委要他创办解放军军事工程学院的任务，手边正缺人手，他当即决定让我父亲马上到北京报到，集中精力帮他创办解放军军事工程学院。由此，我父亲又担任了由陈赓挂帅的解放军军事工程学院筹委会副主任，重返战场的愿望没能实现，他在抗美援朝战争中的历史使命也就此完成。

（本文作者：李懋之之女，哈尔滨工程大学导弹系工程师）

『杨世明，干杯』

◇杨怡

杨世明【1907 ~ 1986.6】

湖南浏阳金刚明星村人。1927 年参加湘赣边秋收起义。1930 年编入中国工农红军。1931 年加入中国共产党。中华人民共和国成立后，任第 20 兵团 196 师师长。1955 年被授予少将军衔。

朝鲜战争爆发不久，新中国派出了第一个代表团赴朝参加朝鲜解放5周年庆典活动。应朝方请求，杨世明作为红军时期即成为战斗英雄的中国军队代表赴朝活动，与朝鲜军民深入交流，结下深厚友谊。在宴会上，金日成专门与他碰杯，意味深长。

1950年6月25日，朝鲜内战爆发。6月27日，美国政府宣布出兵朝鲜，实行武装干涉，发动对朝鲜的全面战争，并派遣海军第七舰队入侵我国台湾海峡，公然干涉中国内政。侵朝美军不顾中国政府的多次警告越过“三八线”，直逼中朝边境的鸭绿江和图们江，并轰炸中国东北边境的城市和乡村，直接威胁到新中国的国家安全。10月8日，应朝鲜劳动党和政府的请求，中共中央作出“抗美援朝，保家卫国”的决定。毛泽东发布命令将东北边防军组成中国人民志愿军，命令志愿军迅即向朝鲜境内出动，协同朝鲜人民向侵略者作战并争取光荣的胜利。10月19日，中国人民志愿军进入朝鲜战场，从此，开始了中国人民伟大的抗美援朝战争。

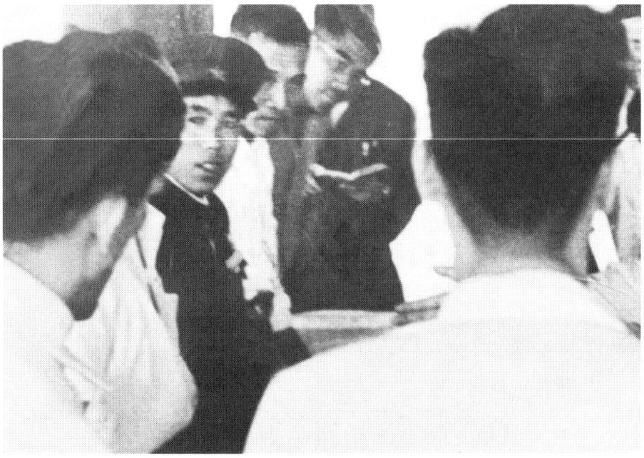

◇杨世明（左二）赴朝。

从6月25日至10月19日近四个月时间里，党中央运筹帷幄，决策抗美援朝，还派出了中国人民代表团赴朝参观访问。同年8月11日，以郭沫若为团长、李立三为副团长的中国人民代表团前往平壤，参加朝鲜解放5周年庆典活动，并慰问正在进行抗美战争的朝鲜人民。这是新中国成立后第一个访问朝鲜的代表团，区别于以后志愿军入朝作战的三届慰问团。代表团由中国各民主党派、各人民团体的代表组成，成员有许广平、蔡廷锴、许德珩、高崇民、马烽等知名人士，还有解放军战斗英雄包括我的父亲杨世明、李国英，“毛泽东号”机车司机、上海纱厂女工模范等共 23 人。

代表团赴朝前后，中国政府还没有决定出兵援朝。朝方在邀请时按金日成要求通知中方：朝鲜现在战火之中，需要中国人民解放军红军时期的战斗英雄现为军级的军人代表，才能最大限度地鼓舞朝鲜兵民士气。1927 年跟随毛主席秋收起义、1932 年成为“红军战斗模范连长”的我父亲杨世明被选中。因他现职只是师级，上级权衡之后仍以战斗英雄的身份参加人民代表团赴朝活动。

第一届全国代表团访朝正值新中国成立不久，美国借朝鲜战争爆发将军舰开进台湾海峡，妄图阻挠中国统一大业。就朝鲜战局而言，人民军已攻克汉城并将战线推进至洛东江，与美军和南朝鲜军队成对峙状态。当时美军飞机常常飞过“三八线”，对朝鲜各地进行大肆轰炸。代表团临行前听取了有关部门对朝鲜半岛形势的介绍，并对防空安全等做了必要准备。

代表团从北京启程的那天，首都各界在前门火车站举行了盛大欢送会。为了防止美军飞机空袭，代表团乘专列一路夜行晓宿，于 8 月 14 日清晨抵达平壤，被安排在当时最好的宾馆——浮碧楼下榻。15 日晚，代表团出席了平壤市庆祝朝鲜人民解放 5 周年大会，郭沫若、李立三、许广平被选入大会主席团。李立三代表全团致辞并向金日成将军和朝鲜人民军分别赠送了两面锦旗。在朝鲜民主主义人民共和国最高人民委员会常任委员会招待的庆典宴会上，金日成端着酒杯，走到我父亲面前，笑容满面、意味深长地说道：“杨世明，干杯！”

8 月 16 日起，代表团分三路开始进行参观慰问活动。全团大部分成员由郭老率领，在平壤地区参观工厂、学校，与朝鲜各界人士座谈交流；李立三率一小组赴汉城前线慰问人民军官兵；代表团秘书长章乃器则带一小组前往东海岸的元山、金刚山地区，考察美军对城镇和平民的轰炸情况。8 月 22 日晚，代表团顺利结束访问回国。

中朝两国战斗英雄在汉城会晤的情景是令人难忘的。朝鲜人民军9位战斗英雄，和我父亲一见如故地畅谈起来。三个半钟头的座谈，有一段时间翻译因事出去，他们便用笔来谈话。9位朝鲜人民军英雄中，有5位农民、2位工人、2位学生，他们多会写汉字，而且书写得很流利。他们在纸上写道:“问毛主席好！”又一个人写道:“朱总司令健康吧！”杨世明笔答道:“毛主席、朱总司令都很好，谢谢！”大家都愉快地哈哈大笑起来。

这次中朝两国代表在汉城的会晤，极大地鼓舞了已经进入战争的朝鲜全国兵民。父亲后来在他的回忆录中写道：

“1950年8月间，我光荣地以中国人民解放军战斗英雄的身份，参加了中华人民共和国第一次入朝慰问团。8月15日晚上，在平壤牡丹峰大礼堂听了金日成同志在朝鲜解放5周年庆祝大会的报告。17日，我们慰问团大部分同志去看了美帝国主义轰炸汉城火车站的情形。当天晚上，我们军事组（我和蔡廷锴先生）参加了朝鲜保卫组主持的朝鲜解放战争的最后两个点（大丘、湰山）战斗情况汇报。18日上午，我和朝鲜海岸防御战斗英雄、高射机枪英雄合了影。因此，我写了一篇题为《我见到了朝鲜人民的英雄们》的文章，并由慰问团副团长郭沫若同志改了几个字。回国后，我到总政肖华同志那儿，他又改了几个字后，我在中央人民广播电台录了音，并在《人民日报》上刊登了。”

当时，朝鲜政府在十分困难的条件下，为代表团的到访做了细致周到的安排。朝鲜军民英勇战斗和奋勇支前的事迹，感动了全团成员。代表团回国后不久，朝鲜战局发生重大变化。自9月15日起，美军和南朝鲜军队先后在仁川和元山、咸兴等地登陆并迅速攻占平壤，直逼中朝边境。10月19日，应朝鲜劳动党和政府请求，中国人民志愿军入朝作战，开始了伟大的抗美援朝战争。数百万中华民族的优秀儿女在朝鲜战场不怕牺牲、英勇作战，以劣势装备抗击侵略，写下了可歌可泣的英雄篇章。为了支援前线，中国大地掀起了轰轰烈烈的抗美援朝运动。“抗美援朝，保家卫国”，成为那个时代中国人民的共同意志和钢铁决心，更成为中朝人民鲜血凝成的战斗友谊的最好见证。

（本文作者：杨世明之女，曾任北京市公安局主治医师，一级警督）

萧文玖参与组织应对美军细菌战

◇萧湘

萧文玖【1915 ~ 2001.10】

江西吉水人。1930 年参加中国工农红军，同年加入中国共产主义青年团。1931 年转为中国共产党党员。中华人民共和国成立后，任山西省军区代司令员。1951 年任志愿军第 20 兵团参谋长。1955 年被授予少将军衔。

在 1952 年的朝鲜战场上，美军为了挽救失败局面，公然违反国际法，在使用“绞杀战”和毒气战的同时秘密实施了大规模的细菌战。时任 20 兵团参谋长的萧文玖敏锐及时地将疫情报告党中央和军委，并根据首长指示精神，统一组织领导应对细菌战的防疫工作。

1950 年 10 月，应朝鲜党和政府的请求，中共中央作出了“抗美援朝，保家卫国”的决策，迅速组建中国人民志愿军入朝作战。华北军区报经军委批准任命我父亲萧文玖为新组建的 20 兵团参谋长。我父亲以前没有当过参谋长，压力很大。20 兵团下辖 3 个军，每个军 3 个师，第一次与装备精良的美军作战，担子很重。

1952 年初，我军的防御阵地已经稳定，各方面都逐步在向有利于我的方向发展。

美军为了挽回在战场上的失败局面，增加对朝中方面的压力，并影响停战，公然违反国际公法，在使用“绞杀战”和毒气战的同时，在朝鲜战场及中国的部分地区秘密实施了大规模的细菌战。

朝鲜战场上由于美军飞机的狂轰滥炸，本来就不多的民房，几乎全被炸毁，志愿军入朝后绝大多数时间是露宿野外或山洞里。因为敌军的轰炸是家常便饭，我父亲他们也早就习以为常了。但是从 1952 年 2 月起，第 68 军的前沿阵地出现了一些反常，敌机飞得很低，不轰炸，却投掷一种奇怪的炮弹或炸弹，在离地面不远的地方发出比炮弹出膛还弱的声音，弹体碎裂得很整齐。我父亲就亲眼看见敌机播撒细菌武器，先是飞机肚子底下冒出一团黑疙瘩，一会儿就变大变淡，成了随风飘荡的乌云，散布面很大。美国飞机过后战士们在雪地里发现一大片散落的胶带、信封以及各种各样的小昆虫。刚开始以为是反动传单并没在意。但胶纸袋里夹着很多树叶、羽毛和苍蝇、蚊子、跳蚤、青蛙、蚂蚱、小蜘蛛、小蜈蚣等，有死的，有半死不活的，也有活蹦乱跳的。在不到两个月的时间里，这样奇怪的投掷有几十次，第 67 军驻地和其他一线部队以及志愿军后方也连续发现类似情况。投掷散布地区最多的是志愿军一线前沿阵地铁原、金化、平康、三角地带以北，金城、淮阳、伊川、朔宁、市边里、元山及我军纵深阳德、岩山、东江、肃川、宜川、铁山、龟城等地。

◇敌人违背国际公约，竟然在朝鲜战场上投放细菌弹。我军战士在驻地向新闻界控诉敌人的罪行。

朝鲜的初春，本来还很冷，1 月底至 2 月中旬正是朝鲜一年中气温最低的季节，零下 20 度左右。昆虫的出现比往年早了几个月，山上还覆盖着厚厚的积雪，怎么可能出现苍蝇、蚊子，甚至跳蚤、虱子等这些根本不可能在野外生存的小东西？而且密度这么大，有的竟达到一平方米 1000 多只，这究竟是怎么回事？

我父亲当时虽然还不知道是敌人的生物武器，但他知道这些苍蝇、跳蚤不是好东西，马上向志愿军司令部报告，同时组织有关人员进行研究。尽管大家也都没有经验，但一致认为应该统统消灭。可是部队没有现成的杀虫灭菌器具和药品怎么办？我父亲决定不等不靠，电告部队，就地取材，发现此类“传单”，立即浇上汽油烧掉，深埋，并大力扑杀蚊虫。战士们赶制了大量的扑打工具，同时改善个人和环境卫生，消除垃圾，排出污水，因陋就简修建洗澡堂和隔离室等。

中共中央和中央军委接到志愿军的疫情报告后，马上指示继续搜索、采集标本，同时扑灭蚊虫以防扩散。总参和总后还立即派出专家到朝鲜前线，并及时做了通报。国内来的专家一到，我父亲就向他们介绍了情况，专家们对媒介物进行了检查，很快就证实这是敌人的细菌战。原来媒介物身上都带有人工培养的大量鼠疫、伤寒、副伤寒、痢疾等传染性极强的细菌。我国政府及时向全世界公布了美国细菌战的真相，并对此进行了强烈控诉。

1952 年 3 月 1 日，志愿军成立总防疫委员会，并下达了反细菌战防疫措施的命令。志愿军副司令员邓华为主任，朝鲜联司副司令员朴一禹、西海岸指挥部司令员韩先楚、志愿军后勤卫生部长吴之理为副主任。总防疫委员会根据志愿军首长的意图，并接受朝鲜中央非常防疫委员指示，统一组织领导反细菌战防疫工作。

彭德怀司令员下达防御命令后，我父亲根据首长指示精神在一线部队从兵团到团及分部都成立了防疫委员会和防御办公室，连队设防疫小组，划分了防疫责任区，建立疫情侦察勤务报告制度和监察哨，并普遍进行了反细菌战的防疫动员和防疫卫生知识教育，按规定官兵百分之百注射疫苗，无一遗漏。大力开展扑鼠、灭蝇、保护水源、清洁住区卫生的运动。师团卫生部门、野战医院定为防御灭菌办公室，和师作战科、政治部秘书科密切联系，组织检查，掌握疫情，上报下达，一日一次，以便发现情况及时处理。军以上单位利用最快的通讯工具，每日 18 时向上一级防疫委员会报告新发现的疫情，收集美军飞机和大炮投撒毒虫地点、时间、面积、虫类和疫病情况，及时发现，及时消除，对污染地区和人员进行隔绝和善后处理。同时收集美军投撒的各种毒虫和容器，特别注意收集跳蚤，送志愿军卫生部化验。在防疫期间，对疫区进行封锁，对进出疫区的人员都进行检疫，如发生急性高热病人必须立即隔离，服用磺胺，迅速送往医院，其居所彻底消毒。

部队根据作战或驻防区域，开展群众性的打飞机活动，高射炮、高射机枪保持一级战备，发现敌机坚决开火，不让其低飞。营连没有高射武器，就组织轻重机枪，对空监视射击小组，发现低飞的敌机，猛烈开火。

志愿军司令部组织军民联防，以战斗精神扑灭苍蝇、跳蚤、老鼠等传染毒菌的媒介物，并使之成为经常性的工作。疫区组织灭菌战斗小组，以连队为单位就地查清撒播细菌区，发现的苍蝇、死鼠等就地扑打，烧毁深埋。并开展卫生大突击，修建合乎防疫标准的水井、厕所、澡堂、隔离室等卫生设施。伙房远离厕所，管制水源，水井加盖。送往阵地的饭菜和开水都要加盖，并注意炊事员的健康和伙房的清洁，禁止喝生水、吃生菜，有条件的连队还买了好多大蒜，要求每个指战员每天吃几瓣。野外厕所坑深一米以上并加盖，便后以生石灰灭菌，每三日掩埋一次，另建新厕。保护营地清洁，坚持天天打扫环境，每周大扫除一次，把卫生和灭菌结合起来。由于措施及时有力，疫情在部队没有流行。

1952 年 7 月，第 68 军高炮师击落敌机一架，机上两名美军飞行员跳伞，一个美军飞行员叫杜威布尔挂在大树上，他吊在半空急得乱喊救命。另一个美军飞行员已经在机内负伤，趴在地上动也不动。我们的战士立即上前把他们抓住，送到兵团。我父亲亲自对他们进行了审讯，问其有什么想法时，杜威布尔说："你们的高射武器太厉害了！当我从观察镜里发现高射炮时想躲已经来不及了。"我父亲派战士迅速将其送到志愿军司令部。原来这两个飞行员就是对中朝军队投掷细菌弹的凶手，他们成了美军在朝鲜进行细菌战的活证。

1953 年 2 月 24 日，新华社公布被俘美国空军上校杜威布尔的供词，承认他们在细菌战中投掷了细菌弹，犯下了滔天罪行。当天《人民日报》发表《为彻底粉碎美帝国主义的细菌战计划而斗争》的社论，揭露了美国进行大规模细菌战的罪行。之后，新华社陆续公布了执行细菌战任务被击落的 25 名美国飞行员的供词。

根据美军战俘供认，早在 1950 年 12 月，美军遭到志愿军第二次战役打击后，从清川江向"三八线"撤退时，美国参谋长联席会议就提出用细菌武器挽救朝鲜战场的败局，并批准了在朝鲜实施有限度细菌战的准备工作计划，限令 1951 年底以前完成。

美国的细菌战并未收到预想的效果，也未能挽救他们的失败，反而在全世界人民面前暴露了穷凶极恶的反动本质。

父亲说，在朝鲜打了三年仗非常艰苦，志愿军付出了巨大的牺牲，美帝国主义的细菌战没有得逞。

（本文作者：萧文玖之女，解放军陆军总医院副主任医师）

『吴岱为二次战役立下了头一功』

◇吴志民

吴岱【1918 ~ 1996.11】

福建长汀人。1931 年加入中国共产主义青年团。1933 年参加中国工农红军。1934 年转为中国共产党党员。中华人民共和国成立后，任军政治部主任。1950 年任志愿军第 38 军政治部主任，副政治委员，代理政治委员。1953 年起任军政治委员，旅大警备区副政治委员兼政治部主任，政治委员。1955 年被授予少将军衔。

在抗美援朝的第二次战役前期，时任38军政治部主任的吴岱主动请缨，负责战时后勤工作。他率领军后勤机构根据部队运动作战的任务和特点，采取正确的部署和有效措施办法，及时有力地保障了粮秣弹药等物资供应和伤病员的及时救治转运，保证了战斗任务的胜利完成。此役，38军表现最为出色，会同军主力部队歼敌一万余人，为扭转朝鲜战局作出了重大贡献。彭德怀司令员亲拟电报予以嘉奖，并特别批示："中国人民志愿军万岁！三十八军万岁！"38军也因此赢得了"万岁军"的美誉。

"吴岱为二次战役立下了头一功"

1950年6月25日，朝鲜内战爆发。在我国国家安全受到严重威胁的情况下，10月，应朝鲜劳动党和政府的请求，中共中央作出抗美援朝、保家卫国的决策。中央军委于7月10日就决定，以第38、39、40、42军组成东北边防军第13兵团，加上炮兵、工兵共25.5万人，开赴东北集结。38军接到命令后，即刻停止在河南的生产、整训和湘西的剿匪任务，全军4.2万人于7月底到达辽宁凤城。

为了更好地发扬传统，8月28日至31日，38军在辽宁铁岭隆重召开了战斗英雄代表大会，到会的英模代表60人。我的父亲吴岱时任38军政治部主任，他在会上致开幕词说："我军在解放东北、华北、中南、西南的历次战斗中，光荣地完成了任务，涌现了大批的战斗英雄与英雄连队，创造了许多极其动人的英雄事迹，我们要通过会议把他发扬光大，以鼓舞全军发扬新的英雄主义，信心百倍地保卫祖国的胜利果实，消灭美帝国主义的侵略。"38军召开的战斗英雄代表大会和随后于9月25日在北京召开的全国战斗英雄代表大会，在部队中引起了极大反响。一个学英雄、赶英雄、当英雄的热潮在部队中迅速掀起，极大地推动了部队各项战备工作的完成。

在抗美援朝第一次战役中，毛泽东特别注意使用38军，几次电示志愿军首长，要发挥好38军的作用。38军虽然取得了歼敌4600余人，缴获大量武器装备的战绩，但没有完成总部的要求。在11月13日大榆洞召开的志愿军第一次战役总结会上，军长梁兴初受到司令员彭德怀的严厉批评。军党委把批评作为动力，向全军指战员发布了创造英雄部队的号召，决心在第二次战役中打个漂亮的歼灭战，为38军争光，向毛主席报捷。对于38军在整个战役中至关重要的作用和分量，各级指战员心里都明白。全军上下攒足了劲，决心打个翻身仗。

一次战役没打好，后勤供应跟不上是个大问题。由于遭敌机轰炸，全军129辆运输汽车，战役后只剩下62辆。大量的物资弹药不能前运，运到的物资弹药卸下后，在崇山峻岭中，各师、团的后勤部队搬运与送到前线也极为困难。坚守飞虎山、九龙山掩护主力撤退的335团、337团3营弹尽粮绝。现代化战争一半打的是后勤。二次战役将要诱敌深入在运动战中反击歼敌，这对后勤保障工作提出更高的要求。军长梁兴初决定开个常委会专门研究后勤问题。他在会上厉声说:“后勤供应跟不上是个大问题！如果不解决这个问题，没有子弹、炮弹，没有吃的，没有药品，缺少冬装，这个仗怎么打？第二次战役我们还要陷入更大的被动，也可能失败。”开会前，副军长江拥辉突然昏倒。经医生检查，他是由于长期伏在“瓦斯”灯下阅电报、批文件，缺氧导致窒息。这下可把梁兴初急坏了，本打算会后叫江拥辉去抓后勤工作，现在他突然病倒了，梁兴初急得直转圈子。我父亲看出了军长的心思，就说:“老江病了，我去抓后勤工作。你说吧，有什么要求。我吴岱豁出命来也要和几千名后勤战士保证部队军需供应。”梁兴初很感动，他与政委刘西元太了解我父亲了。我父亲在山东滨海军区抗战时曾任老4团(337团)、老6团(334团)的政委，是位智勇双全、军政兼优的战将，屡立战功，还曾两次救过梁兴初的命。现在38军和其他部队一样，军需供应在美机的封锁下发生严重危机。有我父亲主动请缨，梁兴初相信他有办法有能力解决这一至关重要的难题。梁兴初既高兴又不安地问:

“你能脱开身吗？战前政治工作的任务也很重。”政治委员刘西元说：“老吴可以去，政治工作有我和王树君就行了。”

我父亲十几岁当指导员，22岁当团政委，对后勤工作不是“行家”。但他善于动脑子，有丰富的领导经验。负责后勤工作后，他狠抓了两件事：一是广泛动员，发动群众想办法，树立完成任务的信心；二是调整机构，减少层次，适应朝鲜战场情况，形成从后方到前线的物资保障体系。第112师后勤在瓦洞遭空袭，失去指挥能力。父亲就从别的师后勤抽调人员予以补充，又把多余的司机（因汽车被炸毁）编成两个徒手司机排，分别派往第113、114师随部队行动，以便在战场上抢开敌人的汽车。组织调整就绪，他亲自动员说：“38军朝北反击作战没打好，受了彭总的批评，全军团以上干部开会，各团都表示要豁出一切打好第二次战役，打出志愿军的威风，打出38军钢铁部队的本色。战斗部队劲头很足，万事俱备，只欠东风。这个东风就是我们后勤。只有保证了部队所需的粮食和弹药，才能夺取战斗的胜利。后勤的同志们，我们应该怎么办？”数千名后勤指战员齐声高呼：“我们也要豁出一切，保证部队供应！”

第二次战役开始前，军后勤部刚刚完成机构调整和动员，就打了一场硬仗。首先是第一兵站冒着敌机的轰炸扫射，将留于华山洞、江界、别河里等地的物资转运到黄镜站、花坪站，共储备了148万斤粮食，7000斤副食，两个基数的弹药。同时，第二兵站又将黄镜站接收的10万斤粮食、近万斤副食和16万发子弹、炮弹及若干手榴弹，冲破敌机封锁运送到部队，圆满完成了任务，受到军首长的表扬。

一场惊心动魄的38军后勤运输与美军飞机轰炸之间的战斗开始了。朝鲜河多，敌机把公路干线上的桥梁都炸了。今天刚修好，明天又炸掉，所以通往38军隐蔽的德川西北部的公路无法通车，物资后勤供应极为困难。吴岱与工兵想出了一着妙计，在水下铺设潜水桥，拿铁丝编个笼子，装上石头沉进河里，打成石头坝，上面再铺上卵石，把桥面搞平，桥面离水面半米左右，能通汽车。为了迷惑敌人，还在铺好的水下桥附近架上大桥，吸引敌机轰炸，以保护水下桥的安全。

我父亲率领数千名的后勤部队经过3昼夜与美军飞机的斗智斗勇，为部队补充了10天的粮食、一个基数的携行弹药、一部分被服和棉鞋、医疗急救药品和器材。战场上的伤员，要送到战区医院，由于伤员只能等待担架队，依靠人力缓慢后送，有的伤员被送到后方医院时，已经成为冻僵的尸体。1950年朝鲜冬天的严寒，是历史上少有的，夜间的温度降低到接近零下40摄氏度。怎么办，打仗以前，担架队每到一个地方，就开始烧砖。砖烧完了搁在担架头上，防止伤员受了伤以后被冻死。

◇ 1951年10月，二次战役后吴岱（左一）向英雄部队赠旗。

在第二次战役中，我父亲率领军后勤机构根据部队运动作战的任务和特点，采取梯次部署，靠前配置，接替保障，以提高机动保障能力；充分利用战缴物资，辅以自力更生、就地筹集等措施，以弥补战前补充不足和战斗消耗；充分利用夜暗条件进行补充给养、手术治疗、接送伤员等工作，以减少损失，提高工作效率；通过加强自身防卫，避开敌封锁破坏，以确保后方安全。梁兴初非常满意我父亲的后勤工作，高兴地说:“吴岱，你真行! 不但了却了我的一块心病，还是第三次救了我的命。”当时在38军司令部的志愿军副司令员韩先楚也称赞道:“吴岱为二次战役立下了头一功! ”

第二次战役中，38军攻克德川、占领嘎日岭、穿插三所里、抢占龙源里、激战松骨峰、阻敌南逃北援，一举歼灭以美军为首的“联合国军”1.2万人，对取得战役的胜利起了关键作用。38军以伤亡2279人的代价，取得了丰硕战果，共毙伤敌7485名，俘敌3616名（其中美军1042名），击毁缴获坦克 114 辆，缴获各种火炮 389 门，汽车 1500 余辆，电台 51 部，还有大量其他军用物资。第二次战役还未结束，我军还在围歼敌人之际，志愿军司令员彭德怀就亲自起草电报，传令嘉奖 38 军，并在电报结尾批示“中国人民志愿军万岁！三十八军万岁！”38 军也因此赢得了“万岁军”的美誉。

第三次战役前，部队粮食极其匮乏，我父亲带军机关干部在“三八线”以北地区进行了艰苦细致的群众工作，筹集到粮食 300 万斤，不仅解决了本部队的燃眉之急，还有力地支援了兄弟部队，受到了志愿军司令部、政治部的表彰。1950 年除夕，志愿军突破了敌人设防多年的“三八线”，乘胜跨过汉江，把敌人赶到三十七度线以南。父亲适时地率领干部在部队中开展强有力的思想工作，并及时组织群众向阵地运送武器弹药和粮食，使部队的士气得以保持，战斗力得以加强。

1951 年 1 月 25 日，38 军奉命担负汉江南岸坚守防御。这是在入朝后连续作战 99 天、全军减员 21%、部队极度疲劳、弹药奇缺、天寒地冻、孤立前出、仅凭临时构筑野战工事、冒着敌人狂轰滥炸的背水作战。在坚守汉江南北的 50 多个日夜里，前期在军、师、团的军事主官回国集训的情况下，军长梁兴初率领 38 军部队抵御敌军几十万人的进攻。

2 月 13 日，中朝联合司令部通令嘉奖 38 军：我 38 军坚守汉江南岸阵地已历时 17 昼夜，美敌虽在多辆飞机、坦克、炮火配合下，昼夜轮番攻击，均被该军英勇顽强地不断猛烈反击，予敌以沉重打击。迄今汉江南岸基本阵地仍屹立未动，分割隔离东西线敌军，有利我主力向敌反击。特通报表扬，并望该军指战员继续奋斗，争取战役胜利。2 月 17 日，38 军撤至汉江北岸 31 公里正面，继续抗击敌人的进攻，直至 3 月 16 日完成防御作战任务，并取得歼敌万余人的重大战果，为保障东线进行横城战役和二线兵团开赴前线进行第五次战役赢得了时间。此时，38 军 117 个步兵连队战斗人员平均每连 37 人（出国时 180—200 人），机炮连平均每连 59 人。50 天的浴血奋战，38 军付出巨大牺牲，以劣势装备顶住了优势装备之敌的数百次攻击，两获志愿军总部通令嘉奖，再显“万岁军”的英雄本色。著名战地记者、军旅作家魏巍于 1951 年 3 月 24 日在《人民日报》发表战地通讯《汉江南岸的日日夜夜》，真实记录了战场的惨烈和我军的英勇。

抗美援朝四次战役后，父亲撰写了《抗美援朝四次战役和政治工作》《连续作战情况的干部工作经验》两篇文章，系统地总结了38军入朝以后的政治工作、干部工作，着重强调了解、选拔干部应该作为经常性的工作制度，详尽介绍了战斗中保存干部的具体措施，为兄弟部队在异国作战的政治工作和干部工作提供了可借鉴的宝贵经验。

中朝军队连战连捷，迫使美国在停战协定上签字。38军在取得歼敌5.5万人的突出战绩后，于1953年7月凯旋回国。在抗美援朝战争中，直接参加过一线作战的25个军中，只有8个连队被志愿军总部记特等功，38军有4个连队，占了一半。我父亲荣获朝鲜民主主义人民共和国二级“国旗”勋章，一级、二级“自由独立”勋章各一枚。

◇ 1975年10月，吴岱（前排左二）访问朝鲜时向朝鲜人民军赠旗。前排右二为李志民。

1975年10月，应朝鲜民主主义人民共和国主席金日成的邀请，我父亲率中国人民友好代表团访问朝鲜参加庆祝志愿军入朝参战25周年庆典活动。金日成主席亲自授予他二级“国旗”勋章和一级、二级“自由独立”勋章各一枚，表彰他为抗美援朝的胜利作出的重大贡献。

（本文作者：吴岱之子，曾任北京石景山区人民武装部政治委员，中共石景山区区委常委，大校军衔）

徐信指挥187师获『猛插分割』奖旗

◇徐京明

徐信【1921.3 ~ 2005.11】

河北灵寿县人。1937 年参加八路军，同年 11 月加入中国共产党。1949 年至 1954 年任陆军第 63 军 187 师副师长兼参谋长、187 师师长，中国人民志愿军第 63 军 187 师师长等职。1964 年 4 月晋升为少将军衔。

在抗美援朝第五次战役中，徐信率63军187师切断雪马里敌军的退路，击溃英军劲旅格洛斯特营。该师敢于打近战、夜战，大胆穿插迂回，作战英勇顽强，受到通令嘉奖，并获得“猛插分割”奖旗，彭德怀也亲自签发通报予以表扬。

如果有人问我父亲，他在参加抗美援朝战争中，哪一次发挥得最好，哪一仗打得最苦，他会毫不犹豫地告诉同志们，在抗美援朝第五次战役中发挥得最好，涟铁阻击战打得最苦。2年零9个月的抗美援朝历练，为他提供了一个充分施展战争才华的舞台。

1951年4月24日第五次战役进行到第三天，虽然志愿军各师多已成功渡江，可大部分在临津江南岸滩头激战，插入敌纵深的只有我父亲任师长的187师。

能不能打破战场上的对峙局面，如何打破不利的僵局，63军首长注视着187师，19兵团首长紧盯着187师，志司首长也把关注的目光投向187师。临津江过了，部队已经插入敌人的纵深，能不能撕裂敌人的防御体系，粉碎敌人顽抗的信心，一切的一切，就看我父亲怎么指挥了。

天亮了，进攻放慢，可战斗更加激烈。敌人在飞机和大炮的掩护下疯狂反扑，各部队展开艰苦的战斗。

在土桥场通往雪马里的公路上，敌30多辆坦克轰轰隆隆大摇大摆地向北开进，坦克的后面，约一个营的李承晚军步兵，缩头缩脑地坐在汽车上。天空中，20多架敌机来回兜圈搜索目标，随时准备轰炸扫射，转了十几圈后，没有发现什么，随即向北飞去。看到飞机飞走，地面的敌人更放心了，步兵把提在手里的枪背上肩，从背包中掏出面包香肠边走边吃。敌坦克兵打开顶盖探出身子，一边看风景，一边利用电台听音乐。就在敌人得意的时候，从路边的树丛中突然射出一排密集的子弹，探出坦克的炮手趴下不动了。几声闷响过后，先头的几辆坦克起火燃烧，不等敌人反应过来，路边树丛中冲出十几名勇猛的志愿军战士，把早已准备好的炸药包和集束手榴弹投向正在掉头的坦克，随着巨响连声，又有十几辆坦克趴下不动了。幸免于难的敌坦克，不管三七二十一，掉过头来就往回跑，把后面乱成一团的步兵，冲了个七零八落。就在他们夺路冲过步兵车队，以为已经摆脱志愿军部队时，又是几声闷响，随后是火箭弹的爆炸声，跑在最后的四辆坦克中弹瘫痪，把整个路面堵得死死的。

随着嘹亮的冲锋号声，561团3营7连、8连的指战员冲出树丛，杀向乱成一团的敌人。手榴弹在敌群中不断开花，聪明的敌人钻出坦克跳下汽车飞窜逃命。7连、8连乘胜追击，追歼逃敌一部，缴获敌坦克18辆，汽车20余辆。等敌人的飞机闻讯赶到时，公路上除了燃烧的坦克和汽车外，志愿军部队早就不见影了。

当天下午，敌以南朝鲜军65团外加一个营的兵力，再次从土桥场方向增援雪马里。561团3营依托有利地形，先放过敌坦克，集中火力炸毁敌汽车，大量杀伤敌步兵。然后，以反坦克小组从侧后攻击敌坦克。冲在前面的敌坦克见势不妙，立即倒车后撤，结果，坦克与坦克，坦克与汽车相互倾轧，乱成了一锅粥。

这次增援雪马里的敌人，只有坦克兵是英军，其余步兵为南朝鲜部队和临时加强的比利时、菲律宾部队。为增援被困雪马里的格洛斯特营，英军指挥官竟然不顾盟友伤亡，在命令步兵采取多波次轮番冲击的同时，集中几十门大口径火炮，向敌我短兵相接的阵地实施猛烈轰击。

面对敌人的疯狂攻势，561团3营以少摆多藏、轮番出击的战法，一次次打退了敌人的进攻。3营8连6班坚守的无名高地，是敌人每次进攻的必经之地。6班在班长杜根德的带领下，以灵活的战术和顽强的战斗，连续打退敌人七次冲锋，击毁敌人坦克、汽车各1辆。最后，阵地上只剩杜根德一人，仍然坚持战斗。他先后用手榴弹、爆破筒等武器击退敌人五次进攻，毙伤敌30余名，独自坚守阵地5个多小时，战后荣立一等功。

敌人从土桥场增援雪马里连遭失败后，即改变方向，从187师右翼由西向东横向攻击，企图从西面接应格洛斯特营。敌以8辆坦克，掩护着6辆满载步兵的汽车，由神岩里西北侧沿公路一直向东攻击前进。担负右翼掩护任务的559团9连发现敌增援行动后，于险要路段设伏，用打头截尾、中间突破的战术，一举将敌队形打乱。经过十多分钟的激烈战斗，击毁敌坦克5辆、汽车6辆，全歼敌步兵。

在187师外围部队打援的同时，负责包围雪马里的559团主力和560团1营，也多次粉碎了雪马里守敌的突围行动。随着夜幕的再次降临，喧嚣一天的大地，终于获得短暂的宁静。

对于没有制空权和劣势装备的志愿军来说，夜晚远比白天可爱得多，不用担心空中有敌机轰炸扫射以及还没有接近敌人就遇到密集的拦阻炮火。其实，对于极其依赖视力的人类来说，夜晚并不是一个适于活动的时段。夜暗把人的视力降到最低，也把以人的意志为主导的现代化武器装备的优势降到了最低。在夜暗中，敌我双方只能发挥最基本的战斗力，只能凭指挥员的智慧、战斗员的素质、最基本的步兵装备，以及平时训练所培养的夜战适应能力进行交战。在各种夜视装备高度发展的今天，夜暗也许对战斗已经没有什么影响，可在20世纪50年代初的朝鲜战场上，夜暗只助力勇者。

天黑后，父亲本想立即对雪马里地域之敌发动进攻，可从下面报上来的情况看，经过两天两夜的连续作战，部队确实需要短时休整补充一下，不然不等与敌人接火，自己先就把自己累垮了。经过思考，他把总攻雪马里的时间定在4月25日凌晨。“我命令你，无论如何，必须睡上四到五个小时的觉，不然，我就派别人去代你指挥战斗。”这就是父亲给559团副团长作战命令的最后一句话。

25日凌晨，围歼雪马里之敌的战斗打响。担任正面主攻任务的559团各营，顶着敌人密集的火力，前仆后继奋勇拼杀。559团第5连，发起进攻后遭遇守敌顽强反抗和集团坦克的反突击，连续8次冲锋都没成功，伤亡较大。张副团长及时指挥第9连从5连左翼加入战斗，并命令第6连抽一个排从5连右翼侧击敌反突击部队。在我三面进攻下，反击之敌首先溃退，守敌多数被歼，少数逃回雪马里。559团各营乘胜向敌纵深发展进攻，一举攻占了雪马里东西北三面的几个要点，把敌人压缩包围在235高地周围。

在559团正面进攻的同时，560团1营亦从南面向雪马里发起猛烈进攻，攻占了雪马里背后的295.4高地，与559团1营会合，步步紧逼，逐渐缩小包围圈。

雪马里之敌在我前后夹击、四面包围下，固守无望，待援无期，战斗意志开始崩溃，随即在纵深炮火和235高地之敌的掩护下，趁拂晓大雾仓惶向南突围。560团1营发现敌突围行动后，依托295.4高地及附近有利地形设下埋伏。当突围之敌逃到295.4高地北侧时，立即遭到560团1营的迎头痛击，丢下一地的尸体和十几辆报废的坦克掉头窜回雪马里。560团1营乘势追击，俘敌60多名，进一步缩小了对雪马里的包围圈。

235高地位于雪马里东侧，是一个坡度较缓的独立山丘。敌人在山顶构筑了完备的野战工事、炮兵阵地和以坦克为主的直射火力点，并在半山腰用坦克组成环形机动反突击群，妄想固守顽抗。

早晨8时，559团各营和560团1营，从四面同时向235高地发起进攻。从南面进攻的560团1连，利用缴获的4门迫击炮和重机枪，掩护部队发起冲击，首先突破敌235主峰防线，杀入敌阵。与此同时，559团9连也从西面突破敌防线冲上山顶。就在这时，天空中飞来20多架敌机，可山顶上敌我已经短兵相接，敌机在空中转来转去丝毫没有办法，最后只好掉头轰炸周围高地出气。

山顶守敌被我歼灭后，235高地东北山坡上，敌人仅剩的20多辆坦克，彼此首尾相接形成一个巨大的圆环，炮塔上的火炮和机枪一致对外，一面发射一面向南坡滚动，像是一个正在不断辐射死光的铁环，很难接近。面对敌人摆出的钢铁怪阵，559团只能拿出最大的耐心，集中全团的仅有的几具火箭筒，逐个歼灭。当敌人坦克怪阵转到235高地南坡时，大概是已经发现我军没有更有效的攻击武器，随即变换队形，一路向南突围。然而，等他们好不容易冲出十几里，爬上通往南边的公路，以为逃生有望时，先是冲在前面的几辆坦克被击毁，随即殿后的几辆坦克被炸断了履带，左面是陡坡，右边是山崖，最后一一被歼。

战至25日上午，第187师全歼英29旅格洛斯特营和一个炮兵队、一个重坦克连，毙敌中校营长以下官兵 129 名，俘敌副营长以下 459 名，缴获各种火炮 26 门、坦克 18 辆、汽车 48 辆以及其他军用物资一部。

“联合国军”对雪马里之战作过这样的记载：“……左翼格洛斯特营仍陷于敌包围中，六时虽接到撤退命令，但已失去突围良机……这时，营长作出悲壮决定，要求以连为单位分散突围……向南突围的 A、B、C 三个连没有一人到达友军阵地，在突围过程中全部丧生。D 连的三十多人是格洛斯特营六百二十三名中仅有的幸存者。”

由于我父亲率 187 师成功突破敌临津江防线，迅猛插入敌纵深，全歼雪马里地域之敌，在敌防线中撕开一个几十公里的口子，动摇了敌人的整个防御部署，打破了双方沿江对峙的僵局。“联合国军”开始全面撤退，中朝各部队乘胜展开追击，战场形势急转直下。为扩大战果，大量歼灭敌有生力量，志司一面命各军加速追击，抓住南逃之敌，一面电令已经插入敌人纵深的 187 师展开堵截，为主力追歼逃敌争取时间。

在敌坦克怪阵还在 235 高地东北山坡滚动时，我父亲已经指示 559 团，除留少数部队围歼残敌，主力迅速向南穿插，沿车马洞、昆池里向道乐山方向攻击前进，占领道乐山，拦截南逃之敌。同时，父亲命令 561 团沿孝佳里、石隅里迅猛插至德溪里地区，抢占公路、铁路两侧有利地形，切断美 3 师的退路；命令 560 团 1 营留部分部队肃清雪马里残敌，团主力沿龙岩里、德亭、道乐山，向虎鸣山及加叶里攻击前进。

25 日白天的战场形势，只能用“极度混乱”一词来形容。187 师向南穿插的各部队，与向南逃窜的敌人并列走在同一纬度上。沿途虽然不时有小规模的战斗发生，却骗过了敌人的空军，免去了敌机轰炸扫射。我父亲给各团的指示是：“告诉部队，用我们的两条腿与敌人的汽车轮子赛跑，用我军的钢铁意志拼敌人的钢铁装备，八仙过海，各显神通，能够抢在敌人前面，夺占要点堵住敌人的退路就是胜利。”

当晚 21 时，559 团 2 营摸到了道乐山山脚。道乐山，位于临津江以南约 30 公里处，南北走向，纵卧在汉城至涟川铁路、公路，以及汉城至平壤公路三叉路口旁边，山势陡峭，地处险要，是敌必守、我必攻的战略要地。道乐山随海拔升高，山顶形成驼峰状的南北两座山峰，彼此呼应，互为依托，守敌约有一个营的兵力。

559 团 2 营虽然大致了解山势走向，却不清楚守敌的兵力和部署。营长考虑再三，决定以逐点进攻的战法，首先集中兵力夺取北峰，然后依托北峰向南发展攻取南峰。他随即指挥 4 连从正面主攻，5 连、6 连分别从左右两翼迂回侧击。经过短时准备，三个连悄然摸向道乐山北峰，于 23 时同时由三个方向发动突袭。经过 20 多分钟的激烈战斗，守敌一个连大部被歼，只有少数逃往南峰。

成功袭占道乐山北峰后，559 团 2 营以 6 连由北向南进攻南峰，以 4 连从左翼迂回至南峰以东，从敌侧后突袭，5 连依托北峰用缴获的迫击炮和重机枪进行火力掩护。当 6 连向南峰发起进攻时，守敌不仅顽强抗击，而且派出约一个连的兵力从西侧实施反突击。尽管 5 连集中火力拦阻压制反突击之敌，6 连却被敌山顶密集的火力压制在阵地前，进攻受阻。在此关键时刻，4 连及时从东面向守敌侧后发动突袭，一下把敌人的火力吸引过去。趁敌火力转移，6 连再次发起冲锋，山顶守敌左支右绌，顿时阵脚大乱。4 连、5 连密切配合协同作战，于 26 日晨 6 时攻占道乐山南峰，全歼山顶守敌。半山腰反突击之敌见大势已去，随即弃阵向南逃窜。

在 559 团 2 营攻占道乐山时，561 团沿孝佳里、石隅里方向迅速猛插到德溪里地区。该团 2 营经道乐山北侧向南穿插，一举攻占德溪里东南无名高地，歼灭守敌百余人后，继之占领了公路和铁路两侧的有利地形。与此同时，561 团 1 营在德溪里以西与南撤之敌一个营遭遇。1 营迅速展开勇猛冲杀，毙敌 60 余人，余敌无心恋战夺路南逃。561 团 1 营乘胜追击，攻占了海亭里、德溪里地区的有利地形。

26 日拂晓，560 团主力经龙岩里、德亭、道乐山西侧，穿插至虎鸣山及加叶里地区，击溃守敌一个营，占领莫江山等要点。

面对接踵而至的一份份捷报，我父亲不觉轻松反而紧皱眉头，在临时前指踱开了步。刚刚带机关赶到的张迈君政委，见我父亲一副忧心忡忡的样子，深感诧异。就他所知，各团都已经按要求准时穿插至指定地区，并且占领了各个要点，形势满不错的嘛。

“老徐，形势挺好的，你又在担心什么？”

“不，照我看，形势并不乐观。”

看到张迈君一脸不解的神情，我父亲苦笑着摇了摇头，随即走到地图前，指点着红红蓝蓝的图标开始解释：“老张，你看，按上级的要求，我们师目前已经控制了道乐山、德溪里和莫江山地区的各个要道、要点，表面上看，形势是不错，可咱们仔细想一想，却不能乐观。全师分成八九个点，分布在这么一大片地区，没有预备队，没有可机动的部队，一旦遇上大股逃敌和援军，各点凭现有的兵力能顶得住吗？即使各部队不惜一切代价坚守，在没有后援的情况下，又能顶多久？”

“哦，189（师）上来没有？”

“听军里说，先头已进到雪马里一线。喏……”

张迈君瞟一眼地图，估摸着距离和时间，“三十里，两三个小时，要是凭险据守，咱们还总能顶得住吧！”

“那是上级的计划和咱们希望的情况。现在天大亮了，敌机可不是摆样子吃干饭的，189（师）能不能按时赶到很难说。要是中间出什么岔子，咱们一线的部队……”

听我父亲的一番分析之后，张迈君和其他在场的干部也都皱起了眉头，为一线部队担忧。

26日天亮后，在187师控制的各条要道上先后涌来了大批逃敌。为了夺路逃命，敌人的攻势是疯狂的，战斗一开始即异常艰苦、残酷。

就在187师最需要二梯队189师增援的时候，我父亲却接到军里通报：189师在开进途中，遭遇大批敌机围攻轰炸，整个炮兵团装备损失严重，目前军里与189师师指失去联系。

我父亲最担心的情况终于出现了！他立即离开师指挥部靠前指挥战斗。他不知道，在他离开师指20多分钟后，军里又来电话通知，189师566团行至土桥场时，与南撤的美军一个团遭遇，双方展开激战，已经无法赶往德溪里增援。军里虽然已经下令188师向德溪里靠拢，一来距离较远，二来有敌机轰炸封锁，对德溪里的战局显然是“远水难解近渴”。

我父亲急切盼望第二梯队的出现，并非想解除眼下的危急，也不是担心自己的部队顶不住，而是希望在187师卡住敌退路之际，更多地歼灭敌人有生力量，扩大战果。而现在……他只恨自己不会分身，不能三头六臂，手头没有更多的能够使用的兵力。

他紧盯着眼前的战斗，目光随着败退的敌人坦克转向对面的战场，在那里，激烈的战斗仍在继续……

他眼瞅着40多架敌机飞临德溪里东山我军阵地上空，投下大批的重磅炸弹和燃烧弹，眼瞅着对面的山头变成一片片火海，眼瞅着敌人趁机用坦克开道，挤开堆在公路上的汽车残骸向南逃走。他“嘿”的一拳砸在身旁的大树上，愤然骂出一声：“真他妈气死人！”

第一阶段进攻作战结束，可部队得不到真正的休息。敌机投下的炸弹，正好落在187师指挥所的洞顶上……

在我军各部队连续勇猛突击下，敌“联合国军”全线溃退，迅速逃到汉城、汉江和昭阳江以南地区组织新的防线。鉴于在汉江以北歼灭敌主力已不可能，各部队粮弹供给困难，29日，联司宣布第五次战役第一阶段作战结束。

兵团电令：“63军火线部（第187师），动作勇猛，指挥灵活，突破临津江后，大胆穿插分割迂回，将敌美3师、英29旅分割开，猛插入敌后，歼敌千余，俘敌580余，创造一个排歼敌一个连，俘敌160余之光辉战绩。以上为我兵团执行穿插分割迂回包围的范例，完成了战斗任务，决定并经志司志政批准，给予63军火线部……通令表扬，并赠给‘猛插分割’的奖旗一面。特此通令嘉奖。仰各受奖单位同志们继续努力，争取更多更大的光荣，并号召全军人员向他们学习。”

5月25日，志愿军司令员兼政治委员彭德怀，亲自签发通令：“63军火线部（187师）于攻势发起后，即大胆插入敌后，将美3师及英军29旅分割，并于嗣房北山创造了一个排歼敌一个连、俘敌一百六十名的光荣战绩。……这种勇敢穿插分割的精神，值得各部学习，特予以通令表扬。”这是187师的荣誉，也是对我父亲指挥才干的充分肯定。

反复侦察，认真核实，准确掌握我情、敌情、地形、路况、水情，是他正确决心的基础；选准突破口，白天隐蔽开进，让各级指挥员熟悉突破口，是全师迅速渡江的前提；因势利导、当机立断、及时调整主攻方向，大胆穿插迅猛分割，动摇敌人整个防御体系，保证了任务的完成；胆大心细、靠前指挥、无畏无惧，在战场上，他的位置就是作战决心，他的行动就是战斗命令。

（本文作者：徐信之子，原总参二部驻日本武官，副军职少将）

黄连秋珍藏的一份伤亡记录

◇黄力力

黄连秋【1912 ~ 1982.10】

湖南平江枧黄村人。1928 年参加中国工农红军。1932 年加入中国共产主义青年团，同年转入中国共产党。中华人民共和国成立后，任师政治委员。1950 年任志愿军第 66 军 198 师政治委员。1953 年起任军政治部主任，华北军区空军政治部主任。1955 年被授予少将军衔。

志愿军第 66 军 198 师政委黄连秋，珍藏着一份几十年前的伤亡记录，详细记载了五音山守备战中 198 师团、营干部伤亡情况。198 师指战员以“人在阵地在”的豪迈气概，爬冰卧雪，顽强血战，先后打退敌人大小数百次进攻，毙伤敌人 1500 余人，打破了敌人进占洪川北上进犯的企图，胜利完成了掩护主力集结的任务。歌曲《英雄的阵地钢铁的山》曾在全国广为流传，歌中唱道：“我们是坚守五音山的英雄，我们是坚守五音山的好汉，抗美援朝建奇功，为国增光英名天下传。”

我父亲黄连秋珍藏了一份几十年前的伤亡记录。这是两张薄薄的、发黄的纸片，不管是生病住院还是去干校劳动，父亲总是把它带在身边。我印象很深的是从我上初中的时候，就很多次地帮他誊抄过这份记录，有的用于写回忆录，有的用于给学校的孩子们讲革命故事。有一次，我进到父亲的房间，看到他面前摆着两页纸，脸上表情凝重，沉浸在深深的回忆中。我不敢打扰他，想要退出，父亲突然说：“进来吧，我给你讲讲它的故事。”

那是 1950 年 10 月 24 日，我父亲任第 66 军 198 师政委，当时部队正在渤海湾边的稻田里收割稻子，接到军委命令，立即出发，开赴安东（今丹东），接替东北军区赴朝部队防务，并随时准备赴朝参战。我父亲和师长宋玉琳马上从稻田里收拢部队，来不及洗去身上的泥土，来不及向亲人告别，迅速登上东进的列车，在短短 48 小时里，从渤海边的沧县驻地赶赴一千公里外的鸭绿江边，于 25 日抵达安东。因为是首批入朝部队，他们来不及更新武器装备，来不及补足通讯器材，来不及换上御冬服装，26 日就奉命跨过鸭绿江，进入朝鲜境内，与美帝国主义和“联合国军”，展开了一场殊死大较量。

第四次战役是为遏制“联合国军”的猛烈攻势，在横城一带展开的一次战役。第198师担任阻击任务，阵地就在五音山。

1951年2月5日（农历大年三十）下午2点，军民联欢会正在进行，志愿军司令部命令198师以最快的行军奔赴五音山，接替人民军5军团的防御，阻止敌军对五音山的进攻，保证主力部队休整和过好春节。

从驻地到五音山有100多里路，中间要翻越5座大山，尤其是水利峰，又高又陡，天下着大雪，道路崎岖泥泞，战士们背着枪支弹药，负重七八十斤，走几步就摔一跤，行动极为艰难，但指战员情绪十分高涨。

经过百里急行军，先头部队于当晚11时赶到了五音山北坡山脚下的一个小山村。经过侦查，发现人民军已经转移，五音山阵地已没有我方部队防守。警卫分队在村里抓到几名敌军的便衣特务。从审问中得知，美2师和李承晚军8师已经占领了横城，现在位于五音山南侧的山脚下，已经完成了进攻部署，预计6日拂晓向五音山进攻。这突然出现的情况，使整个指挥所里的空气骤然紧张起来。目前五音山是一座“空城”，一旦被敌人察觉，就会立即抢占五音山，使我军陷入被动局面。

◇抗美援朝期间第66军198师领导合影。左一为军政委王紫峰，左四为师政委黄连秋，左六为师长宋玉琳。

为了造成敌人的错觉，我父亲和宋玉琳师长做了两个大胆的决定，第一，将特务巧妙放回，使敌人误认为人民军的防御得到了加强，或志愿军已经接替了防御，迫使敌人不敢轻举妄动，迟滞敌人的进攻时间，给他唱出“空城计”。第二，要迅速控制五音山主阵地，以防不测。当时就派594团团长江文带领警卫分队仅两个班的兵力，立即抢占主峰阵地。同时派通讯员通知部队，加快行军速度，6日天亮以前务必进入阵地。或许敌人上了当，或许因为天气恶劣，6日这一天敌人没有发动进攻。而我军也赢得了构筑工事、做好战斗准备的短暂时间。

◇部队在朝鲜五音山修筑工事。（黄连秋摄）

2月7日，敌人以2个团的兵力从公路南侧汝乃以及西山地区向594团1营固守的培洞以北高地发动攻击，在坦克、大炮的掩护下，敌人发动了3次攻击，从拂晓战至黄昏，在我伤亡过半、弹药耗光的情况下，我军被迫撤出最前沿阵地330高地。当夜，我军组织了反击，共产党员、1营2连战斗小组长王荣带领3名战友在夜幕掩护下，连续夺取两个山头之后，摸到了330高地，以冲锋枪、手榴弹一阵猛打，趁敌混乱，夺回了330高地。20分钟后2连主力接应上来，并打退了敌人约一个营兵力的反冲击，巩固了前沿阵地。其后，王荣和7名战友一起，又打退了敌人几十倍兵力的32次进攻，直到8日拂晓，毙伤敌人150余人，出色完成了任务。但王荣却光荣牺牲，后来被追记特等功。

2月8日，敌兵向我1、2连阵地进攻五六次均被击退。2连1排8名勇士在500高地南侧的无名高地英勇顽强地击退敌15次冲击。

2月9日，敌人又增加了两个炮兵连，敌步兵在炮火的掩护下，在10余辆坦克的引导下向396高地连续3次冲击，均被打垮。从15时起，敌人又向我军2连阵地连续发起6次冲锋，阵地一度丢失，后经反击夺回。该连3排，面对敌一个团兵力的进攻，沉着勇敢，无所畏惧，先后打退敌十余次冲锋。在阵地左翼，3营受到一度占领330高地之敌的攻击。当夜，张孝才营长命令仅剩下21人的594团7连进行反冲击，战至午夜时分又将敌人驱下330高地，随之连续打退敌人7次反冲击。

2月10日8时，敌人飞机配合炮兵向我阵地猛烈轰击。至13时许，594团2连一个班除一名机枪手外，全部壮烈牺牲，阵地暂时被敌占领。14时，我军组织反击，夺回了失去的阵地。在594团3营7连坚守的330高地，敌人以20多架飞机及火炮对我阵地狂轰滥炸。阵地最前沿6人中伤亡4人，可战士们仍继续与敌拼杀，数次打退敌人进攻。最后7连把仅剩下的全部兵力8人投入前沿与敌死战，又打退敌4次进攻。之后敌人集中30余门火炮向330高地轰击1小时，以2个连兵力迂回攻击330高地。7连战至只剩下1名干部、2名战士，至15时30分才奉命撤离阵地。22时，3营组织仅剩19人的8连，对330高地进行反冲击，该连排长李海带5名战士一举将敌人打垮，夺回了330高地，歼守敌60余名。李海等被誉为“五音山六勇士”，荣立大功，3营营长张孝才、1营教导员毕继荣均立大功。

◇五音山战役中被誉为“五音山六勇士”的8连指战员。

2月11日，敌攻占五音山无望，且察觉我主力向前运动，对继续进攻或后撤犹豫未决，攻击势头减弱，主要以炮、空火力轰击。敌人以轰炸机8架、战斗机16架，协同美2师榴弹炮营对五音山阵地进行火力摧毁，炸得山上积雪精光，草木皆灰，山头变成了黑色，重点仍是330、500高地。之后敌人以百余至数百人为一股，多批次地分别向五音山各个前沿阵地疯狂进攻，但其士气大落，经我还击，敌人的进攻均被打垮，阵地巍然屹立。至2月11日17时40分，战斗停止。

在5昼夜的五音山阻击战中，198师指战员以“人在阵地在”的豪迈气概，爬冰卧雪，顽强血战，一把炒面一把雪，在阵地上与敌反复冲杀，先后打退敌人大小数百次进攻，毙伤敌人1500余人，打破了敌人进占洪川北上进犯的企图，胜利完成了掩护集团军主力集结的任务。朝鲜停战后，歌颂198师五音山阻击战英雄事迹的歌曲《英雄的阵地钢铁的山》，曾在全国广为流传。歌中唱道：“我们是坚守五音山的英雄，我们是坚守五音山的好汉，抗美援朝建奇功，为国增光英名天下传。”

2月11日晚，198师胜利完成五音山阻击战之后，随集团军主力转入反击。2月12日，592团占领斧刚里，并追击逃敌至草塘北山，向敌发动进攻，击溃一个营的敌人，占领高地。593团4连2排在敌人四面火力封锁下，勇猛插上公路，强行炸毁敌之先头坦克、汽车，敌人四散溃逃，截住汽车80余辆。4连2排荣立集体大功。593团3营以勇猛动作迅速占领草塘大桥阵地，两次爆破草塘大桥，迟滞了敌坦克、汽车、重炮撤退，打退了敌人4次反冲锋。594团占领雉洞、茶峰里。

2月13日下午，第四次战役的横城地区反突击胜利结束，迫敌后退26公里。

当然我军也付出了重大牺牲。在父亲保存的笔记中，有他手写的在朝鲜战场上198师的一些历史资料，从中可以看出当时战斗的惨烈。资料是这样描述的：

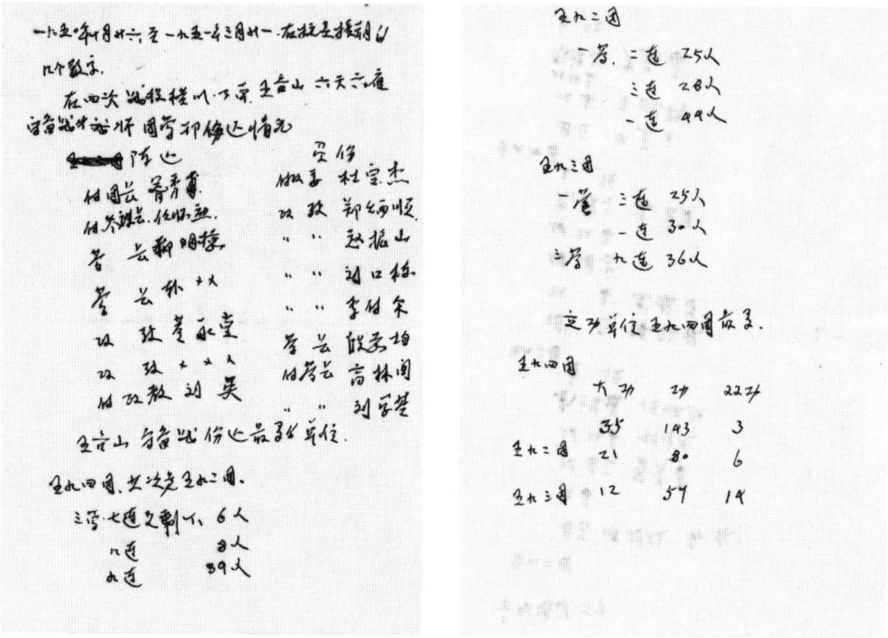

◇黄连秋保存的五音山战斗部队伤亡情况的笔记资料。

在四次战役横川以南五音山六天六夜守备战中，我师团、营干部伤亡情况。

阵亡	负伤
副团长　胥秀甫	副政委　杜宝杰
副参谋长　任怀勳	政　教　郑炳顺
营　长　郝明德	政　教　赵振山
营　长　韩××	政　教　刘国栋
政　教　董永堂	政　教　李付尔
副政教　刘英	营　长　殷志均
	副营长　高林阁
	副营长　刘学基

五音山守备战伤亡最多的单位五九四团，其次是五九二团。

五九四团三营：七连只剩下 6 人

八连　　8 人

九连　　39 人

五九二团一营：二连只剩下 25 人

三连 28 人

一连 44 人

五九三团一营：三连只剩下 25 人

一连 30 人

三营：九连 36 人

五音山阻击战，198 师的团、营级干部亡 6 人，伤 8 人，基层连队伤亡更惨重，有的连仅剩 6 人、8 人。

看着这份伤亡记录，父亲动情地说："朝鲜战争牺牲的志愿军战士，绝大多数都是二十几岁的年轻人，他们本可以享受幸福的新生活，却在新中国诞生的礼炮声中献出了年轻的生命。我的几个战友都牺牲在朝鲜战场，令人痛心呀！我们是幸存者，是在替那些牺牲的战友享受新生活，不能忘记过去，更不能忘记千千万万的烈士，我们只能更努力地学习和工作，把祖国建设得更加富强，让人民生活得更加幸福，才对得起牺牲的烈士们。"

（本文作者：黄连秋之女，原亿翔远饭店管理公司办公室主任）

彭清云在志愿军 47 军

◇彭少江

彭清云【1918 ~ 1995.7】

江西永新铁炉家村人。1930 年加入中国共产主义青年团。1933 年参加中国工农红军。1934 年由团员转为中国共产党党员。中华人民共和国成立后，任师政治委员。1950 年任志愿军第 47 军 141 师政治委员，军政治部主任。1955 年任第 47 军副政治委员。1955 年被授予少将军衔。

彭清云自 1951 年 4 月入朝作战 3 年半，曾任第 47 军 141 师政委、第 47 军政治部主任。他参与各种战役和战斗，坚持做好政治思想工作，提倡团结互助精神和严明纪律，帮助朝鲜人民恢复重建家园，赢得了尊重和友谊。罗盛教就是 47 军 141 师的战士。老舍以“老秃山”战斗为背景创作了小说《无名高地有了名》。

“雄赳赳、气昂昂，跨过鸭绿江。保和平，卫祖国，就是保家乡……”1951 年，我的父亲彭清云随中国人民志愿军第 47 军入朝作战。

◇ 1951 年 2 月 141 师赴朝前，湖南永顺地委同志欢送叶建民、彭清云（前右二）同志。

入朝 3 年半，我父亲曾任第 47 军 141 师政委、第 47 军政治部副主任、政治部主任，军党委常委委员；他参与临津江东、西两岸的两次防御战与反击战，以及抢修机场、公路、铁路和阵地坑道工程；尤其是粉碎敌人秋季攻势战役和老秃山战斗都给敌人以沉重打击，打出了国威、军威。

一、正洞西山反击战

入朝后，我父亲彭清云（时任141师政委）与师长叶建民先率141师在南阳里、永义修建机场，随后又在临津江两岸进行防御作战和反击作战，先后与美军骑兵第1师、步兵第3师、25师，美联邦第1师、李承晚军第7师、泰国团、土耳其旅、希腊营等敌军作战165天，大小战斗252次。

敌人的秋季攻势被我军粉碎后，士气低落，不敢再向我发动大的进攻。遵照上级首长关于“为配合开城谈判，挫败敌人可能再犯之计划，应主动出击，集中比较优势的兵力、火力，打敌暴露之翼侧及突出部，继续歼灭敌人”的指示，第47军从11月初开始，在一个月时间里，不断组织优势兵力，对敌实施有限目标的反击，共歼敌400余人。

1951年10月底，美骑1师8团一个连和一个火器排占领了南山无名高地，在阵地上构筑了坚固的防御工事。我141师421团2营受领任务后，经反复勘察地形，制定了周密的作战方案。11月1日晚开始向敌接近，进至高地山脚下，占领了进攻出发阵地。2日，在我炮兵火力攻势下，2营强攻新村南山无名高地。经2小时激战，猛打猛冲，取得了全歼守敌的胜利，为反击作战唱响了“开门红”。

为了不给敌人以喘息机会，11月4日，军首长命令141师421团和139师415团联合向正洞西山发动反击。正洞西山位于驿谷川南岸、榆屹东北，是控制涟朔公路咽喉的制高点，突出于我军阵地前沿，俯瞰驿谷川，地势十分险要。美骑1师以两个连驻守该高地，敌阵地上构筑有地堡、隐蔽部30余个，各种火器掩体近百个，阵地前有环形铁丝网，网上挂满响雷、照明雷。11月4日，在我炮火和坦克的配合下，我军两个团从不同方向同时发起攻击，互相配合，密切协同，经3小时激战，全歼守敌。

战斗结束后，遵照军首长指示，除留少数部队坚守阵地外，其余部队连夜撤离战场。11月5日拂晓，敌人以2个营的兵力，在7架飞机、10辆坦克和强大炮火的掩护下，对我坚守该高地的3个连发起攻击。我守备部队顽强抗击，给敌以重大杀伤后，于16时趁势撤离该高地。

撤离后还要不要再打？当时曹里怀军长召集139师、141师的领导同志进行研究。会后，曹军长又专门给我父亲打电话，征求意见。我父亲虽然是政工干部，但他是从井冈山走出来的红军战士，经历过长征、抗日战争、解放战争，有着丰富的作战经验。所以当曹军长征求他意见时，他毫无保留地讲述了自己的观点："根据现在的情况分析，我认为可以打，我们有足够的力量同敌人较量。"曹军长问："你们师还有多少兵力？"

"421团已经打了一个晚上，相当疲劳了，可以把141师422团换上去。"接着他们又经过反复研究，决定趁敌立足未稳，再次对其实施反击。5日晚，我军以3个营的兵力，编成3个梯队，在11辆坦克和炮火的掩护下，再次向敌发起反击。敌人开始企图依托阵地进行顽抗，并数次组织反扑，但均遭我坚决打击，战斗至6日凌晨4时，守敌全部被歼。

11月4日、5日的两次反击作战，全歼美骑1师第7团7个整连，缴获各种火炮20门，轻重机枪180挺，其他枪290余支，又一次给美骑1师以沉重打击。

正洞西山反击作战之后，141师423团1、2营，又于11月15日向190.8高地进行反击，经3小时战斗，全歼美军第21团一个加强连，毙敌143人，缴获轻重机枪7挺。141师422团对石岘洞北山之敌的反击作战，也取得了重大胜利。

◇ 1952年彭清云在朝鲜野外办公。

二、罗盛教的故事

在朝鲜打仗之余，为了使每一位志愿军战士都能成为白求恩式的国际主义战士，我父亲从踏上朝鲜土地的那一刻起，就抓住一切机会，利用各种场合，用白求恩为自己输血、截肢的活生生事实，对部队进行国际主义教育，要求官兵宁肯牺牲自己，也要保卫好朝鲜的山山水水、一草一木，保卫好朝鲜的父老兄妹。141师在白求恩精神的鼓舞下，掀起了一个人人争为朝鲜人民做好事的热潮。当时志愿军战士经常帮助朝鲜百姓修房干活，并将自己省下的粮油、衣被送给当地百姓，同朝鲜人民结下了鱼水深情。罗盛教勇救朝鲜少年光荣牺牲的事迹就是其中一个代表。

罗盛教是入朝部队141师直属侦察连文书，生前是一位各方面表现都很出色的优秀战士，具有很高的政治觉悟。1952年1月2日早晨，几名朝鲜儿童在河上滑冰。忽然那个叫崔莹的少年不慎跌入冰窟，当时正在营房的罗盛教听到呼喊救人的声音，飞奔而来，冒着零下20多度的严寒，纵身跳进冰窟，奋力将少年托出水面，但几次由于冰塌又落入水中。最后他用尽全力将少年顶在自己的头上托出水面，少年崔莹终于获救，而他却献出了21岁宝贵生命。

为抢救朝鲜少年，罗盛教献出了年轻的生命，他的壮举，充分表现了中国人民志愿军战士伟大的国际主义精神。罗盛教生前在日记里写道："当我被侵略者的子弹打中以后，希望你们不要在我的尸体跟前停留，应当继续勇敢前进，为千万朝鲜人民和牺牲的战友报仇。"

当时我父亲在141师任政委，他提出，要对罗盛教的这种国际主义精神组织大力宣传。经过详细的调查整理工作后，父亲向上级作了汇报。不久，在志愿军广大指战员中掀起了学习罗盛教国际主义精神的热潮，更激发了广大指战员的斗志，深得朝鲜人民的爱戴。朝鲜领袖金日成亲自为罗盛教烈士纪念碑题词："罗盛教烈士的国际主义精神与朝鲜人民永远共存。"

◇ 1952年彭清云（右）与陈沂在朝鲜。

父亲后来曾对我说：罗盛教烈士的伟大国际主义精神，不但是广大青年同志学习的榜样，也是包括我们老同志在内的所有人学习的榜样；不但过去学习，现在学习，而且要永远学习。他是这么说的，也是这么做的。

罗盛教牺牲数月后，祖国慰问团来到第 47 军阵地慰问演出，不巧，遇上了敌军的大炮和飞机轰炸。由于演出地点离罗盛教牺牲地不远，演出前时任慰问团副团长、总政文化部部长的陈沂对我父亲说："你带我到栎河边去看看罗盛教牺牲的地方吧。"随即二人冒着被轰炸的危险匆匆来到栎河边，回来时恰又遇美军飞机的投弹、扫射。"不好！"父亲大叫一声，猛地用唯一的左臂一把将陈沂推倒，顺势扑在他的身上，用自己的身躯保护着他。刹那间，"哒哒哒"敌机的一梭子机关枪子弹钻进他们身边的土里。

敌机远去后，两人爬了起来，我父亲赶紧查看陈沂是否受伤，当看到他安然无恙，又看看身边的弹坑，父亲欣慰地说："好悬！"当陈沂感激地对我父亲致谢时，我父亲感慨地说："谢啥，在咱们的军队里谁不是这样？"接着他向陈沂讲起了 1937 年 10 月在山西宁武县时警卫员同样为掩护我父亲而献出宝贵生命的故事。

临别时，陈沂恋恋不舍地说：一定要让全国人民知道志愿军的这种革命牺牲精神！

三、老秃山战斗与老舍的《无名高地有了名》

1952 年我父亲所在的第 47 军经过 10 个多月的整训，奉命于 11 月 5 日接替第 39 军防务，第二次开赴临津江。

上浦防东山，位于 346.6 高地和 387.2 高地之间，地势较高，是敌防御前沿阵地的屏障，距离上浦防南山、北山阵地仅 400 余米，可瞰制志愿军的下浦防和驿谷川以东全部阵地。敌将该防御阵地看作是"通往汉城之要塞"，因此曾同志愿军进行过反复争夺。这块无名高地在第 47 军接防前，由于敌我双方反复争夺，该高地已草木全无，一片焦土，因而被大家俗称为"老秃山"。

第 47 军接防老秃山又同敌人进行了反复的争夺战，给敌以沉重打击，共歼敌 3100 余人。当时我父亲已调任第 47 军政治部主任。

志愿军“西海指”（西岸指挥所）对老秃山战斗十分重视，为拔掉我防御阵地前沿这个“钉子”，第 47 军党委多次开会进行研究。我父亲是军党委委员，也参与了这次战斗的研究、讨论、部署和组织指挥工作。

1953 年 3 月 23 日，第 47 军向敌老秃山阵地发动进攻。战斗非常惨烈，战至 28 日，我军共打退敌集团冲锋 20 余次，歼敌 1914 名，俘敌 28 名，缴获坦克 4 辆，60 炮 1 门，火箭筒 3 具，各种枪 170 余支，击落击伤敌机 8 架，击毁坦克 2 辆，巩固了老秃山阵地。

老秃山战斗的胜利，极大地打击了敌人的士气，引起了美国高层的恐慌和矛盾。他们认为，“这是继上甘岭后一次最大的战斗”；“哥伦比亚营被打得一败涂地”。美第 8 军军长泰勒亲自到前线视察。艾森豪威尔声称：“老秃山的失败与弹药供应问题无关。”

老秃山战斗的胜利，使志愿军参战部队受到了很大的锻炼，极大地鼓舞了部队的士气，同时由于我正面战场的积极配合，挫败了敌人企图向我侧翼登陆的阴谋。

美国在 1953 年 7 月被迫签订朝鲜停战协议后的 3 个月，以贺龙为团长的祖国慰问团来到朝鲜志愿军第 47 军，让全军官兵倍感温暖，让他们感受到祖国亲人每时每刻都与志愿军在一起，这是我父亲和入朝指战员极大的力量源泉。

慰问团有很多社会各界著名人士，作家老舍就是其中一位。贺龙请老舍留下来写一写第 47 军这支英雄部队的故事。

◇祖国慰问团赠送志愿军部队锦旗。

老舍平易近人，没有一点架子，每次军里开晚会他都来参加。他非常会讲故事，生动幽默、引人入胜，总能引起全场一阵阵热烈的掌声。

我父亲负责慰问团及老舍的接待工作和安全保卫工作，期间他与老舍在频繁的接触交往中结下了深厚的友谊。

年已 54 岁的老舍不顾生活艰苦，用了两个多月的时间，深入到干部战士中间，访问座谈，然后在 47 军军部开始了以老秃山战斗为背景的小说创作。出于对老舍的崇敬爱戴和对牺牲战友的怀念以及让后代牢记英烈的使命感，在老舍积累素材和创作过程中，我父亲向他介绍了大量 47 军的英雄单位和英雄人物的详细情况，在工作上尽可能为他提供资料和帮助，在生活上关心他、照顾他，尽自己所能为老舍的创作提供较好的环境。

有一次为了小说的真实性，老舍坚持要到老秃山顶上看看。老舍的腿有点跛，走路不太方便，上山就更困难。我父亲和其他军领导们非常担心他的身体和安全，于是我父亲亲自带队陪同他上山，遇到特别难走的地势就找人背着他走。到了山上，老舍先生看着满山焦土、弹坑，详细询问了当时的战斗情况后，激动不已，他为志愿军战士的牺牲精神所感动。

半年后，一部 10 多万字的中篇小说《无名高地有了名》初稿在志愿军 47 军的那间小土房子里完成了。小说面世后曾轰动一时，鼓舞了广大志愿军战士的士气，让后方更多的人知道了我们最可爱的人的英雄事迹。贺龙说：志愿军的英雄部队、杰出人物很多，应该大力歌颂、大力宣传，我们就是要为我们的英雄单位、英雄人物著书立说，树碑立传。

我父亲常对年轻同志说："老舍先生的小说《无名高地有了名》记载了志愿军很多真实精彩的故事，这是老一辈留下的宝贵精神财富，你们应该多读读，你们有责任将英烈们的精神传承下去，并发扬光大。"

四、人民军队就是要爱人民

志愿军自入朝作战以来，遵照毛主席关于"中国同志必须将朝鲜的事情看作自己的事情一样，教育指挥员、战斗员爱护朝鲜的一山一水、一草一木，不拿朝鲜人民的一针一线"的指示，我父亲作为一名政工干部常常用白求恩、罗盛教的国际主义精神教育、鼓励干部战士，热爱朝鲜人民，尊重朝鲜人民，帮助朝鲜人民，自觉遵守"三大纪律八项注意"，纪律严明，秋毫无犯，因此赢得了朝鲜人民的尊敬，与朝鲜军民结下了深厚的革命友谊。

1953 年 7 月虽然签订了停战协议，但并不等于和平的实现。为防止停战后敌人的突袭和破坏，遵照有关指示，第 47 军调整防御部署，一方面加修海防工程；另一方面积极帮助朝鲜人民修复被敌人破坏的道路、桥梁、房舍，帮助他们兴修水利，恢复生产，重建家园，将国际主义精神发扬光大。我父亲详细记载了第 47 军帮助朝鲜人民重建家园的许多工作。

第 47 军参加修复的大型水利工程就有五六项，出动了几十万个劳动日。

第 139 师用半个月时间，在大岭河、松石河上修复了四座水坝，使数万亩荒芜的土地得到了灌溉，每年可增产粮食 20 多万斤。朝鲜当地政府和人民给志愿军施工部队赠送了“最难忘的国际友谊”“中朝人民大团结”两面锦旗。

第 140 师在坚守西海岸防御和紧张的战备整训中，投入 25000 多个劳动日，修建了全长 905 米的龙浦川海水防护坝，保证了一万多亩田地免遭海潮淹没，3000 多亩旱地变为良田，年增产粮食 180 多万斤。朝鲜当地政府和人民为了教育后代不忘志愿军的恩情，将此堤命名为“兄弟坝”，并修建了纪念碑。

第 141 师在 1953 年六七月间，出动全师兵力，同兄弟部队与朝鲜人民军共同奋战 80 多天，修复了大型水利工程见龙贮水池。见龙贮水池位于平安南道，是朝鲜北半部著名的灌溉设施，水池周长达 30 余公里，蓄水量为 3410 万立方，可灌溉农田 34 万多亩。

美帝国主义在战场上遭到惨败后，倚仗其空中优势，对朝鲜北方的交通枢纽、水利工程等进行狂轰滥炸，妄图困死饿死中朝军民，见龙贮水池就是被美帝国主义严重破坏的一个大型水利工程。美军飞机曾多次对该贮水池进行轰炸，共投下炸弹 700 余枚，水堤被炸断 450 余米，27 年的蓄水在数小时内向下游倾泻，淹没了 3 个郡和平壤郊区大片良田，淹死群众 800 多人，给朝鲜人民造成了深重灾难。

第 141 师广大指战员遵照志愿军总部和朝鲜政府的指示，同兄弟部队及朝鲜人民军一道，冒着酷暑，日夜奋战，硬是靠两个肩膀两条腿，从数里外运来土方2400多万立方，挖淤泥2300多立方，打筑混凝土11200余立方，修建环坝公路47000多米，经两个多月的奋战，筑起了一座象征中朝伟大友谊的大坝。朝鲜政府和人民群众对见龙贮水池大堤的修复给予了高度评价，朝鲜领袖金日成发来了感谢信，朝鲜政府和平安南道人民向志愿军第141师赠送了6面锦旗，慰问品6310余件。在大坝附近修建了象征中朝军民团结友爱、患难与共的纪念碑，碑文用中朝两国文字铭刻在高大的纪念碑上，也铭刻在中朝军民的心中："是谁破坏了水库堤坝？是野兽般的美帝国主义者！是谁帮助我们修复了它？是兄弟般的中国人民志愿军。"

1954年9月，遵照志愿军总部的指示，第47军与第68军交接防务后离开朝鲜，回到祖国。他们没有辜负党中央和祖国人民的期望，胜利完成了抗美援朝、保家卫国的神圣使命。

回国后父亲非常怀念那些牺牲的战友们，我们小时候每当缠着父亲讲故事时，他总是讲述英烈们出生入死、可歌可泣的英雄故事，每到此时似乎在他的眼前又会浮现出那些浴血奋战的场景。

父亲常说："那些牺牲的烈士们他们才是人民的功臣，共和国的英雄，永远值得我们怀念和学习。""我是一个幸存者，有幸成为共和国的一名将军。我的战斗经历是和那些牺牲的战友们紧密联系在一起的。"

（本文作者：彭清云之子，北京中长企业发展公司董事长）

傅崇碧率63军参加的阻击防御战

◇黎力

傅崇碧【1916 ~ 2003.1】

四川通江沙溪咀人。1932 年参加中国工农红军，同年加入中国共产主义青年团。1933 年转为中国共产党党员。

中华人民共和国成立后，任第 19 兵团第 63 军军长。1951 年任志愿军第 63 军军长。1955 年被授予少将军衔。

1950年11月，傅崇碧任中国人民志愿军第63军军长，率部队参加了抗美援朝第四次战役的后期战斗和第五次战役全过程。特别是在铁原阻击战、开城保卫战等持久防御的多次作战中，给美军为首的敌人以沉重打击。

1950年11月10日，根据中央军委命令，我父亲傅崇碧到19兵团63军任军长，龙道权任政治委员，黄振棠任副政治委员兼政治部主任，杜瑜华任参谋长。随后，他们于1951年2月入朝作战，参加了第五次战役和以后的坚守防御战。

铁原阻击战

1951年4月下旬，志愿军发起第五次战役，到5月下旬转入防御并相机后撤。“联合国军”发现我军撤退迹象后，立即展开大规模反击，妄图分割、包围、消灭志愿军部队。我各部队受到敌军冲击，撤退中出现很多漏洞，甚至在战线中部出现了巨大缺口，形势岌岌可危。为堵住这一缺口，志愿军总部急令正后撤到铁原附近的63军立即在涟川至铁原一线展开正面防御，务必要阻止“联合国军”15天，为二线部队组织起有效的防御战线赢得时间。

当时我父亲电令188师配属炮8师、军炮兵旅立即回转，在汉滩川接替65军防务，坚决阻敌北进。187师配属炮1师和坦克团、65军194师，在涟川设防，阻止敌骑1师向北、向西开进。189师因伤亡较大，缩编一个团，由师长任团长，作为军预备队。

各师接到命令后，于1951年5月30日冒雨全部进入阵地，积极抢修工事，迅速完成各项战斗准备。军指挥所移至涟川以北铁原铁路的一个涵洞内。天明以后，我父亲和参谋长分别到各师检查配属部队是否到位及工事情况，并向兵团和志愿军司令部报告。彭德怀司令员电示：铁原很重要，是我志愿军东西战场物资供应基地，物资弹药很多，医院和伤病员未及时转移。3 兵团还未从东南撤出，如铁原被敌人占领，对我军非常不利。因为铁原在战略上的重要性，彭总每天亲自给我父亲打电话问情况，并指示要顾全大局，不惜一切代价，一定要阻敌半个月，等待后续梯队上来。

我父亲派干部到师团传达彭总的指示，把彭总的指示和要求迅速传达到每一个指战员，要求发扬一不怕苦、二不怕死的精神，坚决完成彭总交给的任务，阻止敌人前进，为全军争光，为中国人民争光。

铁原山地东侧是一道平川。为阻止敌坦克利用平川迂回铁原，我军以 188 师配属一个工兵营在平川构筑纵横防坦克战壕。战斗开始后，战士们躲进战壕里，待敌坦克冲过战壕后，用苏制反坦克手雷从后面向坦克投掷，击毁敌坦克 100 多辆。每天白天，敌人在飞机、坦克、大炮掩护下攻占我阵地，我军在夜间组织力量又夺回来。铁原南面的山地原来森林茂盛，后来被敌机投下的凝固汽油弹几乎烧光了。日夜听不到枪声，只听到炮弹和飞机投下的炸弹声。铁原以南的半面天空都变成红色，战士们的脸被硝烟烤成黑色。阵地几乎被互相隔绝，不可能做饭吃，只能靠罐头、牛奶，吃得大家都拉肚子。战士们疲劳得趴在工事里就睡着了，敌人冲上来，醒过来又打。

战斗最激烈的是位于涟川山口的榛田里北山、新村北山和 162 与 167.1 高地一带。此处，是沿涟铁公路通往我纵深阵地的必经之地。守卫在这里的是第 561 团第 3 营。第 3 营抗击了数倍于己的敌人十几次进攻，坚守阵地四天三夜，毙伤敌人 1300 余人。

6 月 5 日，敌先以两翼的两部分别向涟川和古南山发起攻击，中间两路约一个师的敌人突然集中兵力火力向我法化洞突击。法化洞阵地位于我第 188 师前沿中段，是第 562、第 563 团防御的结合部，有一条山沟直通我纵深，内有一条土路，两侧山低坡缓，利于敌机械化运动。坚守这里的是第 563 团第 1 连和第 8 连。5 日，防守 207 高地的第 1 连第 2 排依托有利地形，以顽强的战斗打退了敌人的数次攻击。6日，敌人改变战术，再次向207高地发起了猛烈攻击。第2排三面受敌，背后是悬崖绝壁。在万分危急的情况下，3排的勇士们坚定沉着，在副排长李炳群率领下，将敌放至20米处，冲锋枪、步枪一起开火，成捆的手榴弹抛向敌群，连续打退了敌人的多次进攻。下午，敌人又发起进攻。8勇士冲上阵地沉着冷静地瞄准射击。当子弹全部打尽，敌人拥上阵地，8勇士纵身跳下悬崖。其中3名同志被崖下茂密的树枝托住，于当晚带伤穿过敌人封锁线，一点儿一点儿地爬回了自己的部队。

在战斗伤亡最大的时候，我父亲组织机关干部和文工团向阵地运送弹药。兵团的杨得志、李志民首长从他们的警卫部队中抽调了500多人补充给我父亲，这对全军指战员是极大的鼓舞。

6月10日，美军第9军突破了我军左翼友邻防线，铁原东面完全暴露。向我进攻之美军又乘机将机动部队东移，企图偷袭迂回铁原。我第564团在团长曹步墀、政治委员白万林的指挥下，首先炸开铁原南侧水库，造成道路泥泞，以迟滞消耗敌人，并指挥全团各营组织突击队，乘机向敌实施反击，以积极主动的战斗支援其前沿部队坚守阵地，打退了敌人进攻。

晚上，美军骑1师、李承晚军1师在涟川的平地上用坦克围成一个城休息时被我父亲的部队发现。我父亲赶快让徐信师长集中100多门火炮，组成1、2、3道火力网，在20多分钟内向敌人突然发射了几千发炮弹。被击中燃烧的车辆、坦克火光和浓烟冒出几十丈高，187师乘机向敌进攻，缴获了一部分战利品，迅速回到阵地。这次敌人被打蒙了，此后三天未动。

战斗已经进行了13天，敌人始终未能进至铁原。当时，美联社在广播中说："在'铁原三角地带'遭到志愿军猛烈阻击"，指的就是我父亲率领的63军在铁原的阻击。188师向我父亲报告，在铁原以东发现敌人。我父亲即命令188师派一个营去铁原以东侦查情况，同时命令189师的一个团也向铁原开进，注意联系，遇敌则坚决消灭之。派往铁原的那个营在铁原城东郊与敌人遭遇，俘敌3名，是美3师的。我父亲即命令该师和189师的那个团坚决固守铁原，并命188师调整力量，增强铁原的防御。如铁原被敌占领，我部队撤退将很困难。我父亲把情况立即报告了兵团，这时彭总来电话说："铁原的物资和伤员基本运完，3 兵团已转移出来。你军的任务已经完成，现由二梯队 40 军接替你军。"彭总在电话中表扬了我父亲很好地完成了志司交给的任务，要我父亲交接完后，即撤到伊川东南鱼隐洞、紫霞洞、新村地区休整补充，担任兵团的二梯队。在休整时检查身体，我父亲比战前瘦了 25 斤。

涟川、铁原地区防御作战，是我军在取得第五次战役前两个阶段歼敌 6410 名的胜利之后，执行的又一事关全局的艰巨而光荣的任务，也是 63 军有史以来规模最大、时间最长、最激烈、最残酷的一场战斗，有很多连队打到最后，只剩下十几个人，但最终完成了任务。

◇彭德怀司令员在朝鲜。

我父亲率部在伊川休整的第三天，彭德怀司令员突然来到军部，先问部队都住下了没有，接着说："你们从四次战役后期投入战斗到今天，长期作战，未得到休整补充。这次在铁原阻击战中，我知道你们伤亡很大。你们给敌人的杀伤也很大。交给你们的任务，完成很好。我已经通知西北野战军选三万余人补充你军。这批兵源正在运输途中，很快就到达。"彭总还说："你们要很好地总结经验，部队补充后抓紧时间进行训练，准备再战。"彭总最后说："我带来一部分酒和纸烟，请分给连队表示慰问，并请代我向全体指战员问好。”我父亲把彭总的指示向部队传达后，全军上下兴高采烈，感谢彭总的关怀，力争在今后的战斗中取得更大的胜利。

63 军经过补充以后，进行了爱国主义、国际主义教育，抓紧军事训练，提高思想觉悟和战斗能力。奉兵团命令，63 军大部在伊川河西岸市边里以东地带构筑三道防御工事，以防敌人西进。构筑工事对新补充的战士是一个很好的锻炼。工事刚完，63 军在伊川召开总结庆功大会，兵团司令员杨得志、政委李志民、主任陈先瑞出席大会，对 63 军进行了表彰和鼓励。

保卫开城

第五次战役后，敌我双方在“三八线”附近地区形成对峙。1951 年 7 月，美军在中朝人民军队的打击下伤亡惨重，进退两难，加之世界人民要求和平，谴责美帝侵略行为的压力，使美国统治集团不得不以谈判寻求“光荣的停战”。但是，美方毫无诚意，当他们在谈判桌上想得到的东西得不到时，又发出让飞机、大炮去“辩论”的狂言，不断向我挑衅进犯。为了配合谈判斗争，我第 63 军于 1951 年 11 月 16 日至 1952 年 7 月 12 日，在开城地区进行了为时 8 个月的阵地防御作战。

进入开城地区后，63 军根据志愿军司令部“坚守防御，寸土必争”的指示和面临之敌情，决心在西起开城东北之井洞、东至九华里东南之阳飞、正面约 35 公里的地区内组织防御。189 师配属炮 1 师在开城至板门店公路以北防御，北接 188 师。188 师配属炮 8 师，在高浪铺里西北、华藏寺东北防御。

从 11 月 16 日开始，全体干部战士在“平时多流汗，战时少流血”的口号鼓舞下，不怕艰难困苦，夜以继日地构筑工事。至 12 月底，全军共构筑坑道 56080 米，堑壕交通壕 330350 米，各种掩体 30148 个，各种掩蔽部 7235 个。部队在各要点上完成了坑道的构筑，使整个阵地形成了能攻能守能藏能生活的、以坑道为骨干的支撑点式的防御体系。

63 军转入开城防御之初，敌人倚仗其优势装备和坚固防御阵地，骄横狂妄，经常三五成群，在山头上晒太阳、打扑克，甚至搂着女人唱歌、跳舞，活动十分猖獗。为了打击敌人的嚣张气焰，我父亲决定在构筑坚固阵地的同时，广泛开展冷枪冷炮运动，以“零敲牛皮糖”的战术打击敌人，向敌一点儿一点儿地挤阵地。战士们隐蔽在杂草丛中，躲避在预先构筑好的工事里，警惕地搜索目标。对敌人的单个目标用枪打，发现集团目标就用炮打，以打“活靶”的手段杀伤敌人。

冷枪冷炮运动的开展，使敌人吃到了苦头，吓得钻在工事里不敢露头，白天不换哨，不送饭，不抬伤员，不拖死尸，连大小便都用罐头盒子装了往外扔。在开展冷枪冷炮运动的同时，各师团还多次派出小分队，采取袭击、伏击等手段积极袭扰和打击敌人。

一天，我父亲率部与兄弟部队交接防务，我父亲与第65军军长萧应棠一起到大德山去看地形，他们正走在一条山沟里，前面突然跑来几位朝鲜老乡告诉说：“前面山沟的村树林里有一股敌人。”我父亲得知后急忙隐蔽起来，萧军长立即调来他们部队的一个连，向前面那片树林开炮射击。果然，一打炮从树林里钻出一股敌人，有四五十人。假若不是朝鲜老乡及时赶来报告这一情况，我父亲他们很可能要遭到这股敌人的袭击。

与此同时，前沿部队掀起了“地雷大搬家”运动。敌人头一天晚上埋在我们阵地前沿上的各种地雷，第二天就被我们的工兵战士趁其不备挖出来，还悄悄地埋到敌人的阵地上，用这些办法来杀伤敌人。

63军右翼阵地前，有一块不足一平方公里的地方，坐落着一个小村庄——板门店。举世瞩目的停战会场由开城迁到这里。板门店后面是开城县城，离板门店十多里路，是安全区，周围插着红旗，敌机不在上空飞，也不准往那里打炮。秋季战役的结果，使敌人准备和我志愿军在板门店开始谈判。

沿板门店向东至青延里，我军阵地前沿的山沟像一个横写的“3”字，有两处凸入我阵地。其西面突出的远洞一带山地直接控制着板门店；东面突出的杜梅里、智陵洞、上金谷诸山，由南向北，居高临下，威胁着我方阵地前沿的安全。自我军进入阵地以来，敌倚仗有利地形，不断向我开枪开炮，进行挑衅活动。我军决心以第189师一部，向敌发起进攻，首先夺取智陵洞北山、杜梅里北山和 88.6 高地，得手后再视情况夺取板门店附近的后洞、日元洞诸要点，以改变对我不利的防御态势。

12 月 28 日 14 时 50 分，战斗开始。我父亲率领部队首先集中炮火向敌行 20 分钟急袭。15 时 10 分，第 563 团第 2、第 3 连向敌发起冲击，经 50 分钟激战，歼敌 2 个排，占领了智陵洞北山。此时，杜梅里北山和 88.6 高地守敌慑于被歼，仓皇逃跑。我第 563 团即以第 2 连防守智陵洞北山，以第 3 营第 8 连、加强营属机炮连防守 88.6 高地和杜梅里北山。当晚，第 563 团又组织 6 个连的兵力进入上述阵地，协助第 1 营和第 8 连连夜抢修工事，抗击敌人的反扑。

敌自进入开城板门店阵地作战以后，作战的特点是有失必争，以挽回面子，直至精疲力竭为止。第 563 团根据敌人这一特点，对新占领的阵地防御进行了严密的组织和部署，在以后的 10 天中先后以 6 个连队轮流作战，粉碎了敌人 7 次大规模进攻，战斗异常激烈，最终破敌就范。

我第 189 师在开城地区防御作战，历时 147 天，进行大小战斗 120 余次，歼敌 6073 名，击落击伤敌机 42 架，击毁击伤敌坦克 16 辆、汽车 3 辆，缴获各种炮 6 门、轻重机枪 18 挺、步枪 169 支、各种枪炮弹 4 万余发，重创李承晚军第 1 师，将阵地向前推进 16.2 平方公里，有力地配合了我军在板门店与敌进行的停战谈判。

我第 189 师的防御阵地，紧靠板门店谈判会场西北侧。站在阵地上，就可以看到谈判会场绿色的帐篷，这里的枪炮声可震撼会场的窗户。该师防御的稳定性对保证谈判正常进行有着直接的重要意义。战士们在“保卫开城，为谈判代表撑腰”“保卫会场，一步不退”的口号鼓舞下，对 159 高地之敌举行反击。

谈判开始后，敌人调来了“王牌”美陆军第 1 师，以加强这里的力量，并不断向我进攻，占领了原来由我军控制的 159 高地。159 高地位于板门店东北约 4.5 公里，与我警卫板门店会场的 150 高地隔沟相对。该高地北陡南缓，地形险要，是敌防御体系中的一个突出部位，守敌为美陆战第 1 师第 5 团第 5 连。每次谈判开始前，敌军都用火力向我阵地猛烈射击，以显示其“威风”，配合谈判。为了消除敌人对板门店的直接压力，我父亲命令189师夺取159高地。

我父亲指示189师先找敌人不易发觉的地方，观察159高地敌人工事构筑、障碍设置和活动规律。摸准这些情况后，于1952年3月30日夜突然袭占了敌外围警戒阵地。4月15日19时，我父亲和团长张广友、营长魏应吉一起在159高地营指挥所，指挥了这次战斗。由于事先做好了充分准备，战斗开始后，我攻击分队隐蔽行动进到距敌前沿约30米处，迅速排除地雷，攻击开始后仅3分钟就突破敌前沿阵地。

159高地战斗经历了进攻与防御两个阶段，由于我军掌握敌情准确，准备充分，计划周密，能重点使用兵力兵器，战术灵活，指挥正确，部队攻得勇猛，守得顽强，先后共歼敌372人，缴获各种枪57支，击毁坦克2辆，汽车4辆，达到了巩固占领之目的。特别是4月15日捉到俘虏，押过开城时，中朝谈判代表团的同志们和开城百姓都非常高兴，代表团在开城设宴招待打了胜仗的勇士们。

“联合国军”总司令克拉克曾说过，他是唯一在没有胜利的协议书上签字的美国将军。如果说板门店谈判的胜利，有各个方面、各条战线同志共同的功劳，那么在板门店旁边作战的战士和这里的朝鲜人民，也自然有直接的、不可磨灭的功勋。

经过7个月的防御作战，我军在完成阵地防御的基础上，通过挤、占阵地，夺取了敌前沿一些突出部位，使我一线阵地逐步前推，改善了防御态势。但敌倚仗其优势的航空兵，特别是众多的炮兵，经常对我阵地和纵深猖狂轰击，对我危害极大。1952年4月9日，我第187师以军炮团、炮兵第48团第3营、第188师炮兵团、坦克自行火炮团第5连，并指挥第562团接替了第188师的防御任务，我军集中建制和加强炮兵8个连、自行火炮2个连，对危害最大的几个敌炮兵阵地进行袭击，打击了敌炮兵的嚣张气焰。

从6月15日至7月7日，第187师三战梅岘里东山，三战三捷，先后歼敌2个连另2个排，计毙伤敌493名，又将阵地向前推进了一步。与此同时，攻占了项洞山主峰。在这次战斗中，第561团9连由副连长率第2排担任掩护和打扫战场任务。该排完成了掩护任务后，撤出时迷失方向，误入敌122高地阵地内。拂晓，敌以2个排的兵力截断我归路，以优势兵力向我围攻。第2排在孤军深入，与上级失去联系的情况下，英勇顽强地与敌展开激烈搏斗，杀伤敌40余名，最后，以2排仅有5名伤员突出重围。指战员与敌血战到底的英雄气概，可歌可泣。第187师自4月9日担任保卫开城防御作战任务以来，历时3个月零27天，共进行大小战斗35次，毙伤俘敌3263名，缴获各种枪101支，击伤击毁敌机50架，坦克42辆，将阵地向前推进15.2平方公里。

◇战斗后，傅崇碧登上被我志愿军击毁的敌坦克上留影。

我189师在开城到板门店公路以北，第65军在公路以南。在板门店东北的大岱山，我部队有一个加强营防守，这是敌我争夺的关键地点。敌人一天打数万发炮弹，把地都打酥了，走路不小心可能会陷到脚脖子。我父亲命令部队日夜不停地从半山腰挖坑道一直挖到一个团进去都没问题。我父亲是晚上进入前线坑道的，白天人不能进来。敌人的炮一天都不停，平均几分钟二三十发。战士们不让我父亲出去，大小便也在坑道里。除了观察哨外，部队全部隐蔽在坑道里，待敌人进到阵地前几十米时再出来打击敌人，将敌击退后很快又进入坑道，以防备敌人的炮击。在我军坚守下，敌人对大岱山进攻了一个月，大岱山也没有被敌占领。

在开城防御战中，我父亲曾遇到三次危险，第一次在开城东北华藏寺，敌人从来没有向这里炮击过。可这一次，他正在189师指挥所作战室内研究作战方案时，敌人突然发射来一发炮弹，在离他很近的地方爆炸了。师长说：这里不行，赶快转移。我父亲刚出门不远，接连有五六发炮弹落在刚才的房子上。房子顷刻炸毁了，弹片、泥土从我父亲头上飞过去。如果晚一点儿出来，我父亲就出不来了。

第二次是在我父亲去兵团开会的途中，车子被美敌军发现，就追着投弹扫射。一颗炸弹就离车子六七米的地方爆炸了，气浪把他们从车子上掀下来，炸起的泥土厚厚地埋在了身上，司机和警卫员先从泥土里钻出来，随后把我父亲也扒了出来。大家呆了一阵，看看都是好好的，这次遇险又过去了。

第三次是在矾山里，我父亲他们和敌人的坦克迎面相遇，如果路边没有大沟也危险了。

我父亲率部在开城防御时，南京军事学院教育长陈伯钧带人来 63 军参观。我父亲利用夜暗把他们领到 187 师指挥所坑道里，观察敌阵地和火力情况，准备打敌人一个据点让他们看看。我父亲指挥先用炮兵火力摧毁敌前沿工事，但部队打一炮，敌人立即打我们 100 炮，敌人的炮多，射程远，我们是劣势装备，打敌人的优势装备。敌人向我们打了一晚上的炮。第二天晚上，我父亲命令用偷袭和强攻相结合，部队一下子就攻上去了，攻占了敌工事小据点。所以我父亲说，在这样现代化的战场上，也还要利用和发扬我军的传统优势。

在开城保卫战相持阶段，美军因为捞不到多少便宜，竟然不顾国际公约，开始向我阵地发射细菌弹和化学弹。

1952 年 2 月 25 日早晨敌机过后，我第 567 团在我阵地、河岸及居民区的雪地上发现有大量的苍蝇等异常现象，判断为敌机所投。为迅速查明此事，我父亲一面向炮团报告，一面令军后勤部派防预保健科及第 567 团卫生队，在我控制地段山沟中观察，并访问当地居民。居民们说，历史上均未见到雪地里出现苍蝇的现象。据此，判定雪地苍蝇为敌机所投，我父亲当即命令将情况报志愿军后勤卫生部。从此，我军各单位开展了反敌细菌战的斗争。

从 1952 年 2 月 25 日至 5 月 4 日，敌人对我阵地共撒布昆虫、毒物 33 次，计有苍蝇、蚊子、蜘蛛、老鼠、蜥蜴、树叶、传单、锡纸片等 12 种，每次撒布昆虫面积约 18700 平方米。我父亲率全体指战员在坚守阵地的同时，与敌展开了反细菌战的斗争。全军连以上单位，从上至下成立了防御委员会和小组，军、师成立了防疫队，负责领导卫生防疫工作。各级防御组织摸索防护经验，制定防护措施，集训防疫骨干，还选调了13位同志回国到防化兵学校学习。我父亲指示，依照各部队任务及防区划分防御责任区；建立了疫情侦察勤务，连、排设抢救组，营、团设救护所；阵地派出监视哨、游动侦察组；交通要道设检疫站，进行现场监视，及时报告疫情，消除细菌媒介。

在反敌细菌战中，战斗在第一线的部队就地取材，根据条件，缩小洞口，加设门框，制木炭草帘，用雨布、棉被堵洞口，洞口设水缸、柴草、石灰水、肥皂水等。没有现代化的物资器材，就用土办法。每个人做一个木炭口罩。由于防护措施得力，组织严密，使敌施放的细菌传播媒介物大部分丧失作用。因部队防护较好，抢救及时，没有发生重大伤亡。

（本文作者：傅崇碧之女，解放军总医院副主任医师）

曾雍雅：从参观学习到实践指挥

◇曾南萍 曾安东

曾雍雅【1917 ~ 1995.3】

江西雩都（今于都）人。1921年参加中国工农红军。1932年加入中国共产主义青年团，同年转为中国共产党党员。中华人民共和国成立后，任第12兵团副军长。1952年任志愿军第46军副军长，后任第50军副军长。1955年被授予少将军衔。

曾雍雅本来奉命到朝鲜战场参观学习，后被邓华留在前线，担任第46军副军长，直接指挥部队与美军作战。他建议在每个坑道建立临时党支部，摸索小分队和冷枪狙击等灵活作战形式，取得了多次战役战斗的胜利，留下了一段难忘的抗美援朝经历。

1952年4月，中南军区要组织一个30多人的参观团到朝鲜战场参观学习。父亲本来已经确定到南京军事学院学习，但是谭政政委临时确定，让我父亲“利用这个空隙去朝鲜参观一下”。孰料，这一趟参观学习之旅让他留在朝鲜前线，也留下了一段精彩辉煌的抗美援朝经历。

一、从参观团直接留在了朝鲜战场

他们坐火车从汉口出发，到安东（今丹东）后，转乘汽车去朝鲜中国人民志愿军司令部。一过鸭绿江，情景就截然不同了。随处是烧焦的树木、倒塌的房屋，路面到处是弹坑，沿途一路都是一车车送回国内的伤员，美国人的大型轰炸机频繁在公路、铁路上轰炸，刺耳的警报声不断……他们冒着被炸的危险，赶到了志愿军司令部，彭德怀司令刚刚回国，代理司令邓华热情欢迎大家，并亲自把大家安置好。

晚上邓华单独来找我父亲，见面就说：“曾雍雅，这回可是你自己送上门来了。”

父亲笑着说：“我现在是不在位，一身轻！”

“在晋察冀军区时，你那个‘曾支队’很出名，当初我就想把你们‘曾支队’调到五分区来，编个主力团，军区也同意，但那个时候一分区硬是不给，宁愿把26团给了我们，真没办法。这回你参观完了可就回不去了。”

◇曾雍雅（右一）1953年在朝鲜前线办公室研究作战方案。

“为什么？”

“我这里正需要你这样的人，你就留在朝鲜吧，这里有你用武之地，我们一块儿干美国佬！”

“你有这么大权力，说留下就留下了？”

“毛主席、周总理、军委给我们的权力，志愿军要调什么人，只要提出来，没有办不成的，国内全力支援，要什么给什么！”

“你们真有这么神通？”

“那你就等着瞧吧！老曾，一言为定了，我给军委发个电报。”他们是老战友，老上下级关系，无话不说，够知己的。我父亲一听也心动了：“要留下就留下吧！”就这样，父亲从参观团直接留在了朝鲜战场。邓华要他到西海指、42军等处去帮助司令部了解情况，也要他注意熟悉地形情况。

6月份军委来了命令，要46军入朝替换42军。邓华对我父亲说：“46军要入朝作战，这是你的老部队，你那个136师也来朝鲜，我看46军来了以后，你回46军当副军长吧！主要管作战，因为你在朝鲜熟悉了一段时间，美军现正准备在东西海岸两栖登陆，一有情况可以马上带着干。”

“46军一时还来不了，我先干点什么事？”

“46军团以上干部和机关干部80余人，下月就到，他们是来参观见习，为对口交接做准备，你就组织好这批干部熟悉情况和阵地吧！”

就这样，父亲放弃去军事学院的机会，又走上了战场，开始跟世界上最强大的敌人作战。1952年8月，第一批干部见习团来到朝鲜，父亲成了他们的讲师。

他从美国利用联合国安理会非法决议案，纠集16国“联合国军”侵入朝鲜开始，讲到彭德怀率领中国人民志愿军入朝作战。经过五次战役，志愿军把敌人赶回到400多公里以外的“三八线”附近。1951年6月30日，美国新任的“联合国军”总司令李奇微，不得不发表声明，愿意坐下来谈判。但是他们又不甘心失败，总想利用谈判拿点便宜，而中朝方面态度明确，首先双方部队要撤离“三八线”。当时就处于这种边打边谈的局面。我父亲清楚地告诉参观团的干部们：“我们面对的是现代化的凶恶敌人，军事上不给敌人沉重的打击，谈判桌上就不会成功。”

从那时起，父亲便来往于42军坚守的各个阵地，冒着敌人的轰炸、扫射，带着参观团走遍阵地的山山水水，熟悉每个坑道、每个支撑点，弄清了每个连队的阵地、火力配备，还爬到前沿，明确各部（分）队的任务。要求各级对口学习，做好“妥交稳接，边接边学”。接着，又来了第二批参观见习团，都是营以上干部，有200余人，我父亲又成了他们的“讲师”和组织领导者。

二、完成“妥交稳接”任务，迅速投入与美军的战斗

46军是千里迢迢从广东潮汕地区拉来的。长途行军千辛万苦。他们入朝的任务，是接替42军防务，担负了平壤至新安州公路，西起青山峰，东至甑山的防御作战任务。特别是准备对付敌人的两栖登陆。军指驻栗一里，133师驻水洪洞，136师驻南元里，137师驻古邑里。

父亲当了46军副军长之后，作战指挥的担子更重了，他开始了对42军作战方案的研究，准备补充修改，加强防御。

为了粉碎敌人在西海岸登陆的作战计划，增强西海岸防御作战的稳定性，在42军原有坑道的基础上，又投入35个连队的兵力，3600人参加坑道作业。12月底，共构筑坑道78条，全长6200余米，以及交通战壕、反坦克沟、各种掩体数万米。

◇战士在构筑海防阵地。

父亲对46军作战的特点是非常熟悉的，但现在作战对象变了，环境变了，既不是国民党，又不是日本鬼子，而是现代化装备的美国军队。世界上没有一成不变的战术，敌变

我变，如果再运用过去那套战术，准要吃大亏。因此，首先要思想转弯，熟悉美军的作战特点。他提议军党委举办各级干部学习班，分析研究敌人战役战术特点，探讨我军战术对策。并且请友军部队作战有经验的干部来做报告、讲战术，从上到下，开展了一场轰轰烈烈的学战术运动。过去46军善于运用迂回穿插、大胆分割包抄的战术，但现在是全线防御，美军纵深配备多道防线。过去是集优势兵力打歼灭战，现在兵力一集中就会因轰炸造成巨大伤亡，必须分散活动。因此，出现一系列新的变化、新的特点。通过这场学习，思想观念改变了，新的战术技术产生了，无疑战斗力提高了，为下一步艰苦的战地生活打下了基础。

1952年12月底，志愿军司令部命令46军将西海岸的新安洲、肃川、永乐、顺安、上四里地区防务移交38军，46军除137师留下归38军指挥外，其余各部队于1953年1月上旬，先后由肃川、顺安地区徒步出发，开至“三八线”接替了临津江北岸40军的防御作战任务。部队到达后经4天休整，于1月13日正式接替了40军西起板门店东半公里，东至基谷里约29公里正面的防御作战任务。

交接是在敌我直接对峙情况下进行的。父亲带着各级指挥员到前线阵地观察，熟悉作战地域的每个坑道和阵地，很顺利地完成了“妥交稳接”任务，从此就面对面跟美国军队直接交手了。

1953年1月13日，46军跟40军换防后才3个多小时，正面敌人英联军一师，发现志愿军阵地上有换防迹象，认为换防才几个小时，立足未稳，情况不熟悉，便突然以2个排兵力于拂晓向133师398团2连7班宾日西山阵地实施偷袭。7班在副排长李品求指挥下，英勇顽强，机智果断，有意让敌靠近到距阵地20米距离内才还击。经40分钟激战，粉碎了敌人的进攻，共打死打伤20多人，逼敌退回原阵地。

父亲观察着战况，打电话到前沿阵地，表扬7班打得好，为46军开了个好头。战斗取得胜利后，他亲自前往7班阵地视察、慰问官兵，分析敌人动向和企图。

3月19日，美国陆战1师5团，以一个加强连的兵力，在5辆坦克和强大炮火掩护下，白天向志愿军六谷西山的407团1连3排阵地发动试

◇曾雍雅1953年4月于朝鲜前线办公室。

探性进攻。前两天，敌人对该阵地进行连续轰炸13次，投弹200多枚，该排4个坑道口3个被炸塌。美国人以为志愿军无法立足，就发动进攻，企图占领这个阵地。19日4时20分，敌人以70余门大炮的火力向志愿军阵地猛烈轰击，20余量坦克进行破坏性射击，还出动10余架飞机轰炸。5时整，敌分两路向3排阵地进攻，另一个连向乌金里西山进行佯攻，3排在排长赵春山同志指挥下，集中火力英勇反击，连续打垮敌人3次进攻，打死打伤敌人50余名，3排阵地屹然未动，给美国侵略者当头一棒。

父亲命令各部队处于戒备状态，连夜赶到3排阵地视察。通过这两个小仗实战接触，父亲对防御体系布局的合理性、科学性更加充满信心。一个班反击英联军一个排；一个排反击美陆战师一个加强连的进攻，每平方米土地上几乎都落下了敌人的炮弹和炸弹，但我阵地依然稳如泰山。

三、建议在坑道建立临时党支部，摸索小分队和冷枪狙击作战

父亲到133师前线检查工作时，发现一些坑道里部队的管理和生活秩序混乱，这对长期坚守很不利。他紧急召开了座谈会，找干部交谈，寻找原因。他发现我们许多体制还停留在国内解放战争时期的状况，党支部都以建制连为单位，而朝鲜战场多是小分队分散活动，不少坑道都配有通信、指挥、修理、炮兵和其他特种兵，支部都在各自的建制连上，坑道里没有日常生活管理领导体系。发现问题后他向军党委提出建议：每个坑道建立临时党支部，生活管理、思想工作都由临时支部统一抓，而军事业务

仍然由各建制连抓。这样有利坑道秩序的建立，有利长期坚守。军党委马上采取措施，各坑道纷纷建立临时支部，生活管理走向了秩序化、科学化。

他来到136师阵地视察，率先在几个连的坑道集思创新，有的用木板搭高铺，用杂草、树枝编铺垫，在坑道里面和山坡反斜面上修了蓄水池、弹药室、库房、厕所、洗澡室、俱乐部和垃圾箱等。还有一些战士，用弹药箱制作了桌、凳、黑板、面板、蒸笼，用罐头盒做水壶、取水桶、痰盂、油灯和活动便桶，用废铁和敌机副油箱做了锅、碗、盆，还用树枝树条编制箩筐、土篮子等，大大改善了阵地生活环境，解决了物资器材不足的问题。

父亲觉得这些创造有利于长期坚守，他建议军党委在全军范围进行了总结推广。组织军、师、文工团、工作队，走遍班、排演出；各坑道也“兵演兵”，开展宣传活动，大大调剂了部队的精神生活，保持了高昂的战斗意志。

有一天，父亲去133师阵地检查反击作战的准备工作，走到中间地带时，突然敌人的炮兵群猛烈发动炮击。炮弹一会儿由近到远，一会儿又由远到近，一股股泥浪、烟火在公路四周腾起，响声震耳欲聋，一瞬间天摇地动，好像天要塌下来一样。父亲坐在吉普车内，对司机老周说：“不能停，快冲过去，到山背后。”

司机老周看看四周，抓紧方向盘，加大油门，在炮弹的炸点中穿行。他是个老司机，早年在北平城里开车，抗日战争那阵子恨死了日本鬼子，一听地下党同志说八路军要几个司机，他就自动要求上前线，结果就到我父亲手下开车，从抗日战争开到解放战争，从东北开到湖南、广东，全国胜利后又开着车跟随我父亲来到朝鲜，出生入死，一身英雄虎胆。他对我父亲有深厚感情，非常佩服我父亲不怕死、英勇善战，一打仗就冲在最前面的指挥作风。他说这样的首长带出来的部队，一个个都是好样的。136师敢打敢拼的战斗作风就是我父亲这样带出来的。

他们穿过一片田野，刚爬上一个小山坡，突然一发炮弹在头顶呼啸着钻了下来，咣啷一声，正好落在吉普车的车头水箱盖上，猛烈地爆炸，车头炸掉一半，吉普车被抛到半空落下，甩在山沟里。

司机老周从昏迷中醒来，抬头一看，发现自己全身是血，左胳膊断了，那骨头像斩断的木棍一样露了出来，只靠一层皮肉吊住那只摇摆的胳膊。

“军长！军长！”他忍着痛喊叫着。

“我在这里！老周你怎么样？”

“我……我不行了。”

“作战参谋在哪里？”

“我……在这里，腿动不了了。”

警卫员也受了伤，几个人爬到了一起。作战参谋被炮弹皮打伤了腿，老周炸掉了一只胳膊，我父亲奇迹般地毫发无损。

父亲这次差点丢掉性命，给他带来一些思索。敌人经常发动小股袭击，还用炮火搞偷袭，这给我阵地造成一定的压力。这样下去，我方就显得被动，不但中间地带被敌军控制，而且逐步向前推移，推到了我阵地前方，这种状况必须改变。在这种长期防御的阵地战中，如何争夺主动权呢？他带着这串问题，又深入到各前沿阵地，到群众中找办法。

那天，他到133师399团阵地检查工作，团长对他说：“我们用小分队阵地伏击、反伏击的战斗手段，消灭敌人80余名。”

父亲听了很兴奋。随后在军党委专门召开的作战会议上提出，积极组织小分队活动，以设伏、反伏击、夜摸和偷袭等手段给敌人以沉重打击。此外，还要开展冷枪、冷炮游动狙击活动。这些很快在阵地上蓬勃展开，形成高潮，使46军防御作战从此走向一个新的阶段。

136师3连9班及团侦察排一个班，利用夜间向云谷东山敌一个加强班实施突然袭击。部队在失去联系的情况下，英勇顽强，各自为战，坚持到最后，全歼敌22名，完成了捕俘的任务。

全军6个半月的防御作战中，连以下分队出击活动500多次，作战140多次，共歼敌2200余人，活捉40余人，“遇必打，打必歼”。小分队成了主要角色，消耗敌人有生力量，使中间地带在我军控制之下。嚣张一时的敌人，处处感到不安全，锐气大挫，昼夜龟缩在阵地内不敢轻易出击。父亲预想的结果实现了。从此防御作战的主动权掌握在我军手中，有力保证了我军阵地的安全，为反击作战创造了极为有利的条件。为此他给邓华司令打电话，汇报小分队活动战果。邓华说："好嘛！要多创造一些办法。"

冷枪狙击活动开展得也很出色。在总结经验教训的基础上，我狙击手改善隐蔽和保护，而且打完立即就转移，敌人无法报复。各团各连都培养狙击手，涌现了许多英模人物。如 133 师 397 团田正贵，领导狙击组 7 名战士，88 天打死打伤敌人 417 名。战士黄盛达，10 天内打死打伤敌 22 名。

炮兵部队也积极开展游动炮歼敌运动，数十门火炮，在不固定的阵地上对敌突袭。半年内就歼敌 4200 余名，击毁坦克 26 辆，汽车 26 辆，各种炮 40 门，击落直升机 1 架，还击毁了大量的敌碉堡、物资等。高射炮兵也开展打击"空中强盗"的比赛。一年内，46 军高炮部队共击落敌机 93 架，击伤 155 架，使敌人如惊弓之鸟，敌机凶焰大挫。

父亲纵观防线全局，看到了自己手中的优势，完全摸透了敌人的特点和活动规律，找到了敌人阵地上的一些弱点，他产生了一个想法，要在更大范围内打击敌人，锻炼部队的战斗能力，取得与现代化敌人作战的经验。配属 46 军的 120 师 358 团提出，要去攻击梅岘里东山（057）、马踏里西山（058）的美军两个加强排。父亲马上去研究敌情，研究战术，策划、布置并批准了这次攻击行动。我们家里至今还保存着父亲当时在指挥所研究作战部署和火力配置的照片。

是役，358 团用两个连队，在强大炮兵火力支援下，突然发起冲击，很快占领了敌阵地，全歼美军这两个加强排。美军受到沉重打击，像发了疯似的，用一个营的兵力发起反击，妄图夺回阵地。358 团两个连英勇反击，打退了敌人进攻。敌人又在全线许多地方发动进攻，5 天内进攻 22 次，全被我军打退，打死打伤敌人 1390 名，俘虏敌人 25 名。

四、从防御主动到反击胜利

通过这些强袭，证明我军不但掌握了防御主动权，而且出现了在局部取得反击胜利的可能性。

根据总部作战会议精神，父亲开始组织夏季战役。1953 年 5 月 2 日，他命令 133 师 397 团 2 营三个排的兵力，秘密横越 800 米的敌我对峙中间地带，向防御在下勿闲北山英联军 1 师加强团第 3 连实施连续突袭，经 4 分钟炮火急袭，步兵发起攻击。班长罗连成率本班与其他班一起勇猛向敌人扑去，用手雷消灭了冲击道路上的一个碉堡后，他右臂负伤，在继续向第二个碉堡冲击时，腹部又中弹，肠子流了出来，但他仍然坚持着将第二个碉堡炸毁。而后，他又发现一个工事里的敌人，正以密集机枪火力封锁我冲击部队。罗连成一咬牙，将流出来的肠子盘了盘塞进伤口中，又向敌人火力点爬去。在通过交通沟时，他因剧烈疼痛昏迷过去，后来被一阵激烈的枪声震醒。此时他的右腿又负重伤，但他继续向敌人火力点靠近，临近时他抱起炸药包，突然拼尽全力跃起，扑到敌人火力点，拉响炸药包，敌人火力点被消灭，他光荣牺牲。

经过 1 小时零 8 分钟的战斗，全部歼灭守敌。父亲命令部队立即坚守阵地，做好打击敌人反扑的准备。果真敌人当天就组织两个排反扑，两个排伏击，结果全被我军击溃，打死打伤敌人 202 名，俘敌 18 名。这一仗获得志愿军司令部的表扬。

金城战役以后，志愿军节节胜利，使敌人处境更加不利，他们不得不向中朝军队做出实施停战协议的保证。7 月 24 日，双方谈判代表确定了最后的军事分界线。1953 年 7 月 27 日停战协定签字生效。

父亲听到这个胜利的消息，兴奋得一夜难以入眠，他走出坑道，站在一棵松树下呼吸着新鲜空气，望着满天星斗，仿佛从历史的纵深中又看到一个事实：从前，西方侵略者几百年来，只要在东方的一个海岸上架起几尊大炮就可以霸占一个国家的时代一去不复返了。中国人民的伟大身躯在世界上屹立起来。

1953 年 10 月，父亲接到志愿军总部的命令，从朝鲜回国，他坐上返回的吉普车，随部队告别了坚守一年多的阵地。沿途的朝鲜人民涌上道路两边，许多朝鲜老人从几十里外赶到新义州欢送志愿军。场面异常热烈，彩旗招展，口号响彻云天，人们含着热泪挥舞彩带，载歌载舞，紧紧拥抱志愿军战士，表达着难分难舍之情。

（本文作者：曾雍雅之子，大连舜康国际贸易有限公司总经理；曾雍雅之女，中国人民解放军海军机关门诊部军医）

蔡长元与铁原阻击战

◇蔡小心

蔡长元【1917 ~ 1995.12】

四川宣汉柳池坪村人。1933 年参加中国工农红军，同年加入中国共产主义青年团，1934 年转为中国共产党党员。中华人民共和国成立后，任师政治委员。1951 年任志愿军第 63 军 189 师政治委员、师长。1955 年被授予少将军衔。

铁原阻击战是抗美援朝第五次战役中，志愿军第 63 军在涟川铁原地区进行的一次惨烈的阻击战。蔡长元作为 63 军 189 师师长，率部亲历了这场重要的战役。在长达 13 天的惨烈阻击中，189 师顶在第一线，挡住敌人的疯狂攻击。他针对敌人弱点制定“舞动的链条”战术，曾让装备士气都在巅峰的美军无可奈何。他们以英雄顽强的阻击，打出了志愿军的军威，同 63 军其他兄弟部队一起为全线的战局起到了重要作用。

铁原阻击战是 1951 年 6 月上旬，发生在抗美援朝第五次战役中的一次防御作战。英勇的志愿军部队，坚决完成了志愿军与朝鲜人民军联合司令部（以下简称“联司”）下达的命令，为保障中朝军队的有序后撤、建立起新的防御体系起到了关键作用。这次阻击战的主打部队，就是有着坚强战斗力的中国人民志愿军第 63 军。这种坚强战斗力的核心，基于坚强有力的党团组织的中坚作用，以及部队的高质量的兵员结构。我的父亲蔡长元时任第 63 军 189 师师长，他率部亲历了这场惨烈的阻击战。

63 军是一支有着红军基因，在抗日战争华北战场上，在与日军的残酷斗争中锻炼出来的部队。在解放战争中，是华北人民解放军的主力部队。特别是 189 师，党团员比例达到了49%，更是绝对坚强的。入朝作战前，在东北补充了翻身青年农民的新兵，占到了部队员额的三分之一。这不仅使全军达到了满员，更使部队成分绝对坚强可靠，各级指战员机动灵活，勇于牺牲，确保了正确战术实施的战斗力基础。

铁原阻击战的背景是，在抗美援朝第五次战役中，新任“联合国军”司令李奇微，总结了中朝军队与“联合国军”各自的优势和劣势，摸索出利用“联合国军”的机械化立体作战的优势，针对志愿军后勤不济，缺少空中掩护的弱点，穿插突破，大量杀伤我军，造成混乱甚至溃散的战法。

◇ 1951 年春，中国人民志愿军第 189 师师团主要领导在朝鲜议政府合影。左一为蔡长元。

而我军对敌军的变化没有充分的认识，在第五次战役的中间进入了李奇微设计的节奏。“联合国军”突然开始反击，多路突击，企图割裂我军阵线。如果不能在铁原地区阻击敌人机械化部队的冲击，掩护主力部队经铁原转移到“三八线”上的山地，完成防御体系建设稳住阵脚，就会造成志愿军东西线的联系被分割，对后方基地甚至是整个战场局势造成严重威胁。

彭德怀司令员在 1951 年 5 月 22 日下午与 63 军首长通电话，调整 189 师长指挥人员；19 兵团党委建议，由任 189 师政委的蔡长元代理师长（新政委李克忠是 6 月 21 日才确认任职后到任的），彭总同意了这个建议。由此，5 月 23 日，我父亲被正式任代师长兼政委。父亲在铁原阻击战中，就成了 189 师军政一肩挑的一号首长。

5 月 28 日，在涟川至铁原方向，美 1 军、美 9 军集中 4 个师兵力，猛攻第 65 军阵地，占领了涟川以南金谷里、永平至汉滩川一线，直逼铁原。位于铁原以北的志愿军后方基地，受到威胁。同日 17 时，志愿军司令员彭德怀，直接电令：第 63 军并指挥第 65 军 194 师，迅速在涟川至铁原之间，东起芝浦里西侧古兰山、西至临津江畔，正面25公里，纵深20公里的地域组织防御，坚决阻止敌军的进攻。命令明确指出："敌人追击性进攻的很快，你们在文岩里、朔宁、铁原之间的地区，应取坚守积极防御朔宁、高公山一线阵地，无'志司'、兵团命令，不得放弃！"

第19兵团司令员杨得志、政委李志民，副司令员葛晏春、副司令员兼参谋长郑维山，明确命令第63军："要不惜代价，坚守阵地，阻止敌人进攻，没有上级命令，不许撤退……"并将2个炮兵团配属给第63军。

而在63军一级，由志司直接指挥师一级部队，展开防御作战。整个铁原外围的阻击战，首当其冲的，就是我父亲的189师。

志司和兵团在参考师一级首长的建议后，作出了部署：

第63军第187、第189师，以夹涟川至铁原公路展开，构筑了防御工事，实施坚守防御，并把主要力量放在"卡"口子上，坚决制止敌军沿涟川至铁原公路两侧向铁原推进。第188师为预备队。第65军主力撤出第一线休整。该军第194师归属第63军指挥，配给187师指挥，仍在第一线担任阻击。

6月1日，美第8集团军集中美1军、美9军主力，开始向志愿军第63军阵地展开进攻。敌人在涟川地区一个不足3平方公里的进攻正面，集中2个师，在大量航空兵、炮兵的支援下，以整连、整营、整团的兵力，在狭窄山谷口，轮番猛攻第63军第187师阵地，企图夺取涟川两侧有利地形，中央突破，直插铁原。

彭德怀司令员密切关注第63军的阻击作战。在战斗开始的第一天，彭司令就打电话给63军，指示要不惜一切代价顶住敌人的进攻，打掉敌人的进攻势头。第19兵团首长也全力支援第63军的作战，从兵团机关抽调干部、战士，补充63军。第63军党委发出指示，号召全体指战员"勇于挑重担，勇于打恶仗，不叫苦，不叫累，不怕孤军作战，不怕流血牺牲，发挥独立作战能力，像钉子一样，钉在前沿阵地上，要机智勇敢，活在阵地上，战斗在阵地上，将敌人消灭在阵地前！"

战斗最激烈的地点在右翼涟川的山口地区。美军第一天进攻就投入5个步兵营，并得到4个炮兵营的支援。在左翼第189师防区种子山、233.2

高地等地，美军的进攻也连续受挫。6月3日，美第25师投入进攻，兵分三路，在航空兵密集火力轰炸、扫射支援下，以坦克为先导，多路猛攻第189师阵地。志愿军第189师全力以赴，以父亲自创的“链式防御战术”与敌殊死战斗，反复争夺阵地。在战斗最紧张的时刻，师预备队全部投入，师直属队和机关勤务人员也加入战斗，前线连队大部分连排干部伤亡，许多官兵在最后一刻，毅然拉响手榴弹、手雷、炸药包、爆破筒，与敌同归于尽，决不后退一步！

6月3日24时，志愿军司令部及时电示第63军，由“坚守防御作战”改为“机动防御作战”。命令要求部队：“敌试探性进攻时，我则可灵活歼敌。敌主力配合坦克、炮兵、空军全面进攻时，我则以小部队分散，节节阻击，以火力袭击。如有可乘时，则反击之。只有此种动作阻击，积极灵活的反击，方能争取时间，消耗敌人，不宜坚守一地。”这说明，189师的战术，得到了志司首长的认可并向整个63军推广。

这里简要说明一下，我父亲作为189师政委和代师长，在战斗开始时就主动联系另外两个师的首长，承担起了协调各个师作战的责任。他基于自己总结出的，美军经过之前的志愿军打击，不敢不顾侧翼、孤军突进的弱点，考虑敌我双方实际情况，制订了“舞动的链条”的针对性战术。就是将部队化整为零，在若干个点，布置三人组成的战斗小组，以前线战士中的党员为中心，老兵为骨干，带动新兵，以点代线，以一个个小组的牺牲，大大迟滞了美军机械化部队的进攻速度，有效消磨了美军的锐气，迫使敌军必须要逐一清除各个山头的志愿军防御，从而为我们赢得最宝贵的时间。这种战术，没有坚强的党团员构成的组织体系，没有在十余年残酷的抗日战争、激烈的解放战争中形成的部队过硬作风，是无法实现的。

在完成了首当其冲的防御作战任务，189师隐蔽在反斜面的部队突遭山洪，意外造成了人员和装备的重大损失，随师部队奉命撤到二线休整。但就在6月9日半夜，63军右翼我军一部突然提前撤出前线，齐员满编的美第3师（2.7万人）分两路乘虚驱入，直逼驻扎老铁原城（非今天的新铁原城）的63军军部不足6里。63军军指大惊，急调驻扎在老铁原城东的

188 师 564 团（2600 多人）和只剩下一个团兵力的 189 师（不足 3000 人）去阻击。564 团炸水库来阻止美军北上，结果反淹自己，不得已撤退到老铁原城东整顿和抢筑临时防御线，只剩下 189 师余部坚决阻击。189 师阻击了整整一天一夜，我父亲十数次提枪冲前杀敌，不幸被美第 3 师火炮炮弹碎片炸伤右踝关节。这就是 189 师的第二次阻击战。正是这宝贵的一天一夜，使正在涟川北 15 公里、第三道防线上的 187 师（此时 187 师尚有 8600 多人，加上配给 187 师指挥的 194 师主力近 5000 人，共 1.35 万人）奉上级急电，能够及时进行有力支援。部队将 2 个炮团（含 63 军炮兵团）打剩下的炮弹一次性向美骑 1 师营地轰去，击中美军弹药库，“联合国军”大乱。188 师（第二道防线即金刚山一线，剩下不足 5000 人，包括编制最完整的 564 团）和 189 师余部断后，187 师掩护 63 军军指安全撤出战线，转入第二道战略防御线。至此，圆满完成阻击美军主力（美第 1 军、第 9 军）、保证志愿军主力筑起第二道战略防御线的任务。

在铁原阻击战中，189 师创下了击毙美军 2051 人，击伤美军 2983 人，共计毙伤美军 5034 人。而在战前齐装满员的主力师 189 师，也损失了近八成的指战员。当入朝时 13000 余指战员的 189 师剩余不足 3000 人终于撤下来的时候，在 63 军军首长们陪同下，彭德怀亲自前去 189 师整顿集结地看望。他看见官兵浑身的衣服已变成了一缕一缕的布条，很多人身上仅剩下一条沾满血迹和烟痕的裤衩。彭德怀眼睛湿润了，感慨地说：“祖国感谢你们！我彭德怀感谢你们！”“我要向祖国、向党中央、向毛主席汇报！你们是真正的铁军！”63 军勇士们硬生生压抑着失去战友的悲痛，用哽咽的声音高喊：“祖国万岁！”63 军由此赢得“铁军”称号。

1951 年 7 月 3 日，63 军奉命进驻开城地区，执行守备任务。彭德怀司令员亲自安排，由国内调来轮值部队的 8600 多名战士，其中主要是陕西、甘肃籍的第 1 军各部的连排班的老兵骨干加少量四川、湖南籍新兵，补充到仅剩不足 3000 人的 189 师。我父亲担任重组后的 189 师师长，师政委由李克忠接任。189 师奉命驻进开城东地区临海突出部，担负前线警备的重任。

1951 年 10 月，美军在朝鲜发起“金化攻势”，妄图从我志愿军防线中打开缺口，迫使我军全线后退。第19兵团在开城以南20公里左右一线阻击敌人。63军三个师布置在前线，从12月28日到1952年1月8日攻占了智陵洞北山及88.6高地，前推阵地16.5平方公里，189师始终战斗在最前线。据官方战绩记录：开城地区8个月阵地防御作战，71%兵力新兵补充的189师又创造了共毙伤美军1442人的辉煌战绩，189师付出了伤亡319位指战员的代价。但从战略意义上，189师在187师策应下将阵地向纵深展开，对配合板门店谈判顺利完成起到了有力推进的作用。战后189师警卫连负责板门店谈判场地的安保任务，我方参与谈判代表的警卫参谋和警卫队队长、指导员都是我父亲亲自选拔的。

总结父亲带领189师在抗美援朝战争中的战斗历程，有两条基本经验。第一，坚强有力的思想政治工作，特别是党团员和我军老兵的核心骨干作用，是取得胜利的思想和战术的保障。没有这个基础，部队不可能经受任何严峻的考验；第二，干部对战士平时亲如手足的情谊以及模范带头作用，是最有效的思想政治工作。

四川省达州市大竹县籍志愿军老战士李庆忠（63军189师566团1营2连副班长）曾回忆道：

"……蔡师长对我们很好，他是师长我们是兵，但是没有架子。有一场战役，我也记不清是哪一次，他拿起手枪上前线，手枪打完了就拿机枪扫射，当时一个炮弹还是手榴弹就爆在他的身边，当时就把他右腿炸伤了，后来战斗结束下战场的时候，他折了一个树枝就当拐棍自己走下来，我们看到他受伤了都来关心他，叫他'师长，师长'，他觉得自己受伤了不光彩，就对我们说：'别叫我师长了，叫班长叫班长。'回来之后，他觉得这场仗没有打好，就给上面首长申请说，这场仗打得不好，又受伤了，请求上面给自己处分。上面立马回应说：'我们不仅不给你处分，还要对你进行嘉奖，你们只有一万多人，你知道对方多少人吗？敌方有四万人！'"

"蔡师长经常下来问我们战士，也很关心我们。经常教我们写字，写自己的名字。还叫我们找政委教我们写信回家给家人，没有纸就去连队拿。告诉家人，我们在这边很好，不要让家里人担心。"

父亲就是这样一个人。在抗美援朝战争中，他作为189师师长，同其他兄弟部队一起，在和世界上最现代化的军事装备部队的直接对抗中，取得了骄人战绩，发挥了重大作用，同时也尽到了自己作为一名共产党员和老兵的责任，他对现代战争也有了更直观、深切的认识。

（本文作者：蔡长元之子，北京传新文化咨询有限公司董事长、北京西路军研究会宣传组组长、延水情文化促进会副会长）

谭善和率志愿军工兵参加重建平壤

◇谭吉林

谭善和【1915 ~ 1991.6】

湖南茶陵中洲村人。1930 年参加中国工农红军。1931 年加入中国共产党。中华人民共和国成立后，任西南军区工兵纵队司令员兼政治委员，东北军区工兵司令员。1952 年任志愿军工兵指挥所司令员。1955 年被授予少将军衔。

1953 年 8 月间，时任志愿军工兵司令员的谭善和受领任务，率工兵部队帮助朝鲜人民重建平壤。他们与朝鲜人民军工兵一起并肩作战，在平壤完成了修复和新建大同江公路铁桥、内阁联合办公大厦、平壤市综合医院等多项重点工程。他也荣获了政府授予的一级独立自由勋章和二级国旗勋章。

1953 年 7 月 27 日，《朝鲜停战协定》签字，中国人民和朝鲜人民的反侵略战争取得了胜利。

停战的第三天，朝鲜民主主义人民共和国内阁就发布了《关于恢复和重建平壤市的决定》，号召朝鲜人民医治战争的创伤，重建共和国的首都——平壤。中国人民志愿军党委也作出了帮助朝鲜人民恢复生产、重建家园的决定。志愿军司令部、政治部迅即发出《关于帮助朝鲜人民进行恢复与重建工作的指示》，要求志愿军各部队积极参加朝鲜人民重建家园的工作，"要像建设祖国一样地来帮助朝鲜人民建设朝鲜"。

当时，我父亲谭善和任志愿军工兵司令员。在停战协定签订后不久，志愿军司令员兼政委彭德怀就在一次有金日成等朝鲜领导人参加的会议上，很肯定地向朝鲜同志表示："只要志愿军留在这里，就一定会尽最大的力量帮助你们重建国家。"彭总郑重的语气，给我父亲留下了很深的印象。

1953 年 8 月间，我父亲受领了率志愿军工兵部队帮助朝鲜人民重建平壤的光荣任务。具体向我父亲布置任务的是志愿军参谋长李达。他强调指出：一定要挑选素质好、干劲大的部队去参加重建平壤。

战时，美国侵略军的轰炸机把成千上万吨炸弹倾泻在面积仅有 60 平方公里的平壤市区。据朝鲜方面统计，单是 1952 年一年，美国飞机就向平壤投下了 52300 枚炸弹，平壤的每平方公里土地在一年之内平均承受炸弹 871 枚。美国飞机的狂轰滥炸，不但杀伤了数以万计的平壤居民，而且使平壤市的建筑遭到毁灭性的破坏。在平壤市的全部 82 个区中，有 74 个区完全变成了瓦砾堆，其余 8 个区，也没有一座完整无损的建筑物存在了。

面对美国侵略者的野蛮暴行，志愿军工兵部队中的政治机关和党团组织进行了广泛的政治动员，号召指战员认清美国强盗的罪行，把仇恨化作力量和行动，打好重建平壤这一仗。从前线来到平壤的志愿军工兵战士们无不义愤填膺，他们纷纷向上级呈递决心书、保证书，表示一定要以战斗的姿态，发扬崇高的国际主义精神，像建设祖国一样，帮助朝鲜人民尽快把首都重新建设起来。有个曾在战场上荣立二等功的战士周忠朝在决心书上写道："过去我在战斗中为祖国和朝鲜人民立了功，这次在参加重建平壤的劳动中，也一定为祖国争取新的荣誉。"

上级交给志愿军工兵部队的任务，主要是几项重点工程：修复大同江铁桥；恢复平壤市中心的斯大林路，重建朝鲜内阁联合办公大厦和平壤市综合医院；协助我国援朝技术人员兴建牡丹峰剧场，等等。

这些项目中，大同江铁桥的修复工程最为艰巨。这座桥连接平壤市的中区和东区，长达 620 米，是朝鲜北半部最大的公路桥之一。战时，这座桥被美国侵略军炸毁，有 250 米桥身荡然无存，其余 300 多米桥身也是创痕累累。

1953 年 10 月，志愿军工兵部队进驻修桥工地。为便于施工，指战员们奋战一个多月，首先在大同江上架起了一座长 518 米、宽 9 米的便桥。尔后，于 1953 年 12 月开始着手修复大同江铁桥。战士们冒着严寒，破开冰层潜入五六米深的江底，勘察桥的损坏情况和沉入江底的钢架位置。部队在刺骨的江水中作业，把江底的钢架分截打捞出来。那时候，起重设备很少，战士们硬是凭着自己的双手，用自制的绞车将 936 吨钢材一公斤一公斤地从江水中绞上岸。

1954 年 2 月，为加强修桥力量，上级又调来一支朝鲜人民军工程兵部队。两支曾经在战场上并肩战斗的工兵部队这时又在一起并肩建设，相处得亲密无间。每逢遇到困难，志愿军、人民军总是互相支援。志愿军起吊第十孔桥的废钢梁时，人民军马上送来了起重工具；人民军砌 2 号桥墩时，志愿军派出技术熟练的战士前去支援。休息的时候总是很热闹，志愿军战士与人民军战士经常在一起谈家常、看画报，甚至传看家信和未婚妻的照片，气氛融洽而亲切。最初几个月，工程器材缺乏，战士们就将搜集到的废钢铁加以利用。他们把弯曲的废钢筋砸平拉直，又安装到大桥上去。一些战士组成打铁小组，用拣拾来的废铁自制工具和器材；共制作了30多种、780多件工具，还有4万多颗桥面钉也是自己打制的。后来，从中国运来了大批钢板和混凝土搅拌机，从苏联、捷克斯洛伐克、波兰、民主德国运来了钢板截切机、电钻、铆钉机，部队的技术装备和物资供应状况得到了较大的改善。针对新的情况，我父亲适时通知部队要坚持修旧利废，还为部队拟出了新的口号："爱护寸木寸钉，处处要为深受灾难的朝鲜人民着想！"这些措施很快收到了成效，指战员们继续发扬了勤俭节约精神，在整个大桥修复工程中，节省钢材近千吨、木材5000多立方米。部队施工中，朝鲜人民的领袖金日成多次亲临大桥工地视察，他用汉语对志愿军工兵部队讲了许多热情慰勉的话。有一次，我父亲向金日成汇报了施工部队的进展情况，金日成听说战士们几乎天天超额完成日工作定额，当即很激动地向施工部队全体指战员发表了讲话。他说："同志们很辛苦，干得很好！敌人破坏了平壤，但只要我们像今天这样辛勤劳动下去，平壤就一定会建设得比战前更美更好！"

朝鲜人民群众从报纸上和广播里得知了志愿军工兵正在修复大同江铁桥，他们从全国各地寄来数千封慰问信。平壤市民送来的慰劳品也很多，有日用品、食品、水果，等等。朝鲜国立艺术剧院及平壤市的文艺工作者还到工地来举行了好几次慰问演出。这一切，都使志愿军工兵部队指战员深受激励，士气越来越高昂，劳动热情越来越旺盛。

在架设便桥时，战士们一连数日坚持工作到深夜，有两天还苦干通宵。结果，在困难重重的情况下提前20天架通了便桥。战士高绪福在切割铆钉的作业中动脑筋想办法，改进了操作技术，提高工作效率12倍。曾荣立三等功的107团1小队6班开展了革命竞赛，大大提高了制作混凝土板的工效。那些日子里，在志愿军工兵部队中广泛传唱着一首歌，歌中唱道：

填平弹坑，修起工厂。

铲掉破砖瓦，盖起新楼房。

我们帮助朝鲜人民恢复家园，

帮助自己兄弟早日得到幸福时光。

战斗中我们一起上战场，

建设中我们汗水一起淌……

这首歌真实地反映了志愿军工兵部队参加重建平壤时的火热生活。

◇金日成亲临志愿军部队修建的大同江铁桥视察。

经过7个月的紧张施工，大同江铁桥比原计划提前一个月胜利竣工。1954年6月30日，在桥头举行了隆重的通车典礼。朝鲜党和国家领导人金日成、崔庸健等同志兴致勃勃地参加了典礼。崔庸健代表朝鲜党和政府讲了话，他赞扬了朝中两国人民用鲜血凝成的战斗友谊，指出：今天竣工的大同江铁桥正是这种友谊的体现。他还高度评价了志愿军工兵部队在建桥施工中表现出来的国际主义精神。我父亲代表志愿军工兵部队讲了话，他表示：志愿军工兵部队全体指战员将继续为朝鲜人民建设祖国首都而努力奋斗。

1954年7月13日，朝鲜民主主义人民共和国最高人民会议常任委员会举行授勋仪式，年逾花甲的金科奉委员长为志愿军工兵部队的126名模范人物颁发了勋章和奖章。援朝技工孙喜武荣获朝鲜民主主义人民共和国二级国旗勋章；战士高绪福获一级战士荣誉勋章；战士彭鹰光、杨光华、李宗诗获二级战士荣誉勋章；其余100多名战士均荣获功劳章。这个授勋仪式，搞得简朴而庄重，对部队鼓舞很大。

在平壤市的其他建设工地上，志愿军工兵部队也取得了突出的战绩。

如 2 团的战士们创造了每人每天砌砖 1700 块至 2000 块的纪录，据朝鲜建筑部门称，这样高的速度战前在朝鲜还没有出现过。重建朝鲜内阁联合办公大厦的工兵部队指战员，响应金日成的号召，奋战半年时间，于 1954 年 8 月 15 日——朝鲜光复纪念日完成了重建大厦的任务。平壤综合医院是朝鲜北半部最大的医院，1948 年建院时有 500 张病床，战争期间该医院被炸成一片断壁残垣。志愿军工兵部队 1953 年 12 月开始重建，战士们竖立在工地上的标语牌上写道："用我们的血保卫朝鲜，用我们的汗建设平壤！" 8 个月之后医院竣工，床位数量增加到 2000 张，规模比战前扩大了 3 倍。这个医院铺设的水磨石地板，完全是战士们半蹲半跪在地上一平方米一平方米地磨光的，当时号称"明光石"。

◇志愿军战士帮助朝鲜修建学校。

平壤市第十三小学的修复，也在当时的平壤传为佳话。战前，该小学有4000多名学生，是平壤市学生最多的一所小学。这所学校在战争中被夷为平地。担任修复工作的志愿军工兵部队不仅在短时间内盖起了新校舍，还额外为小学生们制作了课桌椅。制作课桌椅的木料和铁钉都未向上级请领，木料是战士们工余时间挖弹坑、刨废墟积攒起来的，钉子是用废旧铁丝网加工的。

应该提到的还有具有鲜明朝鲜民族建筑艺术风格的牡丹峰剧场。参加剧场建设的工兵部队指战员在我国援朝技术人员指导下精心施工，保质保量地按时建成了这座闻名朝鲜的大剧场。志愿军工兵部队在抗美援朝期间主要从事交通工程保障和战斗工程保障任务，如今建成了这样美观华丽的建筑物，充分体现了我们工兵战士们的聪明才智。牡丹峰剧场落成后，被誉为"中朝友谊的结晶"。

到 1955 年上半年，平壤城在不足两年的时间内就从一片焦土中重新屹立起来。她比战前更加宏伟也更加壮丽。志愿军工兵部队因在平壤重建工作中作出了自己的贡献，受到朝鲜党和政府、志愿军领导机关的表彰。后来，我父亲于1960年、1978年两次随中国军事代表团访问了朝鲜。那两次，都有朝鲜同志向我父亲提起志愿军当年为重建平壤付出的艰辛劳动。他们深情地说：“志愿军的功勋劳绩，朝鲜人民是永远忘不了的。”

（本文作者：谭善和之子，北京东湖科技有限公司办公室干部）

朱卿云入朝参战的记忆

◇朱岩

朱卿云【1919 ~ 2007.1】

直隶（今河北）完县人。1937 年参加八路军。1938 年加入中国共产党。1950 年参加抗美援朝，任中国人民志愿军第 66 军 197 师副政委兼政治部主任。1952 年毕业于军事学院政治系。后历任军事学院政治部处长、政治经济学教授会主任，总政治部国防科学工作部副部长，基地副政委，国防科委政治部主任，石家庄高级陆军学校政委。

朱卿云作为志愿军第 66 军 197 师副政委兼政治部主任，从 1950 年 10 月至 1951 年 4 月的半年间，随部参加了抗美援朝战争前四次战役。其间，他开展积极有效的思想政治工作，发挥了重要的宣传、动员、保障作用。

“你出生时爸爸刚到朝鲜前线 20 多天。当时我们 66 军部队沿着朝鲜春川、洪川、原州一线一路南下，直逼汉城。由于后勤供应不济，全军上下衣服破烂、穿着草鞋……”20 世纪 70 年代初父亲在给我的一封信中这样说道。

一、紧急奉命入朝参战

1950 年大半年里，父亲朱卿云所在的华北野战军 66 军正在内蒙、河北等地从事农业生产，时任该军 197 师副政委兼政治部主任。突然接到赴朝参战命令后，66 军于 1950 年 10 月 24 日晚从天津郊区的杨村登火车出发开赴朝鲜战场。26 日夜间父亲随 197 师的 591 团由安东（今丹东）过鸭绿江，开赴朝鲜战场西线。

由于命令下达得十分紧急，66 军从国内出发时，全军上下都只着单衣，赴朝后又无法得到及时补充，而朝鲜的冬天又是奇寒，气温骤然下降至零下 40 度，因冻伤引起非战斗减员，就成了最大的问题。父亲说：“当时实在没有更好的办法，只有动员官兵们就地取材，主要以打草鞋代替棉鞋，全师上下成了一支史上罕见的、冬季一律穿着草鞋的队伍。还有个办法就是将毛巾从头顶到下巴包起来，作为临时防护，免得耳朵冻掉。不久我右脚的四个脚趾全被冻残，后来一直无法恢复知觉。相当多官兵冻残甚至还有冻死的。”朝鲜的严冬，足以令装备第一流的美军也视为畏途。父亲带回的战利品中有条美军的鸭绒被，这是美军士兵最普通的装备之一。美军衣食无忧，武器先进，坐车行军，还有着海空力量支援，但即使有着如此优厚、完美的条件，他们也仍旧败在了中朝人民军队的手下。这充分证明，我军艰苦奋斗、英勇无畏、不怕牺牲的精神，永远是克敌制胜的法宝。

二、66 军 197 师参加了前四次战役

当时西线有志愿军的 38、39、40、50、66 军，还有炮兵 4 个团又 1 个营、高炮 1 个团，面对的敌人是美军第 1 军和南朝鲜第 2 军团。10 月 26 日，志愿军司令部命令 66 军进至东辇馆和枇岘地区，阻击正向新义州进犯的美军。随后 28 日晚，66 军又进至龟城以西的塔洲、新市洞地区，还有一个团进至古军营洞，继续向龟城前进，阻击美军第 24 师……战斗的序幕揭开了。

◇1951 年 3 月归国前，朱卿云（前排中）与战友在朝鲜顺川。

第 66 军前往郭山及龟城地区阻击敌军，10 月 29 日，66 军各部到达龟城以西地区，奉命以一部兵力钳制美军第 24 师及英军第 27 旅，主力视情从侧后实施突击。此时，志愿军各部已经先期与敌展开战斗。10 月 30 日，66 军正式投入战斗，先后迎击高度机械化的美军第 24 师、英军第 27 旅。

美军第 24 师在战争初期朝鲜人民军发动的大田战役中曾全军覆没，师长迪安成了俘虏，但后来经过一番休整、补充，又恢复了锐气，成为 66 军的劲敌。11 月 1 日下午，66 军在行军间与美军第 24 师遭遇。美 24 师一部以 3 辆坦克为前导，向我 197 师 590 团 7 连阵地开炮射击。590 团 7 连与敌激战一小时，毙伤敌 20 余名，击毁汽车 4 辆，缴获八二迫击炮 1 门、电台 1 部，残敌急忙逃窜。其间，66 军还击落美军 B—29 轰炸机 1 架，俘敌少校以下飞行员 4 人。

由于志愿军是在主力没有全部到达指定位置的情况下被迫开始攻击的，所以行动十分谨慎，不做冒进。未曾想，美军第 24 师及英军第 27 旅害怕遭到围歼，突然撤退，直至撤到清川江以南。66 军各部把注意力都放在对付敌军可能的进攻上，疏忽考察敌军动向，所以没有及时发现正面敌军撤退，发现后又没有及时组织穿插堵截，没有抓住美英敌军，致使其溜掉，丧失了围歼敌军的战机。11 月 13 日，彭德怀司令员在志愿军总部召开的党委会上指出这个问题，军长萧新槐、政委王紫峰受到了严厉批评。

尽管战争初期有些问题，但 66 军全军在语言不通、地理生疏、装备落后、后勤无保障的情况下，依靠发扬英勇顽强的战斗精神，经 6 天激战，给敌人以迎头痛击，与友军一起迫敌全线后退，完成抗美援朝第一次战役作战任务。

第二次战役中，66 军担任正面突击、在运动中歼敌的任务。11 月 25 日至 29 日，部队接防泰川北，血战阿里山；攻击宁边、博川，夺取回德里。经 6 天激战，击溃当面之敌，共毙伤俘敌 1370 余人。在宁边战斗行进中，197 师突遭美军伏击，我父亲等师指挥员处变不惊，机智反击，扭转了被动，战士们英勇反击，直至冲入敌群中展开激烈的白刃战。肉搏中一名战士抡起手中钢锹，接连劈开了两个美军的脑袋，大显志愿军威风，大灭敌人的士气，这把铁锹后来成了军事博物馆中的展品。这次战斗 197 师不仅逆袭得胜，还生俘了美军 60 多人，显示了志愿军的大智大勇。

在第三次战役中，197 师 590 团执行穿插任务，战绩突出，荣立集体特等功。紧接着，1950 年 12 月 31 日 20 时 38 分，66 军主力突破“三八线”，元旦日占领修德山、上下红碛里、上下南淙地区，会同第 42 军歼灭了该地区南朝鲜军队第2师的第31、32两个团、第5师的第36团大部及南朝鲜军炮兵第24营。1951年1月2日，南朝鲜军扼守的第一道防线全面崩溃，汉城正面吃紧，美英军队的东翼完全暴露，不得不放弃汉城南逃。在这些战斗里，66军除毙伤敌军过万外，还缴获加农炮、榴弹炮30多门，俘虏敌军700多人，志愿军司令部特意致电祝贺66军的战绩。66军于1月4日占领洪川后，又长驱直入打到原州城下，随后胜利进行了横城反击战。此时部队后勤供应不继，进入了最艰苦的阶段，因饥寒大量减员，而指战员们斗志不减。

◇ 1951年6月，回国后的66军军、师两级领导在河北沧县。前排右一为军政委王紫峰，右二为军长萧新槐，中排右二为朱卿云。

第四次战役中，1951年2月7日至11日，66军担负五音山阻击战任务，顽强抗击敌人5昼夜的连续进攻。11日至16日，参加反突击，进逼原州。16日起，实施机动防御，在横城地区浴血奋战27昼夜，同兄弟部队一起，大量消耗了敌有生力量，迟滞了敌人的进攻，为我军战略预备队集结争取了时间。66军于12日6时占领苍峰里，随即向草塘突击，途中歼南朝鲜军1个炮兵连，并俘美军200余人；左翼第196、第197师突破后，于12日6时占领阳地村、新村，一度占领红桃山。2月13日晨，横城地区反击作战结束。此战，志愿军邓华集团（包括 66 军大部）和朝鲜人民军第 3、第 5 军团经过 35 小时激战，歼灭南朝鲜军第 8 师 3 个团及第 3、第 5 师、美军第 2 师各一部，共 1.2 万余人，其中俘敌 7800 余人，给“联合国军”以沉重打击，迫其后退 26 公里，对中朝人民军队完成战役防御任务起到重要作用。

综观整个入朝参战期间，66 军运动战能走能打，阵地战强攻坚守，涌现出“鸭谷里阻击英雄连”“曲桥里阻击英雄营”“铁血山英雄连”等英雄模范单位。在不到半年时间里，66 军共歼敌 10548 人，缴获各种火炮 69 门、各种枪支 1614 支（挺），击毁敌坦克 5 辆、各种车辆 186 台。

父亲后来回忆道：“从 1950 年 10 月 26 日跨过鸭绿江后，我们 66 军参加了第一至第四次战役，获得空前战果。全军运动战能走能打，阵地战强攻坚守。经过两个月战斗，当年年底至新年期间部队就突破三八线，从春川、洪川一直打到原州，后来又参加了横城反击战，克服了诸多困难，完成了各项任务。这半年时间 197 师无论在作战能力上、耐受困难的能力上，都得到了快速提高。特别是冒着零下 40 度的严寒，在粮食、弹药、衣着都十分缺乏的情况下，接连作战、接连取胜，不仅军事指挥灵活巧妙，政治工作也十分有力。师政治部部署并完成了各个方面的任务，先是广泛深入地做宣传鼓动工作，大力开展立功运动。其次是掌握就地取材保障工作，解决部队吃饭问题、御寒问题。第三就是转移伤病员和办理牺牲同志后事。由于我原先在国内战争时期有过空袭受伤的经历，所以指挥防空到位，使得全师上下无人在空袭中受到伤亡。抗美援朝是首次出国作战，并且多是在敌占区活动，缺乏群众支援，许多工作难以开展甚至无法下手，但我们把一切做到了极致，干部带头多做牺牲、贡献，关心爱护每个战士，于是保证了部队仍旧打好仗、打胜仗。”

三、从感染伤寒的生死线上活过来

第四次战役后，1951 年 4 月中旬 66 军奉命回国休整，进驻河北沧县等地，准备再次入朝作战。在回国途中，由于美国为首的“联合国军”开展细菌战，父亲受传染患上伤寒病。在天津住院治疗期间，连续数天高烧40度以上不退烧，在冰室中冷冻20多天才得以恢复清醒，体重降到不足40公斤仍活了过来，创造了医学史上的奇迹。父亲在医院刚一恢复知觉，就急着要见我这个刚出生的儿子，因为怕传染，就由母亲抱着在窗外隔着玻璃看了看。父亲说那一刻的感觉让他刻骨铭心，“看到孩子健康活泼的笑脸，我马上口里念着‘抗美援朝，保家卫国’，我觉得我们千千万万人的鲜血没有白流，只有卫国才能保家！”

更重要的意义是，抗美援朝作战，奠定了中国在国际上举足轻重的大国地位，有幸参加这次战争的人们无不感到光荣、自豪。半年的惊心动魄经历，令父亲本人、也令我们全家终生难忘。

（本文作者：朱卿云之子，辽宁广播电视台主任编辑）

吴书的五封战地家书

◇吴晓虹

吴书【1916 ~ 1951】

江苏省灌云县人。1938 年加入中国共产党。1939 年 2 月参加革命队伍。中华人民共和国成立后，任中国人民解放军 39 军 117 师政治部主任。1950 年 10 月，随军赴朝参战，任中国人民志愿军步兵第 117 师政治部主任。1951 年 2 月 10 日，第四次战役全面展开，他率领部队穿插敌后作战，遭敌人空袭，壮烈牺牲，时年 35 岁。

吴书作为第 39 军 117 师政治部主任赴朝参加了第一至四次战役，不幸于 1951 年 2 月 10 日遭遇敌机轰炸重伤牺牲。在几个月的作战间隙，他给妻子写了五封家书，饱含家国情怀、赤子之心，不仅留下一段可歌可泣的回忆，更留下一笔宝贵的精神财富。

我的父亲吴书，原名吴麟书，1916 年出生于江苏省灌云县一个普通农民家庭。他是家中独子，七岁入本村著名民主人士吴沛生创办的新式学堂吴湾小学念书，后考入附近张湾中学读初中。他自幼聪慧、好学，1932 年考取江苏省立连云渔村师范，就读期间品学兼优、成绩颇佳。1935 年毕业后，在吴湾小学教书。不久，年仅 19 岁的父亲即担任校长，后又受聘于张店镇中心小学任教员和邻村吴圩小学任校长，成为乡里远近闻名的青年才俊。

抗日战争时期，父亲是灌云县共产党的领导人之一，1940 年任县委书记。“汤沟事变”后，父亲只身一人，回到灌云，创建了灌云县抗日根据地，扭转了局面。在东灌沭地区，父亲在党内、军内和抗日群众中的威望是很高的。他重视组织抗日武装，也善于带部队。他亲手组建的滨海大队、灌云警卫团，后来都上升为主力部队。

解放战争时期，父亲从 1945 年 10 月率新 2 团随新四军 3 师北上，到 1949 年 12 月广西战役结束，整整 4 年零 2 个月。他在战争中学习战争，在把 17 团带成真正的主力模范团队的同时，自己也由一个地方党组织领导者，锻炼成为一个具有丰富部队工作经验的政治工作领导者。父亲走上师级政工领导岗位的两年，作为张竭诚师长和李少元政委的助手，为提高 117 师的战斗力，发挥了重要作用。打仗不是我父亲的强项，但做思想工作，鼓舞部队的士气，张师长、李政委都说，117 师离不开老吴。

1950 年 6 月，正当中国人民全力以赴地为巩固新政权、恢复国民经济而努力的时候，朝鲜内战爆发。

经过“艰难的抉择”，应朝鲜劳动党和政府的请求，党中央作出“抗美援朝，保家卫国”的决定。10 月 15 日，我父亲所在的 117 师正式加入志愿军序列，改为“中国人民志愿军步兵第 117 师”，辖 3 个步兵团。师长张竭诚、政委李少元、副师长彭金高、政治部主任吴书、副参谋长卢锐；349 团团长薛复礼、政委康应中；350 团团长韩曙、政委王千祥；351 团团长王德雨、政委彭仲韬。同日，117 师各部队在驻地举行了出征誓师大会。会后，全师 1.5 万余官兵（辽阳留守人员除外）由辽阳乘火车出发，次日到达宽甸之灌水站（铁路线终端站），下车徒步行军百余华里，于 17 日抵长甸河口集结。

◇出征前，吴书与妻子儿女的合影留念。

10 月 19 日夜，我父亲和张竭诚、李少元等率 117 师从长甸河口“雄赳赳，气昂昂，跨过鸭绿江”，进入朝鲜民主主义人民共和国境内，踏上了抗美援朝、保家卫国的反侵略战场。站在鸭绿江边，父亲深情地回望着祖国，想起了妻子儿女，经此一别，何日还？但是他的脚步依然是那样坚定、勇猛。

1950 年 10 月 20 日，在长甸河口，父亲写给母亲第一封家书。

赋亭：

一、十六日那天上午十一时半我们才从辽阳车站动身，坐了两天一夜火车，于十七日下午四时到达辽东省宽甸县境灌水车站，下车步行了两天，现已进到集待地点，今晚即准备渡江，今后便又遇着战斗生活。我一路上很好希勿念。

二、分别了数天觉得有些寂寞，因我们欢聚了七八个月，热热闹闹，这在分别后数天好像也是必然的，今后会慢慢的好了。如果从个人情感上来说，确实有点不好受，但从整个国家利益、党的利益，必需而且要一定克服掉这种个人情感，否则既影响个人情绪和身体健康，更重要的是影响工作。希望你很好地克服这点，尤其你已是怀孩子五六个月的人[①]，对自己身体更要注意。我对这点很不放心，因你平时对身体不注意，尤其到东北后脸色又不好，经常要你检查你又不肯去，因此我现在更热望你好好注意你的身体，并设法找医生检查一次，如能这样做我便放心了。

三、你到沈阳看芸生[②]没有？听四零一[③]回来讲芸生还是那样活泼，小虹[④]你是否替她买个帽子，天气冷了，你还记得那天临走前小虹不是冻得流清水鼻子吗？你在后方工作应根据你的身体决定能做多少就做多少，特别重要是和所有女同志搞好团结，对人家要尊重、要虚心，更不要乱议论人，对有些同志不能要求过高，处事要从实际出发，这样和任何人都会团结好。

四、你们在后方不能存在太平观点，东西弄成东一堆、西一堆到处都是。一定要有条理，箱子、皮包都要锁上，防止东西丢掉。我的表放在皮包里，我那天来时看见挂皮包的钉子不牢固，你需重钉结实一点，不然皮包丢下来表便碰坏了，在东北无法修理。最好放在身上（或者平时锁在皮箱内如行动放在身上），总之你需小心不要丢掉。那枚钢笔卡子太松，防止掉了或给小偷拔去。这些好像是小事，但是都是你不注意之地方，应注意为好。

五、我家母亲身体要人参，你看看还有几枝酌情形寄几枝回去好了，那天临走时我忘记没有写信现寄去望转告一下。最后希你注意有人到前方多带信来，我

---

① 未出世的小女儿。

② 儿子芸生。

③ 第 39 军 117 师师长张竭诚。

④ 女儿晓虹。

有机会就给你信。此致

敬礼!

人参枝数你负责填上，寄时用小

盆装起来，信放于盆内。

你的吴书　十月二十日于长甸

1950年10月25日，中国军队与“联合国军”的战争在朝鲜北部不同的地点同时开始了，并由此演变成长达2年零9个月的规模巨大的战争。入朝七八天后，10月27日，在第一次战役即将开始时，父亲给母亲写了第二封家书。

赋亭:

一、前由长甸河口寄给你一封信谅已收到。我们已过江七、八天了，尚未进行战斗，正在找机会歼敌。敌机活动较忙，但只要我们注意很好隐蔽加强防空，问题亦不大，我们尚未遭到空袭。你们在那亦需注意。

二、敌人前进较快，很疯狂，但也给我们歼敌机会。前天敌人一个营、一个连被五六部队歼灭，现在敌人可能发觉我们企图，昨天我们行军汽车被特务袭击一下，除杨副主任[①]负点轻伤外尚无一点损失，可算无事，望勿念。

三、你是否到沈阳去看芸生，他们什么时候移动，小虹的棉衣棉帽都穿上身了，你们棉衣也发了吧，你的身体检查没有，希你很好注意，如你能办到，我便放心了。

四、这里人民对我们很热情，他们的爱国情绪亦很高。风俗习惯有很多不同之处，主要是言语不通。由于战争情况菜较困难，望你买点菜带来。另外替我买牙刷一个，牙膏贰瓶，磁碗一个，筷子一双，我的一套用具被警卫员丢了。今后望你有机会多带信来，孙副科长最近到前方来有东西可交他带来。

此致

敬礼!

吴书

十月二十七日

① 第39军117师政治部副主任杨弃。

第一次战役结束后，正准备第二次战役时，11月10日父亲在泰川给母亲写了第三封家书。

赋亭：

一、由四零一带去的信谅你已收到了。我们第一个战役结束，正在准备第二个战役。此次战役由于全军的努力，基本上胜利了。收复了大块地区，打击了敌人的凶焰，歼灭了敌人。但我们要认识朝鲜战争不是短时间内解决问题的，需要较长一个时间才行，不是像我们有些人那种速胜的想法，但我们亦必需有充分必胜信念，因此要认识胜利是我们的。

二、朝鲜我们刚来时正碰到敌人向北朝鲜进攻，那时很混乱，人民亦较恐慌，经过这次战斗后稍微安定，总之朝鲜人民之爱国热情是很好的。乡村中看不到什么青年的人，都动员到前线去了。但地方工作较难管，他们是由于和平环境发展起来的，未经过战斗的锻炼，这个问题慢慢会解决的。总之，在国外作战较之在国内要困难些。

三、我出国后一切尚好，虽然菜有时买不到，但还未断过菜，生活上还算不错。主要还是由于战斗环境下，生活紧张，行动较多，精神上的消耗要多。由于战斗环境行动多，因而卫生上也很难讲究了，现在身上又长救亡虫[①]了，大家都是这样也就不稀奇了。

四、芸生现在还在沈阳吧，你去看他没有？小虹的棉衣都穿上身了吧。这里的天气还很暖，穿夹衣还行，恐怕你们那里天气已是很冷了。我们的冬衣都发了，质量很好，就是不适宜于战斗环境穿，加之目标大容易发生意外，故我们将它翻过来穿，还可以通用。故你不需要做皮衣送来，那两件皮衣已旧了，你最好把它卖掉或两件换一件好的，望你酌量处理好了。

五、我到前公家发了一套绒衣，裤子很好，我穿了褂子穿不上，前一次来时带来之毛裤没有用不挡风，现统交徐会计带回望查收保存。同时军长[②]给我那支派克笔我来时忘记未丢下，现亦交徐会计带回望查收保存好，待今后再用。我留在家中之东西（文件等），希你放在妥当地点，要锁好，特别出门要锁好，以免遗失，你对此很不注意。

---

① 虱子。

② 第39军军长吴信泉。

六、前次要你替我买一个碗、一双筷子、一个香皂盒子、几袋牙膏，如没有就不要买了，徐会计这次回辽阳就是购买这些东西，吃的菜他亦买了，亦不需你再买了。最后再问你，你身体是否检查了，望你好保重身体。

此致

敬礼！

你的吴书

十一月十日　於泰川

钢笔暂时不带去以后再带去。又及

望将那条旧裤子带来。又及

第二次战役在制空权极为不利的条件下，志愿军粉碎敌人“圣诞攻势”，突破青川江，攻占军隅里，收复了“三八线”以北的领土，扭转了朝鲜战局。12月7日，第二次战役第一阶段刚结束，父亲给母亲写了第四封家书。

赋亭：

一、彭副师长[①]、杨副主任他们已于本月五日安全的到达前方，他们到达时正是我们这次战役第一阶段刚结束，此次战役给敌人的打击更大。共计毙伤俘敌贰万三千余人（美军占大半，我军毙伤敌壹千六佰余人，我师俘美军三百七十余、毙敌四百余），大炮二零一门，汽车贰千余辆，打破了麦克阿瑟降雪前进至鸭绿江边的迷梦和这次总攻计划，因此敌人现在不得不退到三八线。我们为了趁热打铁不给敌人以喘息机会，继续打下去，打下反攻之基础。同时在国际上我国诚信也大大提高，帝国主义内部也大为震动。国内人民援朝抗美情绪更加鼓舞，同时对朝鲜军民斗争信心更加坚定了。对我们自己来说更是一个很好的锻炼，想你们在后方在报纸上会看到更多的消息。

二、由于美帝的残暴，给朝鲜人民带来了灾难，随处可以看见流离失所的难民和被烧毁炸毁的破房。这些并吓不住朝鲜的人民，相反激发了朝鲜人民斗争情绪。我们志愿部队来朝后，很得到朝鲜人民的爱戴，也确实替他们解除了一些痛苦。我们的决心是不消灭或赶走美帝决不出朝鲜。

---

① 第39军117师副师长彭金高。

三、战斗的生活虽然半年未过，但很快也习惯了，也不感觉什么，当然在生活上较之于国内要艰苦，但比之于朝鲜人民仍算舒服。因此望你不要挂念，我自己当会注意保重自己身体。进入朝鲜后我们生活上尚不算什么艰苦，饭还是有的吃，菜还是未断，只是行动较多疲劳一点。

四、这里已降雪两次，天气比之东北暖得多了，坐在防空洞内还不算怎样冷，向上去据说更好些。东北现在是很冷了，望你要注意，特别你是快生孩子的人，一切准备工作该做好，免得自己少吃亏。你们今冬在辽阳可能不动，那生产还没有什么。芸生去哈尔滨很好，放寒假可接回来。你生产时可雇一保姆，这些都得事先准备。

五、你快生产了需要休息一下，工作可暂要别人代理。你可向黄科长提一下，芸生放寒假时如你和刘润涛[①]生产，可要黄科长派妥人去接一下，不然孩子调皮在火车上会出问题，这点切实要小心不能大意。

我们停几天即要行动，今后如有人往后方定给你去信。

此致

敬礼！

吴书

十二月七日

志愿军和朝鲜人民军联合发起的第三次战役，是入朝以来一次较大规模的向预有防御准备之敌的进攻战役，是在冰天雪地、供应困难、准备仓促的情况下进行的。志愿军接连取得三次战役的胜利，士气高涨。但由于连续作战，部队十分疲劳，兵员未得补充，物资供应不足。因此，志愿军从 1951 年 1 月 8 日起转入休整，计划于 3 月发动春季攻势。烽火连三月，家书抵万金。入朝作战三个月了，在第三次战役结束后休整期间，父亲于 1951 年 1 月 19 日写给母亲第五封家书，也是他的最后一封家书。

赋亭吾爱：

一、杨副主任及军留守处带来之信都收到了，望勿念。杨副主任来前方第五天军部有人回辽阳即托人也带给你一封信，不知收到没有？十天前军邮局送来黄

---

① 第 39 军 117 师政委李少元的夫人。

迪同志[1]给杨副主任的一封信，可是没有你给我的信，当时我有点生气，后听杨副主任讲你和王英[2]等到哈尔滨去看孩子了，请原谅。芸生他们在那里很好吧，旧年时学校放假吧。巧得很，这次徐科长回去买东西，我已托他去哈接孩子们回来，并去一个挑夫随他，方便路上照顾几个孩子，以免在车上出危险，同时更要军留守处写个介绍信，因托儿所不认识他。

二、入朝作战已三个月了，由于全军的艰苦奋斗同志的英勇牺牲，首先粉碎了敌人的进攻，更进一步由防御转入进攻。新年攻势我们突破了临津江和三八线，更渡过汉江收复汉城。这不仅鼓舞了国内人民更提高了朝鲜军民斗争信心。但朝鲜几个月斗争较之国内要艰苦，白天防空夜间行动。但上级经常教导部队艰苦就是胜利，就是光荣。这次战役是十二月十二日开始，从清川江以南出发，经过十余天行动在三八线发动新年攻势，突破了临津江歼敌万余，现在开城附近休整。但这次不同于过去，由于环境的限制，你们不可能到前方来。

赋亭：分别了三月内心里在想念你，但由于环境的限制，为了斗争为了党的利益，那只是来克服个人利益，争取歼灭敌人保卫祖国，达到永远的安全吧。希望你用高度的理智来控制感情，尤其是你是快生产的人更要注意，否则我更放心不下。小虹越长越调皮越活泼，你不要常打她，还是耐心一点，芸生年关回来要老张很好的照顾他，饮食更要注意，因在托儿所生活都有规律。

三、你生产的一切准备工作都搞好了，徐科长回去，我和杨副主任都将托他帮你和黄迪解决一些困难（找挑夫或保姆以及到哈尔滨接孩子），同时张师长回去开会，有些问题亦可请示他，他很照顾同志们之困难。徐科长回去买东西，他需要阳历年后或和四零一一起回来，他回来时，望将我的衬衣带来一件，背心带来，鞋子带来，一双单鞋一双球鞋即行，别的就不需要什么了。

四、由于前方行动困难，东西多不方便，现托徐科长带回：行军床一个、大衣一件、呢军衣一套（黄褂、黄裤）、毛衣二件、美式裤一件、黄裤子一条、毛巾一条、床头二个、狐狸皮十三个，这些都是人家送的胜利品，暂时都用不着，

---

① 第 39 军 117 师政治部副主任杨弃的夫人。

② 第 39 军 117 师副师长彭金高的夫人。

特全部带回，以后再用。狐狸皮是生的没有制好，拿回很快找人把制好，不然过一个夏天就坏了掉毛了。带去一个黄裤子（面子黄斜纹布里面黄呢子）是王千祥同志[1]送我的，太大了望改一下（照那件黄哔叽裤尺寸大小）交徐科长带回使我好穿。其余就不需要带什么东西来了。

五、我的家庭前次来信之，年内还可应付，年外则无办法。现又不好再向上级提出，因上级对我已很照顾，现暂借东北币叁佰万元（人民币叁拾万元）[2]带回，望你立即寄回去以渡春荒。我那件猴绒大衣因我已搞皮子用不着，你可寄回给你父亲穿用，那件长毛的白毛的仍留下，我们不需要那件皮子了。前次军首长给我那支笔出国时忘记带来了，前次会计回去未带去，现交徐科长带，请查收保存。你之东西要有条理，整理箱子要弄好，不能认为是后方产生太平观点。

余不多谈，希你保重身体，并多告知你们情况。

此致

敬礼！

你的吴书 印章

一月十九日

东西收到后都要来信告我

这就是父亲在入朝作战期间写给母亲的五封家书。

抗美援朝期间，父亲参加了一、二、三、四次战役。1951年2月，朝鲜战场揭开了第四次战役的序幕。在横城反击战中，117师的任务是迅速插到敌军后方，切断敌人逃跑的退路。部队在龙头里穿过敌人空中封锁线时，遭敌空袭。副师长彭金高负伤，我父亲负重伤不幸于当日（2月10日）壮烈牺牲。

张竭诚师长在一篇回忆文章中这样描述："二月十日，部队在朦胧的夜色中出发了。全师指战员怀着对祖国、对朝鲜人民的无限热爱，对敌人的刻骨仇恨，冒严寒，踏冰雪，急速前进，决心完成好任务，打出军威国威来，向祖国人民汇报。穿插途中要通过敌人几条封锁线，当通过龙头里交叉公路时，前卫团刚刚通过，师直正上公路时，遭到了敌人的空中封

① 第39军117师350团政委。

② 第一套人民币。

锁。飞机先扔下照明弹，把整个黑夜照得如同白天，敌机发现了我们，疯狂地扔炸弹。部队无法前进，只好就地卧倒。就在卧倒的瞬间，吴书同志不幸中弹负重伤，倒在血泊里。我们把吴书同志抬到朝鲜老百姓家的房子里，在昏暗的灯光下，看到吴书同志脸和胸部多处受重伤，昏迷过去。我和少元以及在场的同志都难过得哭了。但任务紧急，离作战地域还有25公里多（共35公里），还要翻三座大山，通过三道封锁线，只好含着眼泪离开了吴书同志，留下卫生部负责同志和医生护士进行抢救。行前，我们多么希望吴书同志能睁开眼，笑一笑，说上一句话，可是因为伤势过重，吴书同志再也没有睁开眼睛。战争中传来了吴书同志牺牲的噩耗，师党委作出决定，要化悲痛为力量，把仇恨集中在枪口上，以杀敌立功受奖的实际行动为吴书同志报仇。这一仗我们打得很漂亮，共俘敌二千多人，缴获坦克几十辆，汽车二百多辆，大炮几十门，胜利地完成了穿插堵截任务。”

吴主任走了，走得那么匆忙，横城大捷的辉煌战果还没看到，战友们有多少胜利的喜悦期待同您分享，您就匆匆地走了；

丈夫走了，走得那么匆忙，妻子捎去的衣物和回信还没收到，您就匆匆地走了；

父亲走了，走得那么匆忙，刚刚懂事的儿女天天在期盼着父亲归来，刚刚出世五天的小女儿，睁开眼睛还没见到父亲，您就匆匆地走了。

父亲的遗体运回国后，2月25日组织才将噩耗告诉母亲。母亲没有向组织提出什么更多的要求，只希望能给父亲做一套较好的呢制服，买一口较好的棺材，母亲说，怕父亲在冰冷的哈尔滨给冻着。母亲流着泪亲自为父亲抹净了身体，并换上了一套新做的呢制军服。

落葬的那天，母亲带着我们三个孩子来到哈尔滨烈士陵园。3月的东北还是冰天雪地的，挖了一公尺多深才取去冻土层。墓穴挖好以后，母亲带着我们先一起在墓穴里坐了好一会儿，为自己的亲人暖穴，祈祷父亲的在天之灵感受到他妻子儿女的深情厚谊。灵柩徐徐降入墓穴，一位年轻的共产主义忠诚战士，一位丈夫和父亲，就这样长眠在北国寒冷的土地上了。那天是1951年3月8日。

◇吴书烈士原墓。

父亲走了，母亲在很长的一段时间里，陷入了深深的悲哀之中，那是一种折柱塌天、撕心裂肺般的痛。年幼无知的我们，又怎能体会到呢？在我们长大成人之后，才渐渐懂得，父亲的离去，是给我们一生留下的无法弥补的巨大空白和缺憾。

父亲在朝鲜战场上写给母亲的五封家书，是他留下的最后一点墨迹。这些普普通通的家书，没有华丽的辞藻，没有刻意的构思，更没有丝毫的做作，是那么朴素、坦诚，是最真实的言语流露。然而，字里行间，处处充溢着烈士之真情深意：大可言及严峻战争、正义和军人的天职，小可便聊个人涵养、敬老育儿的琐事。可见父亲于战火纷飞的异国战地，依然牵挂妻儿老小。真是平凡家书，可见志士高标；儿女情长，更显英雄气壮！从中可读出一个兼有人性与血性男儿的胸怀与气度。

在经历了半个多世纪的风风雨雨之后，这些满载着骨肉亲情的家书，虽然纸张已经变得枯黄，字迹也显得有些模糊，但读来依然感人至深。每次读着这些家书，都会感受到一颗赤子之心，满腔爱国之情，感受到亲人血浓于水的柔情，同时能真切地体味到一种深沉的挚爱，不禁潸然泪下。几十年来，母亲把这些家书作为育儿的课本。在年复一年，再三再四的诵读中，我们慢慢长大成人，逐渐理解了我们的前辈，也从中领悟了做人的根本。五封家书，不仅仅是父亲留下的珍贵回忆，也是留给后人的一笔丰厚的精神财富。

（本文作者：吴书之女，江苏省人民医院退休医生）

后记

今年是中国人民志愿军抗美援朝出国作战 70 周年，为纪念这个具有重大历史意义的事件，为纪念这些最可爱的人，由 29 位志愿军将领后代撰写的《我的父辈在抗美援朝中》一书，经过不懈的努力，付梓出版了。

抗美援朝战争的胜利，维护了亚洲和世界和平，抵制了帝国主义侵略扩张，捍卫了中国新生的人民政权，打破了美帝国主义不可战胜的神话，顶住了美国侵略扩张的势头，使中国的国际威望空前提高，极大地增强了中国人民的民族自信心和自豪感，为国内经济建设和社会改革赢得了相对稳定的和平环境。

当年，在朝鲜战场上，双方从“军事、政治、经济、外交上进行了全面的较量”。对于刚刚诞生的中华人民共和国来说，虽然在这场战争中牺牲了很多，但中国人民志愿军与“武装到牙齿”的敌人顽强作战，把嚣张的对手赶过了“三八线”，打破了美军不可战胜的神话，成长为一支能够适应现代战争的伟大军队。通过与对手的较量，中国在国际社会中赢得了尊重，奠定了新中国在亚洲和国际事务中的重要地位，彰显了新中国的大国地位。无论从哪个意义上来说，我们伟大的祖国在这场战争中都是胜利者。毛泽东主席指出，抗美援朝战争无可争议地表明：“由外国帝国主义欺负中国人民的时代，已由中华人民共和国的成立而永远宣告结束了。”志愿军司令员兼政治委员彭德怀说：“抗美援朝战争表明，西方侵略者几百年来只要在东方海岸上架上几尊大炮就可以霸占一个国家的时代，已经一去不复返了！”

为了铭记抗美援朝战争的艰辛历程和伟大胜利，弘扬伟大抗美援朝精神，我们作为后辈有责任也有义务将父辈的英雄事迹撰写好、宣传好，缅怀先烈，永续传承。

本书的撰稿者大都年事已高，他们出生在战火纷飞的年代，跟随父母南征北战，经受过战争洗礼，见证了革命、建设和改革年代许多重要历史事件，也耳闻目染了父辈在奋斗历程中许多鲜为人知的历史细节。他们追述父辈曾经历和讲述的抗美援朝战争故事，就是为了让广大读者和青少年更好地了解这段历史，明白抗美援朝是在中国共产党领导下新生的人民共和国以正义之师行正义之举。中国人民志愿军在抗美援朝战争中表现出来的大无畏革命精神和国际主义风范，充分证明他们就是“最可爱的人”。

我们要感谢许多志愿军参战老战士和老同志给予本书编辑和出版的充分肯定、鼓励和帮助。编委会的同志们精心组织、周密策划，中共党史出版社的编辑也付出了辛勤的劳动。同时，感谢许多专家学者的帮助！

由于编者水平有限，本书难免会有纰漏之处，恳请读者朋友们提出宝贵意见，以便我们修改完善。

王太和

2020 年 10 月